# 독도 영유권 강화를 위한 국제법적 논증

# 독도 영유권 강화를 위한 국제법적 논증

김원희 · 이석우 · 임지형 · 정진석 · 최지현 · 황명준

도서출판 지성인

-저자-

김원희 · 한국해양과학기술원 해양법 · 정책연구소 선임연구원
이석우 · 인하대학교 법학전문대학원 교수
임지형 · 한국해양대학교 세계해양발전연구소 전임연구원
정진석 · 국민대학교 법과대학 교수
최지현 · 제주대학교 법학전문대학원 교수
황명준 · 동아대학교/대구대학교 출강

## 독도 영유권 강화를 위한 국제법적 논증

2022년 2월 22일 초판 1쇄 발행
저 자  김원희·이석우·임지형·정진석·최지현·황명준
**펴낸이**  엄승진
**책인편집. 디자인**  안암골 호랑이
**펴낸곳**  도서출판 지성인
주 소  서울 영등포구 여의도동 11-11 한서빌딩 1209호
메 일  Jsin0227@naver.com
연락주실 곳  T) 02-761-5915  F) 02-6747-1612
ISBN  979-11-89766-28-3 93300

정가 22,000원

잘못 만들어진 책은 본사나 구입하신 곳에서 교환하여 드립니다.
이 책은 저작권법에 의해 보호를 받는 도서이오니 일부 또는 전부의 무단 복제를 금합니다.

┃ 책머리에 ┃

    2005년 일본 시마네현의 소위 '죽도의 날'조례 제정 및 기념식 개최를 시작으로 독도 역사 왜곡 교과서 검정 승인, '독도를 일본 영토'라고 기술한 외교청서와 방위백서 발간 등 시간이 흐를수록 대한민국 영토인 독도에 대한 일본의 영유권 침탈행위가 가속화되고 있습니다. 그리고 일본은 전직 오와다 히사시 재판소장을 포함하여 네 명의 재판관을 배출하였고 그 중 한명은 현재도 재판관으로 재임하고 있어 일본의 영향력이 큰 국제사법재판소(ICJ)에 독도 영유권에 대한 재판 회부를 수시로 주장하고 있는 상황입니다.
    이에 맞서 2009년에 출범한 경상북도 출연기관인 독도재단은 울릉도·독도관련 역사인물 선양사업 및 독도 교육·홍보·탐방·문화예술·학술연구 등의 사업 추진을 통해 대한민국의 아름다운 섬 독도의 역사적 진실을 알리고 있습니다. 특히 최근에는 독도 유관기관 10곳과 민간기관 7곳에 소장하고 있는 동·서양 제작 독도관련 고지도 DB 구축을 통해 세계인들이 독도를 대한민국 영토로 인식하고 있음을 증명하였습니다.
    그리고 2020년 국제법평론회와 함께 발간한『독도 영토주권의 국제법』에 이어 2021년에는 우리나라 법학 전공학회 중 최초로 결성된 대한국제법학회와 공동으로 독도관련 국제법 전공 신진 및 중견 연구자를 발굴하여 독도 영토주권 강화를 위한 국제법적 논리 개발 및 독도관련 연구주제에 대한 연구역량을 배양하고, 국제법적 관점에서 연구의 지속가능성을 확보하여 독도연구에 대한 국제법 학계의 관심을 높이고 확산시키는 계기를 마련하는 등 독도관련 국제법 연구기반 조성 지원 사업을 진행하였습니다.

    그리하여 국제법 전공 신진 및 중견 연구자 여섯 분으로부터 독도의 영토주권을 강화하기 위한 국제법적인 연구 성과물을 얻을 수 있었습니다. 이 성과물을 대한민국 영토인 독도의 영토주권에 대한 정당성 확보 및 일본의 억지 주장에 대한 반박 자료로 활용하기 위해 재단의 연구총서로 출판하게 되었습니다.

    재단은 앞서 추진하였던 독도 영유권관련 주제를 연구하는 국제법 전공 학문후속세대를 양성하고 연구 활동을 지원하는 사업에 이어 앞으로 독도의 영토주권 강화를 위해 역사, 지리, 해양, 생물 등 다양한 학문 분야의 연구 기반 조성 사업을 추진하여 "독도는 역사적, 지리적, 국제법적으로 명백한 대한민국의 영토"임을 알리는데 최선의 노력을 다 하겠습니다.

    다시 한 번 더 이번 도서 발간을 위해 애쓰신 집필진을 비롯하여 유엔 국제법위원회(ILC) 위원으로 당선되신 대한국제법학회 이근관 회장님 및 학회 관계자 분들의 노고에 진심으로 감사의 말씀을 드립니다. 끝으로 독도 영토주권 강화를 위해 최 일선에서 노력하고 있는 독도재단에 대한 변함없는 관심과 사랑을 부탁드립니다.

감사합니다.

2022. 01.<br>독도재단 사무총장 신순식

# 목 차

책머리에 / 5

## 제1장  독도 영유권 문제에 관한 국제법적 과제와 대응방향·········· 11

  I. 일본의 우경화와 한일관계의 악화 / 11

  II. 독도에 대한 일본의 영유권 주장과 도발 조치 / 14
      일본 시마네 현 '다케시마의 날' 행사 개최 / 14
      독도 주변 수역에서의 해양조사 시도와 항의 / 16
      일본 정부의 공식문서를 통한 독도 영유권 주장 / 17
      일본 교과서의 독도 영유권 기술 / 19
      일본 정부의 독도 관련 자료 수집 및 홍보 / 20

  III. 우리나라의 독도 영토주권 행사와 대응조치 / 23
      독도에 대한 계속적이고 평온한 영토주권의 행사 / 23
      일본의 도발 조치에 대한 공식적 항의 제기 / 29
      독도에 관한 연구조사 및 홍보 / 30

  IV. 독도 영유권 문제에 관한 국제법적 과제와 대응방향 / 31
      독도에 대한 계속적이고 평화적인 영토주권 행사의 정책기조 유지 / 31
      일본의 독도 도발에 대한 공공외교 차원의 대응 필요 / 33
      독도 문제의 국제재판 회부 가능성 대비 / 35

## 제2장  한국의 독도 영유권, GHQ/SCAP, 그리고
         SCAPIN 제677호·································· 39

  I. 한국의 독도 영유권 주장의 기본적인 구도 / 39

  II. 독도 영유권 관련 최근 국제법 연구의 동향 및 분석 / 42
      울릉도 쟁계와 도해금지령 / 44
      일본 태정관을 중심으로 한 19세기말 20세기초 일본의 독도 인식 / 48
      미군정기와 샌프란시스코 평화조약 / 54
      독도와 해양법 및 분쟁해결절차 / 61
      영토분쟁에 대한 국제법이론과 독도 문제의 사법적 해결 / 66
      한국의 독도 실효지배 및 기타 / 73

8 독도 영유권 강화를 위한 국제법적 논증

   독도 영유권 관련 최근 국제법 연구의 동향 및 분석 / 74
 Ⅲ. GHQ/SCAP과 SCAPIN 제677호 / 76
   문제제기 / 76
   독도 관련 SCAP 문서에 대한 국내 연구 검토 / 80
   기존 연구에 대한 평가 및 향후 연구 방향 / 91

**제3장 항만국으로서 관할권 행사를 위한 국내입법 현황 분석**
   **－항만국조치협정 이행에 관한 고시를 중심으로** ······················ 95

 Ⅰ. 서 론 / 95
 Ⅱ. 국제해양법상 항만국의 역할 / 97
   기존 국제협약상 항만국의 역할 / 97
   항만국조치협약상 항만국의 권리 / 101

 Ⅲ. 국내입법 현황 및 문제점 / 106
   원양산업발전법 / 106
   항만국조치협정 이행에 관한 고시 / 109

 Ⅳ. 결 론 / 115
 ❋ 참고문헌 / 117

**제4장 판례를 통해 본 사인의 행위와 영토 권원의 취득** ············· 119

 Ⅰ. 시작하는 말 / 119
 Ⅱ. 일본의 주장 / 120
 Ⅲ. 사인의 행위와 영토 권원의 취득 / 122
   저서 / 122
   판례 / 124

 Ⅳ. 사인을 통한 주권 행사에 의한 영유권 확립 판례 / 126
   일반 원칙 / 126
   동부그린란드 (덴마크 v. 노르웨이, 1933 PCIJ) / 129
   에리트리아/예멘 중재(제1단계-영토주권과 분쟁의 범위, 1998) / 136
   카시킬리/세두두섬 (보츠와나 v. 나미비아, 1999 ICJ) / 142
   리기탄섬과 시파단섬(인도네시아 v. 말레이지아, 2002 ICJ) / 144

 Ⅴ. 맺는 말 / 148

## 제5장 안전보장이사회에 의한 독도 문제의 국제사법재판소 회부 가능성 검토·········151

Ⅰ. 서 론 / 151

Ⅱ. 두 기관의 관계 / 152
    보충적 관계 / 152
    기관 간 존중 / 154

Ⅲ. 가능성 검토 / 155
    선례 / 155
    유엔헌장 준비문서 / 158
    학자들의 견해 / 160
    제7장상의 강제조치 / 163
    소송절차상 문제 / 168

Ⅳ. 독도 문제에 대한 함의 / 174

Ⅴ. 결 론 / 175


## 제6장 일본 영토 정책에 내재된 수정주의적 경향: 러시아연방의 북방영토에 관한 시각으로부터·········179

Ⅰ. 쿠릴열도 영유권에 관한 러시아의 입장 및 시사점 / 179

Ⅱ. 러시아연방의 입장: 사할린주 발행 소책자 / 181
    개요 / 182
    일본어판 전문(2007년 6월) "러일관계에서의 쿠릴 열도
       - 사실, 사건, 코멘트" / 182
    일응의 시사점 / 208

Ⅲ. 결어 - 영토적 수정주의에의 대비 / 209

제1장

독도 영유권 문제에 관한
국제법적 과제와 대응방향*

김원희

## I. 일본의 우경화와 한일관계의 악화

　　2000년대 초반 한일 월드컵의 성공적 개최와 양국 간 활발한 문화교류에 힘입어 21세기 한일관계는 미래지향적인 방향으로 발전해 나갈 것으로 기대되었다. 1994년부터 계속된 북한 핵·미사일 위기에 대응하기 위해 한미일 3국 간 안보협력의 필요성이 대두되면서 한일관계에 대한 장밋빛 전망은 설득력을 얻는 듯 보였다. 그러나 일본 국내사회의 우경화와 과거사 문제에 대한 일본의 퇴행적 행보로 인해 21세기 한일관계는 악화일로를 걷고 있다.1)

---

\* 이 글은 『아산리포트 - 한국의 국제법적 과제 현안과 대응』(2020.10.), pp.51-71에 실린 필자의 논문을 수정보완하였음을 밝힙니다.
1) 일본의 우경화와 보수화에 관한 배경에 대해서는 다음 문헌을 참조. 김채수, "일본의 우익: 단체.운동.사상에 대한 연구-1970-1980년대를 중심으로," 일본문화연구 제12집(2003); "1920-1930년대 일본우익에 대한 연구-단체, 운동. 사상을 중심으로." 일본문화연구 제19집(2006); "1895년-1914년 일본의 우익연구 - 단체. 운동. 사상을 중심으로." 동북아문화연구 제12집 (2007); 한상일, "일본의 우익사상과 아시아주의", 일본비평 제10호 (2014), pp.20-49; 박철희, "일본 정치 보수화의 삼중 구조",

21세기 초반 한일관계가 악화되기 시작한 계기는 일본 시마네 현이 2005년 3월 '다케시마의 날' 조례를 제정한 사건이다.[2] 시마네 현 조례 제정에 대해 우리나라 정부는 다양한 항의 성명을 발표하였고, 국회는 비난 결의를 채택하는 등 다각도로 항의와 대응조치를 취하였다. 다음 해인 2006년에 일본 해상보안청이 독도 주변 해저지형에 대한 해양조사 계획을 발표하면서 한국과 일본의 대립은 극에 달했다. 일본의 해양조사 계획을 둘러싼 외교적 마찰은 외교차관 회담을 통해 봉합되었지만, 독도 주변 수역에서의 해양활동에 관한 잠재적 분쟁이 언제든지 현실화 될 수 있는 가능성이 확인되었다.

일본 정부는 2005년 이후 교과서, 외교청서, 방위백서 등에서 독도 영유권에 관한 주장을 노골적으로 기술하고 독도 관련 역사적 사실에 관한 왜곡을 심화시켜 갔다. 우리 정부는 그러한 일본의 도발이 있을 때마다 공식적인 항의를 제기하는 방식으로 대응하였다. 2008년에 일본이 독도를 자국의 고유 영토로 명기한 학습지도요령 해설서를 발간하자, 우리 정부는 주일 한국 대사를 일시 귀국시키는 조치를 취함으로써 양국 간의 긴장이 크게 고조된 바 있다. 특히 2012년 12월 출범한 제2차 아베 내각은 일본 사회의 우경화 행보를 가속화시켰다. 아베 내각은 무라야마 담화와 고노 담화에 대한 수정을 시사하거나, 고위각료를 야스쿠니 참배에 파견하는 등 과거사에 대한 퇴행적 행보를 본격화했다.[3]

한편, 과거사 문제와 독도 문제에 대한 우리나라의 대응도 일본의

---

일본비평 제10호. (2014), pp.70-97; 이지원. "일본의 우경화 - 수정주의적 역사인식과 아베식 전후체제 탈각의 현재," 경제와 사회, 통권 제101호. (2014).

2) 시마네 현 조례제정 경위에 대해서는 다음을 참조. 「竹島の日を定める条例」制定の経緯,
   https://www.pref.shimane.lg.jp/admin/pref/takeshima/web-takeshima/takeshima03/index.data/t3.pdf

3) 이러한 일본 사회의 우경화 배경에는 지난 20년간의 경기침체와 정치적 불안정에서 벗어나려는 일본 사회의 국내적 욕구와 중국의 경제적 및 군사적 급부상을 자국의 안보에 대한 위협으로 느낀 대외적 인식이 자리 잡고 있다. 일본의 우경화는 독도 문제와 과거사 문제를 다시 21세기 한일관계의 전면에 부각시키는 직접적 원인이 되었다.

우경화를 가속화시키는 데 기여했다. 2012년과 2018년 두 번의 강제징용 관련 대법원 판결, 2011년 후쿠시마 원전사고 이후 일본 수산물에 대한 우리나라의 수입금지 조치와 이에 관한 2019년 WTO 상소기구의 일본 패소 판정, 2015년 일본군 위안부 합의와 재조사, 2019년 일본의 수출규제 조치로 인한 무역분쟁 등으로 한일관계는 1965년 국교정상화 이후 최악이라는 평가를 받고 있다.4) 또한 2012년 8월 당시 이명박 대통령은 우리나라 대통령 자격으로는 처음으로 독도에 방문하였다. 우리 정부는 이명박 대통령의 독도 방문이 일본군 위안부 문제에 대한 일본의 불성실한 대응 때문이라고 주장하였지만, 오히려 일본 사회에서는 위안부 문제에 대해 전향적인 입장을 밝혔던 고노 담화를 재검토하고 위안부 피해에 관한 역사적 사실을 부정하는 목소리가 힘을 얻는 계기가 되었다.

　이상에서 살펴본 바와 같이 21세기 한일관계는 일본의 우경화와 우리나라의 대응이 맞물리면서 악화일로를 걷고 있다. 여전히 한국과 일본은 독도 문제와 과거사 문제뿐만 아니라 강제징용 관련 대법원 판결로 촉발된 무역분쟁에서 강대강으로 맞서고 있는 실정이다. 이 글의 목적은 일본의 우경화로 한일관계가 악화된 2000년대 이후 제기되고 있는 독도에 관한 국제법적 과제를 검토하고 그에 대한 대응방향을 제시하는 것이다. 이를 위해 일본이 독도 영유권 문제에 대해 취하고 있는 입장이 어떻게 전개되었고 그에 따라 어떠한 도발 조치를 취했는지 살펴보고자 한다. 다음으로 일본의 도발 조치에 대해 우리나라가 취하고 있는 입장과 대응조치에 대해 검토한다. 일본의 도발과 우리나라의 대응에 관한 검토에 기초하여, 독도 문제에 관한 국제법적 과제의 대응방향을 제시하고자 한다.

---

4) 신각수, "최악 한·일 관계, 위안부·강제징용 빅딜로 돌파해야", 중앙일보 (2019. 02. 15.), https://news.joins.com/article/23372581

## Ⅱ. 독도에 대한 일본의 영유권 주장과 도발 조치

일본은 2000년대 들어서면서 시마네 현 '다케시마의 날' 고시 제정을 시작으로 전방위적인 영토 정책을 실시하고 있다. 일본이 독도 영유권 문제와 관련하여 실시하고 있는 조치에는 시마네현 '다케시마의 날' 행사 개최, 독도 주변 수역에서의 해양과학조사 시도 및 한국의 해양조사 항의, 정부 공식 문서에서의 독도 영유권 주장, 일본의 교과서에서의 독도 왜곡 등을 들 수 있다.[5]

### 일본 시마네 현, '다케시마의 날' 행사 개최

일본 시마네 현 의회는 2005년 3월 16일 '다케시마의 날'을 정하는 조례를 제정하였고, 2006년 2월부터 매년 '다케시마의 날' 기념식을 개최하고 있다. 시마네 현 의회는 독도가 1905년 시마네 현으로 편입된 100주년을 기념하기 위해 "시마네 현 고시 40호"에 의한 독도의 시마네 현 편입이 공시된 2월 22일을 '다케시마의 날'로 정하였다.[6] 제2차 아베 내각은 출범 직후인 2013년 2월 행사에 내각부 대신정무관을 파견한 이후 계속적으로 대신정무관을 파견함으로써 지방정부 주최 행사를 중앙정부 행사 급으로 격상하였다. 2017년 2월에는 처음으로 내각관방 영토주권대책기획조정실(이하 '영토실'), 시마네 현, 시마네 현의 오키노시마쵸(隱岐の島町)가 공동으로 '다케시마의 날' 포스터를 제작하였고, 전국 지방자치단체에 포스터를 송부하는 등 '다케시마의 날'행사를 대대적으로 홍보해 왔다.

'다케시마의 날' 기념식은 해를 거듭하면서 갈수록 우익 정치인들의 무대가 되고 있다. '다케시마의 날' 행사에 참석하는 보수우익 관료들

---

[5] 山本 健太郎, "竹島をめぐる日韓領土問題の近年の?緯―島根?の「竹島の日」制定から李明博韓国大統領の竹島上陸まで―", レファレンス (2012.10.), pp.27-40.
[6] https://www.pref.shimane.lg.jp/admin/pref/takeshima/web-takeshima/takeshima02/

과 정치인들의 수가 증가하고 있다. '다케시마의 날' 행사 초기에는 정치인들의 참여가 거의 없었다. 2회째 행사가 개최된 2007년에는 시마네현 지역구 출신 중의원, 참의원 등 국회의원 4명의 비서가 대리로 기념식에 참석하였고, 2009년에는 국회의원 1명만 참석하는 등 정치인들의 참석이나 관심이 저조했다. 그러나 중일 간 영토 문제가 부각된 2012년 이후 행사에 참석하는 국회의원의 수가 증가하기 시작하기 시작했다. 2012년에는 12명, 2013년에는 21명, 2014년 17명, 2015년 11명, 2016년 12명, 2017년 8명, 2018년 18명, 2019년 10명, 2020년 13명의 국회의원들이 '다케시마의 날' 행사에 참석하였다. 일본 정부는 우리 정부의 항의에도 불구하고 2013년부터 8년 연속 차관급 인사를 '다케시마의 날' 행사에 참석시키고 있다.[7)]

이러한 일본의 조치는 우리나라의 강력한 대응을 유발하였다. 우리나라는 2005년 5월 '독도의 지속 가능한 이용에 관한 법률'을 제정하고, 이 법률에 따라 '독도의 지속가능한 이용을 위한 기본계획'(2006-2010, 제1차)을 수립하였다. 또한 중앙선거관리위원회는 2006년 5월 25일 지방 선거에 앞서 독도에 부재자 투표소를 설치했다. 국회는 2005년 6월 30일 "독도 수호 및 역사 왜곡 대책 특별 위원회"를 설치했으며, 특별위원회는 일본의 독도 영유권 주장과 "교과서 왜곡 행위"에 대한 비난결의를 채택하고 대응책을 마련하였다.

우리나라의 대응에도 불구하고 일본은 '다케시마의 날' 행사를 통해 대내적 홍보를 적극 전개하고 있다. 일본 정부는 우리나라가 독도를 실효적으로 점유하고 있는 현상을 타파하기 위해 지방 정부 차원에서 개최되는 '다케시마의 날' 행사를 활용하고 있는 것으로 보인다. 일본의 '다케시마의 날' 행사가 15년째 개최됨에 따라 독도에 대해 무관심하던 일본 국민들이 독도를 뚜렷하게 영토 문제로 인식하기 시작했다.

---

7) 2006년 이래 시마네 현 다케시마의 날 기념식에 관한 상세는 다음 웹사이트를 참조. https://www.pref.shimane.lg.jp/admin/pref/takeshima/web-takeshima/takeshima02/takeshima02_03/

## 독도 주변 수역에서의 해양조사 시도와 항의

2006년 4월 일본 해상보안청은 동해의 독도 주변수역에서 해저지형 등의 조사 계획을 발표하였다. 일본의 해양조사 계획은 한국이 해저지형 명칭에 관한 국제회의에서 한국어 명칭을 제안하려는 것에 대한 대응책으로 준비되었다. 당시 우리 정부는 일본 해상보안청의 계획에 따라 해양조사가 실시되는 경우에 일본의 측량선을 나포할 가능성을 시사하는 등 강경하게 대응함으로써 긴장이 고조되었다. 해양조사를 둘러싼 분쟁의 외교적 해결을 위해 2006년 4월 21일과 22일에 한일 차관급 회담이 개최되었다. 이 회담에서 우리나라는 국제회의에서 해저지형의 한국명을 제안하지 않기로 했고, 일본은 해양조사를 중단하고 EEZ 경계획정 협상 재개에 합의하면서 해양조사를 둘러싼 한일 갈등은 일단락되었다.[8]

이 사건 직후 일본 시마네 현의 '다케시마의 날' 기념 행사 개최와 해상보안청의 해양조사 계획이 우리나라 정부의 강경한 대응을 불러왔다. 2006년 4월 25일 당시 노무현 대통령은 독도 문제를 잘못된 역사의 청산과 완전한 주권확립을 상징하는 역사문제로 규정하면서 독도와 과거사 문제에 대한 일본의 대응을 비판하는 "한일 관계에 관한 특별 담화문"을 발표하였다.[9] 특별 담화 발표 이후 한일관계는 다시 경색되었고, 우리나라는 일본의 도발 조치에 대해 구체적인 대응조치를 실시하였다.

2006년 사건 이후 일본 정부는 독도 주변 수역에서 우리나라가 실시하고 있는 해양조사 활동에 대해 적극적으로 항의를 제기하고 있다. 2018년 8월 28일 일본 정부는 독도 주변 일본의 배타적 경제수역 내에서 한국의 해양조사선이 조사활동을 벌인 혐의를 확인했다고 주장하면서 이에 대해 강력한 항의를 표시하였다. 일본 외무성은 "일본의 사전

---

8) https://www.kaiho.mlit.go.jp/info/books/report2007/tokushu/p028b.html
9) http://pa.go.kr/research/contents/speech/index.jsp

동의 없이 조사를 실시하는 것이라면 인정할 수 없다"는 취지의 항의를 외교 경로를 통해 전달하였다.10) 일본 외무성은 해상보안청 순시선이 8월 28일 오전 독도 남서쪽 배타적경제수역 내에서 한국의 국립수산과학원 조사선 'TAMGU 20'이 기자재로 보이는 검은 바구니와 삼각뿔의 물체를 바다 속에 투입한 것을 확인했다고 주장하였다.11) 이와 같이 독도 주변 해양조사를 둘러싼 한일 간의 외교적 갈등은 2006년 사건처럼 양국 간의 해상충돌로 비화될 수 있는 잠재적 분쟁 사안으로 남아 있다.

## 일본 정부의 공식문서를 통한 독도 영유권 주장

일본 정부는 매년 발간하는 외교청서와 방위백서를 비롯한 공식문서에서도 독도 영유권에 관한 주장을 기술하고 있다. 일본의 외교청서 1997년판에는 독도에 대한 한일 갈등에 대한 기술이 담겼고, 1998년판과 1999년판에는 "다케시마"라는 표현은 없지만 한일 어업협정에 대해 기술이 있었다. 외교청서 2000년판부터는 "한·일간에는 다케시마(독도) 영유권 문제가 있지만 역사적 사실에 비추어 보거나 국제법상으로도 명백히 일본의 고유영토라는 일본 정부의 입장은 일관되어 있다"거나, "끈질긴 외교적 노력을 해나갈 방침"이라는 표현을 수록하고 있다. 연도별 외교청서에 따라 일부 표현의 차이가 있지만, 독도 문제는 동해 명칭 문제와 관련 동향과 함께 기술되고 있었다.

2015년판 외교청서에서는 '다케시마'가 일본 고유의 영토라는 주장을 담으면서, 그간 한일관계를 지칭할 때 사용해 오던 "기본적인 가치를 공유하는"이란 표현을 삭제하였다. 2016년과 2017년 외교청서에서는 한국이 '전략적 이익을 공유하는 가장 중요한 이웃나라'라는 표현이 삭제되었고, 독도에 대해 '일본 고유의 영토이며 한국에 의한 실효지배

---

10) https://www.mofa.go.jp/mofaj/press/release/press4_006372.html
11) https://www.mofa.go.jp/mofaj/press/release/press4_006372.html

는 불법점거'라는 기술을 포함시켰다. 최근 2020년판 외교청서에서는 "다케시마는 역사적 사실에 비춰보더라도 국제법상으로도 명백하게 일본 고유영토"이며, "한국은 경비대를 상주시키는 등 국제법상 아무 근거가 없는 채 다케시마 불법 점거를 계속하고 있다"는 내용을 담고 있다.

일본은 1997년 방위백서부터 독도에 관한 기술을 포함시켰다. 2004년판 방위백서까지는 "북방영토 및 다케시마 영토 문제가 여전히 미해결 상태로 존재하고 있다"는 정도의 기술을 담고 있었다. 일본 방위백서는 2005년판부터 2020년판까지 16년째 "우리나라(일본)의 고유영토인 북방영토 및 다케시마 영토 문제가 여전히 미해결 상태로 존재하고 있다"라고 기술하고 있다. 12)

일본 종합해양정책본부는 제3차 해양기본계획에서 독도 영유권에 관한 주장을 기술하고 있다. 종합해양정책본부는 2018년 5월 15일 제17회 종합해양정책본부 회의를 개최하여 5년간 일본의 해양정책의 지침이 되는 제3차 해양기본계획을 각의결정한 바 있다. 제3차 해양기본계획에서는 일본의 주권문제와 관련하여 법적 근거 없이 러시아가 점거하고 있는 북방영토와 한국의 불법점거가 계속되고 있는 독도를 둘러싼 문제에 대해 계속해서 외교적 해결을 목표로 해나간다고 기술하고 있다. 13)

이와 같이 일본은 외교청서와 방위백서와 같은 공식 문서에서 독도에 대한 영유권 주장을 노골적으로 표명하고 있으며, 독도 문제를 외교, 국방, 해양정책 등 다양한 관점에서 바라보고 대응책을 고심하고 있다. 우리 정부는 일본이 공식문서를 통해 일본의 영유권에 대해 도발할 때마다 공식적인 항의를 제기하고 있다. 일본의 공식문서를 통한 독도 영유권 주장에 대해서는 개별적 항의를 제기함으로써 우리나라가 일본의 주장을 묵인하고 있지 않다는 점을 명확하게 할 필요가 있다.

---

12) https://www.mod.go.jp/j/publication/wp/wp2020/pdf/index.html
13) https://www.kantei.go.jp/jp/singi/kaiyou/dai17/17gijisidai.html

## 일본 교과서의 독도 영유권 기술

　일본 교과서의 역사왜곡 문제는 1982년부터 여러 차례 발생한 바 있었다. 독도에 관하여 왜곡된 내용을 담고 있는 일본 교과서 문제는 시마네 현 조례가 제정된 해인 2005년 4월 일본 중학교 교과서 검정으로 시작되었다. 일본 문부과학성의 검정 결과 독도를 일본 영토로 명기한 일부 공민교과서와 역사왜곡 문제로 비판을 받았던 후쇼샤의 교과서가 검정을 통과하였다. 2006년에 일본 문부과학성은 독도를 일본 영토로 기술하도록 수정을 요구하는 검정 의견을 교과서 출판사들에 전달하였고, 이에 따라 독도를 일본 영토로 기술하는 고등학교 저학년용 지리 및 공민 교과서가 늘어났다.

　2008년에는 일본 중학교 사회과의 새로운 학습지도요령 해설서가 문제되었다. 2008년 7월 14일에 공표된 신학습지도요령 해설서는 "우리나라(일본)와 한국 사이에 다케시마(독도)를 둘러싼 주장에 차이가 있다는 점과 관련하여 북방영토와 마찬가지로 일본의 영역에 대한 이해를 심화시키는 것이 필요하다"는 내용이 기술되었다. 일본 정부는 2008년 학습지도요령 해설서에 입각하여 독도를 일본의 영토로 기술하고 독도를 일본의 영토로 포함한 국경선을 명기한 초등학교 및 중학교 교과서의 검정을 통과시켰다. 2008년 학습지도요령 해설서의 지침에 따라 독도에 대한 기술을 포함한 교과서의 수가 증가하였으며, 2010년 3월 30일 초등학교 교과서 검정과 2011년 3월 30일 중학교 교과서 검정으로 일본의 독도 왜곡 교육이 본격화되었다.

　2015년 4월 6일 일본 문부과학성은 "한국이 독도를 불법 점거하고 있다"는 주장을 담은 중학교 사회 교과서 20종의 검정 결과를 발표하였다. 문부과학성의 검정을 통과한 사회과 교과서 20종(지리 4종, 역사 8종, 공민 6종, 지도 2종) 중 지도책 2종을 제외하고 설명이 들어가는 각 교과서 18종에는 독도에 대해 '일본 고유의 영토'와 '한국의 불법 점거' 등과 같은 내용이 기술되어 있다. 2015년 검정 결과에서 2011년부터 사용되고 있는 현행 교과서에 독도를 지도로만 표기하거나 독도에 대해 아예 언급하지 않았던 7종이 일본의 영유권 주장을 새롭게 추가하였다. 20종의 검정 교과서는 2015년 7월에서 8월 사이에 정식으로 채택되어, 2016년 4월부터 교육현장에서 사용되었다.

일본 정부는 2017년 3월 31일 초·중학교 학습지도요령 개정판, 2018년 3월 30일 고등학교 학습지도요령 개정판, 2018년 7월 17일 고등학교 학습지도요령 해설서를 고시하였다. 학습지도요령은 법적 구속력을 가지는 것으로 '다케시마(독도)가 일본 고유의 영토'라는 내용을 반드시 기술하도록 의무화하고 있다. 문부과학성은 '일본이 정당하게 주장하는 입장을 이해하는 것은 주권국가의 공교육에서는 당연하다'라는 입장을 밝히고 있다. 일본 문부과학성의 학습지도요령은 보통 10년 주기로 개정되어 왔는데, 초·중·고 학습지도요령의 개정이 모두 1년 앞당겨졌고 고등학교 학습지도요령의 및 해설의 적용시기도 2년 앞당겨졌다. 이에 따라 늦어도 2022년부터는 일본의 모든 초중고 사회과 교과서에서 독도 왜곡교육을 전면적으로 실시하게 되었다.

## 일본 정부의 독도 관련 자료 수집 및 홍보

### (1) 일본 정부의 공개적 자료 조사 실시

일본 정부는 독도가 일본 고유의 영토라고 주장하기 위해 필요한 자료 조사에 공개적으로 착수하였다. 2차 세계대전 종전 직후까지 독도 주변의 어업거점이었던 오키(隱岐) 제도 주민들의 증언도 영상으로 보존하여 일본 정부 홈페이지에 공개하였다. 이러한 일본 정부의 공식적인 자료 조사와 공개는 1952년 이승만 대통령이 평화선을 선포한 이래 역사상 처음 실시되었다. 시마네 현 다케시마문제 연구회는 올 들어 일본의 어부가 남긴 일지나 어구, 정부가 독도 인광석 시굴권을 주민에게 부여하고 과세한 것을 나타내는 공문서, 메이지시대의 독도사진 등이 발견되었다고 발표한 바 있다.

일본 정부는 이러한 자료들이 일본의 영유권이 독도에 미치고 있었던 것을 나타내는 것이라고 평가하고 있으며, 이러한 자료의 유실을 막기 위해 정부 차원에서 일괄 관리하는 동시에 새로운 자료나 증언을 모으기로 했다는 점을 공식적으로 밝혔다. 일본정부는 민간 조사 연구회사에 위탁을 맡겨 월 1회 정도 연구진과 함께 현지조사를 실시할 예정이며, 오키노시마에서 주민 7명의 증언을 촬영하기도 하였다. 내각관방 영토·주권대책기획조정실은 독도가 일본의 영토라는 것을 나타내는 자료나 증언을 국내외에 홍보해 나갈 것이라고 밝혔다.

(2) 영토주권 전시관 개관 및 홍보

일본 정부는 2018년 1월 25일 도쿄 중심에 있는 히비야공원 시정회관(市政.館) 지하 1층에 약 100평방미터 크기의 '영토주권 전시관'을 개관하였다. 영토·주권전시관에는 독도를 일본 영토로 편입한 1905년 각의결정 문서를 비롯하여 메이지 시대

일본인이 센카쿠 제도(중국명 댜오위다오) 개발 시 찍은 사진에 나타난 물건의 복제품 등 약 60점의 사료를 전시하고 있다. '영토·주권 전시관'에서 상설 전시하고 있는 사료는 일본 정부의 영토주권 주장을 뒷받침하는 것들로만 구성되어 있다. 은주시청합기(隱州視聽合記) (1667년), 다케시마 도해 금지령(1696년), 조선국 교제 시말 내탐서(1870년), 태정관 지령 문서(1877년) 등 일본에 불리한 사료는 전시 대상에서 빠져 있다.

제2차 아베 내각은 최초로 해양정책·영토문제 담당 내각부 특명대신을 설치하고, 2013년 2월 5일 수상을 보좌하는 내각관방에 영토 문제를 전담하는 15인 규모의 '영토·주권대책기획조정실(이하 영토실)'을 신설하였다. 영토실은 외무성 및 내각부 북방영토대책본부와 함께 일본의 영토 정책을 주도하고 있다. 영토실은 자문기관인 '영토·주권을

둘러싼 내외 발신에 관한 유식자(有識者) 간담회(이하, 유식자 간담회)'를 신설하고 유식자 간담회가 제시하는 영토주권 홍보정책을 적극적으로 실시하고 있다. 유식자 간담회는 일본의 영토주권 문제의 대외홍보를 위해 국제법을 중시하는 일관성 있는 태도, 영토주권 관련 상대국의 주장에 대한 신속대응, 홍보대상이 필요로 하는 부분에 부응하는 세심한 홍보 실시, 국제사회의 이해를 얻기 위해 미국, 아시아, 유럽 등 각 지역에 홍보 실시 등을 정책제언으로 제시하였다. 또한 정부에 의한 대외홍보 강화와 함께 해외부임자, 유학생 등 정부 이외의 주체가 보다 효과적인 홍보를 할 수 있는 환경 조성이 필요하다는 정책제언을 하였다. 일본 정부는 유식작 간담회에서 제시한 정책제언에 따라 일본 국내외에서 적극적인 홍보활동을 실시하고 있다.

### (3) 일본의 독도 영유권 온라인 홍보 강화

일본 외무성은 2014년 4월 4일 「일본 영토를 둘러싼 정세」라는 홈페이지를 개설하였다.[14] 이 홈페이지는 일본어, 한국어, 영어, 중국어 등 13개에 달하는 언어로 작성되었다. 홈페이지의 내용은 간단한 설명 중심으로 이루어져 있지만 독도, 북방 영토, 센카쿠 제도에 대해서는 자세한 설명을 곁들이고 있으며 독도나 센카쿠 제도에 관한 동영상도 게시되어 있다. 「일본 영토를 둘러싼 정세」의 메인화면에 나와 있는 지도에서 독도를 클릭하면 별도의 독도 페이지로 링크되는 형식을 취하고 있으며, '독도문제 팸플릿'도 게시되어 있다.

일본 내각관방 영토·주권대책조정실은 홈페이지에 다양한 자료와 보고서 등을 게시하여 온라인 홍보의 장으로 활용하고 있다. 영토실은 2015년 4월 7일 "다케시마에 관한 자료의 시마네 현에서의 조사보고서"를 홈페이지에 공개하였다. 조사보고서에는 (1) 독도 영토 편입 후 일본 정부에 의한 실효 지배를 나타내는 자료, 즉 시마네 현과 오키노시

---

14) http://www.mofa.go.jp/mofaj/territory/index.html

마쵸에 의한 독도 조사, 규칙, 단속 등에 관한 자료 11점, (2) 전후 한국의 '인접 해양에 대한 주권에 관한 선언 (평화선)' 이후의 상황에 관한 자료 3점, (3) 1905년 일본의 독도 편입 이전부터 독도에서 일본인에 의한 경제 활동이 이루어지고 있었다는 것을 보여주는 자료 2점이 수록되어 있다.

또한 영토·주권대책기획조정실은 2016년 4월 15일 독도 관련 자료 450점을 디지털 아카이브 형식으로 홈페이지에 공개하였다. 15) 공개된 자료는 에도시대에 독도에서 어업을 위해 도해했던 기록과 시마네 현, 돗토리 현, 도쿄의 연구기관이 소장하고 있는 자료들로 이루어져 있다. 또한 독도 관련 자료에 대한 조사보고서와 독도 관련 자료 데이터베이스를 제공하는 포털 사이트의 영문판도 공개하였다. 16)

## Ⅲ. 우리나라의 독도 영토주권 행사와 대응조치

### 독도에 대한 계속적이고 평온한 영토주권의 행사

우리 정부는 독도에 대해 확고한 영토주권을 행사하고 있다. 국제법상 영토주권을 가진 국가는 해당 영토에 대해 입법권, 행정권 및 사법권이라는 국가공권력을 행사할 수 있다. 우리 정부는 독도를 실효적으로 점유하면서 독도에 대해 다양한 입법, 행정 및 사법에 관한 관할권을 행사하고 있다. 그러한 국가관할권 행사의 내용을 유형에 따라 살펴보면 다음과 같다.

(1) 국회의 입법권 행사와 관련 활동

국회는 독도에 관하여 각종 법령을 제정함으로써 독도에 대한 입법

---

15) http://www.cas.go.jp/jp/ryodo_eg/index.html
16) http://www.yomiuri.co.jp/local/shimane/news/20160415-OYTNT50092.html

권을 행사하고 있다. 대표적으로 국회는 일본 시마네 현 조례 제정에 대응하기 위해 2005년 4월 26일 「독도의 지속 가능한 이용에 관한 법률」을 제정했다. 이 법은 독도 주변 해역의 이용과 보전·관리 및 생태계보호 등을 위하여 필요한 사항을 정함으로써 독도와 독도 주변 해역의 지속가능한 이용에 이바지하기 위함을 목적으로 한다. 이 법률은 독도의 보전·관리를 위한 국가 등의 기본책무, 독도의 지속가능한 이용을 위한 기본계획 수립 및 시행, 독도지속가능이용위원회, 데이터베이스의 구축, 전문연구기관 지원, 연차보고 등에 관해 규율하고 있다.

「독도의 지속가능한 이용에 관한 법률」 외에도 독도에 관해서는 16건의 법률, 17건의 대통령령, 5건의 총리령 및 부령 등이 제정되어 있다.[17] 여러 법령 중 독도에 대한 우리나라의 입법권 행사라고 볼 수 있는 주요 법령은 다음과 같다. 먼저 「문화재보호법」은 경관 및 생태계 보호 측면에서 독도를 천연기념물 제336호로 지정(천연보호구역, 1982. 11)하였고, 독도의 형상을 변경하거나 독도의 경관을 해하는 행위 등을 할 수 없도록 규정하고 있다. 또한 「독도 등 도서지역의 생태계 보전에 관한 특별법」은 독도를 특정도서로 지정(2000. 9)하고, 도서의 생태계를 훼손하는 등의 행위를 할 수 없도록 규정하고 있다. 「국유재산법」은 독도를 행정재산 중 보존용재산으로 분류하여 보존 목적의 수행에 필요한 범위 내에서 사용허가를 할 수 있도록 규정하고 있다.

---

[17] 독도를 직간접적으로 규율하고 있는 법률은 다음과 같다. 독도 등 도서지역의 생태계 보전에 관한 특별법(법률 제17326호); 독도의용수비대 지원법(법률 제11028호); 독도의 지속가능한 이용에 관한 법률(법률 제12478호); 동북아역사재단 설립·운영에 관한 법률(법률 제14151호); 환경범죄 등의 단속 및 가중처벌에 관한 법률(법률 제14532호); 국토의 계획 및 이용에 관한 법률(법률 제17453호); 무인도서의 보전 및 관리에 관한 법률(법률 제17027호); 사법경찰관리의 직무를 수행할 자와 그 직무범위에 관한 법률(법률 제16902호); 산림복지 진흥에 관한 법률(법률 제17095호); 산지관리법(법률 제17321호); 해양수산발전 기본법(법률 제16570호); 국립묘지의 설치 및 운영에 관한 법률(법률 제16760호); 야생생물 보호 및 관리에 관한 법률(법률 제17326호); 생물다양성 보전 및 이용에 관한 법률(법률 제16806호); 공익신고자 보호법(법률 제15616호); 토지이용규제 기본법(법률 제16904호); 국유재산특례제한법(법률 제17138호).

「어업자원보호법」과 「수산업법」은 독도 주변 수역에서 어업활동에 관한 면허, 신고 및 허가 등의 어업관리 제도를 규율하고 있고, 「수산자원관리법」에 따라 독도 수산자원의 관리를 위한 조업 제한, 자원조성, 보호수면 지정 등의 적용이 이루어지도록 규율하고 있다. 이 외에도 「자연공원법」은 독도를 지질공원으로 인증하여 학술조사 및 연구, 정보 보급, 교육 및 홍보, 체험 등에 대한 지원을 할 수 있도록 규정하고 있으며, 「독도의용수비대 지원법」은 독도의용수비대기념사업회 등의 활동을 지원하는 규정을 두고 있다.

또한 국회는 일본이 독도 영유권 도발 조치를 할 때마다 이를 비난하고 그러한 조치의 철회를 요구하는 결의를 채택하고 있다. 시마네 현 고시가 제정된 직후 2005년 3월부터 5월에 걸쳐 국회는 일본을 비난하는 많은 결의를 채택하였다. 2005년 5월 4일 국회는 "일본의 독도 영유권 주장 중단 요구 및 대한민국 독도 영유권 수호 결의"를 채택하였다. 나아가 국회는 2005년 4월 6일에 "독도 수호 및 일본 역사 교과서 왜곡 대책 특별위원회"를 설치하였고, 해당 특별위원회는 일본의 독도 영유권 주장과 교과서 왜곡 행위에 대한 근본적이고 다각적인 대책을 논의하였다. 그 밖에도 국회는 일본의 강제병합 100년이 되는 해인 2010년에 일본의 방위백서에서의 "독도 영유권 주장 철회"와 한일 국교 정상화 협상 시 독도 관련 문서의 공개를 요구하는 결의를 채택하였다. 이 결의에서 국회는 강제병합 100년을 계기로 한일 양국이 새로운 미래지향적 신뢰관계를 구축해야 함에도 일본의 독도 영유권 주장이 한일관계에 심각한 걸림돌로 작용하고 있다고 지적한 바 있다.

(2) 행정부의 집행권 행사와 독도기본계획의 시행

우리나라 행정부는 소관 법령에 따라 독도의 지속가능한 이용을 위한 기본계획 등을 수립하고 그 계획에 따라 평온하고 공연하게 행정권을 행사하고 있다. 「독도의 지속가능한 이용에 관한 법률」에 따라 독도를 총괄적으로 관리하는 부서는 해양수산부이지만, 국토교통부, 환경부, 문화재청 등도 소관 법률에 따라 독도를 자연환경보전지역, 특정도서, 천연보호구역 등으로 지정하여 관리하는 등 행정권을 행사하고 있다.

<독도 관련 주요 법률과 부처의 행정권 행사>

| 소관부처 | 근거 법률 | 관리 내용 |
|---|---|---|
| 해양수산부 | 독도의 지속가능한 이용에 관한 법률 | ○ 독도의 통합시책(독도기본계획) 수립 및 이행 관리<br>- 제1차 독도기본계획(2005~2010)<br>- 제2차 독도기본계획(2011~2015)<br>- 제3차 독도기본계획(2016~2020) |
| 국토교통부 | 국토의 계획 및 이용에 관한 법률 | ○ 자연환경보전지역으로 지정(1990.8)하고 행위제한 등의 관리 수단 적용 |
| 환경부 | 독도 등 도서지역의 생태계 보전에 관한 특별법 | ○ 특정도서로 지정(2000.9)하고 조사, 행위제한 등의 관리 수단 적용 |
| | 자연공원법 | ○ 지질공원으로 인증, 지질명소 지정<br>○ 지질공원 조사, 연구, 지식보급, 교육, 홍보, 탐방지원 등의 관리 수단 적용 |
| 문화재청 | 문화재보호법 | ○ 천연기념물 제336호(천연보호구역, 1982.11)로 지정 하고 행위제한 등의 관리 수단 적용 |

독도에 대한 우리 정부의 행정권은 「독도의 지속가능한 이용에 관한 법률」 제4조에 따라 수립되는 독도기본계획에 따라 실시되고 있다. 독도기본계획은 관계 중앙행정기관 등과 협의하고 독도지속가능이용위원회 심의를 거쳐 수립되는 범부처 합동계획이다. 독도기본계획에 따라 독도와 독도 주변 해역의 생태계 보호 및 해양수산자원의 합리적 관리·이용방안 등을 5년마다 마련하고, 매년 시행계획을 통해 이행 관리된다. 2021년 10월 현재 제1차(2006~2010), 제2차(2011~2015), 제3차(2016~2020)에 걸친 독도기본계획이 수립되어 실시되었다. 2021년 3월 5일 독도지속가능이용위원회는 「제4차 독도의 지속가능한 이용에 관한 기본계획('21~'25)」을 심의하여 확정하였다. 제4차 기본계획은 ① 독도

의 과학적 조사 및 활용 확대, ② 독도와 독도주변해역의 안전 및 관리 강화, ③ 깨끗한 환경 조성 및 생태계관리 강화, ④ 독도 교육의 다변화 및 체계적인 홍보, ⑤ 독도의 지속가능한 이용을 위한 역량 강화 등 5대 추진전략, 총 79개의 세부사업으로 구성되어 있다.

한편 우리 정부는 독도와 관련된 정책 의사결정 기구로서「독도의 지속가능한 이용에 관한 법률」에 따른 독도지속가능이용위원회와「정부합동독도영토관리대책단 규정」18)에 따른 정부합동독도영토관리대책단을 두고 있다. 2013년 12월「독도의 지속가능한 이용에 관한 법률」이 개정되기 전까지는 해양수산부장관을 위원장으로 하는 독도지속가능이용위원회가 독도기본계획 및 시행계획의 심의를 담당하였고, 정부합동독도영토관리대책단은 독도 관련 지속가능한 이용 계획의 집행에 관한 총괄적 의사결정을 담당하였다. 이후 독도지속가능이용위원회의 정책결정기능을 강화하고 독도 관련 사업에 대한 국회의 통제를 강화하기 위하여 독도지속가능이용 위원회의 지위를 격상시켜 국무총리가 위원장이 되도록 하였다.

정부합동독도영토관리대책단은 독도 영토관리와 환경보전에 관한 사항에 효율적으로 대응하기 위하여 정부 부처간 공조체계를 유지하고 각 부처의 관련 대책을 협의·조정하기 위하여「국무총리훈령」제658호에 따라 국무조정실에 설치된 의사결정기구이다. 정부합동독도영토관리대책단은 우리나라의 독도 영토관리 사업에 관한 사항, 독도 및 주변 수역의 환경보전에 관한 사항, 초등학교·중학교·고등학교 등에서의 독도 교육 강화에 관한 사항, 독도에 대한 국제사회의 이해증진을 위해 필요한 사항, 그 밖에 독도 영토관리와 관련하여 대책단의 장이 필요하다고 인정하여 회의에 부의하는 사항 등을 협의·조정한다. 정부합동독도영토관리대책단은 각 기관의 독도 영토관리 강화 사업 추진 사항을 점검하고 일본 교과서의 독도 영유권 훼손에 대한 대책 등을 수립·조

---

18) 국무총리훈령 제658호, 2015년 12월 30일 개정.

정하는 역할을 수행하고 있다.

### (3) 헌법재판소의 재판권 행사

독도와 직접 관련된 사건이 우리나라의 법원에 제기된 적은 없으나, 헌법재판소는 독도와 관련된 법령이나 조약 등에 관해 제기된 헌법소원에 대해 재판권을 행사해왔다. 아래 표에서 볼 수 있듯이 독도 안전시설 설치, 천연기념물 제336호 독도관리지침, 독도 역사교육 오류 방치, 경찰의 독도경비, 한일 어업협정에 관한 헌법소원심판 등이 제기된 바 있다. 헌법재판소는 독도에 관하여 제기된 헌법소원심판에 대한 절차를 진행하였으나 대부분 각하하거나 기각하는 결정을 내렸다. 헌법재판소는 독도가 우리나라의 영토임을 전제로 제기되는 헌법소원 사건들 대해 재판권을 행사하였고, 이는 영토주권에서 발현되는 재판관할권 행사라고 할 수 있다.

<독도 관련 헌법소송에 관한 헌법재판소 결정>

| 번호 | 사건번호 | 사건명 | 종국결과 | 종국일자 |
|---|---|---|---|---|
| 1 | 2014헌마1002 | 독도 안전시설 설치 등 부작위 위헌확인 | 각하 | 2016.05.26 |
| 2 | 2000헌마349 | 문화재청고시 제1999-1호중'천연기념물 제336호독도관리지침' 제5조 등 위헌확인 (동 제6조) | 각하 | 2001.08.30 |
| 3 | 2007헌마995 | 독도역사교육오류방치 위헌확인 | 각하(2호) | 2007.09.18 |
| 4 | 2000헌마445 | 경찰의독도경비 위헌확인 | 각하(2호) | 2000.07.21 |
| 5 | 2007헌바35 | 대한민국과일본국간의어업에관한협정 위헌소원 | 합헌 | 2009.02.26 |
| 6 | 99헌마139 99헌마142 99헌마156 99헌마160 | 대한민국과일본국간의어업에관한협정비준 위헌확인 | 기각, 각하 | 2001.03.21 |

## 일본의 도발 조치에 대한 공식적 항의 제기

우리 정부는 일본 시마네 현이 개최하고 있는 "다케시마의 날" 행사와 이와 관련된 일본의 도발에 대해 공식 항의를 계속 제기하고 있다. 추후에 일본이 우리 정부가 그러한 조치를 묵인했다는 주장을 봉쇄할 필요가 있으므로, 독도에 대한 일본의 도발 조치에 대해 개별적으로 공식 항의를 제기하는 일은 국제법상 중요한 대응의 하나이다.

시마네 현 조례가 통과된 2005년 3월 16일 당시 외교통상부는 이에 항의하는 대변인 성명을 발표했다. 외교부는 매년 "다케시마의 날" 행사 개최와 일본 중앙 정부의 고위급 인사의 참석에 대해 공식적으로 항의하고 있다. 외교부는 2006년부터 일본 시마네현의 "독도의 날" 행사 개최와 중앙 정부 고위급 인사 참석을 통해 독도에 관한 도발을 반복하고 있는데 대해 강력히 항의하고, 이 행사의 즉각적인 폐지를 촉구하는 내용의 대변인 성명을 매년 발표하고 있다.[19]

또한 외교부와 국방부는 일본이 자국의 외교청서와 방위백서에서 독도 영유권을 주장하는 내용에 대해 지속적으로 항의를 제기하고 있다. 특히 일본의 2018년판 외교청서는 "독도는 역사적으로도 국제법적으로도 일본 고유의 영토이고 한국의 독도점거는 불법적인 것으로 국제법상 어떠한 근거가 없이 이루어지고 있으며, 독도 주변에서 한국이 군사훈련을 실시하고 있는 것에 일본 정부가 강력하게 항의하고 있다"고 기술하고 있었다. 우리 외교부는 일본 정부의 2018년판 '외교청서'의 독도 관련 기술에 대해 강력히 항의하며 즉각적인 철회를 요구하였다.[20] 2021년에도 일본의 외교청서와 방위백서에 독도에 관한 동일한

---

19) 외교부 보도자료, "일본 시마네현의 소위「독도의 날」행사 관련 외교부 대변인 성명"(2020.2.22.).
20) 외교부는 "일본 정부는 독도에 대한 부당하고 근거 없는 주장을 반복하는 것이 미래지향적 한일 관계 구축에 전혀 도움이 되지 않음을 알아야 한다." 고 비판하면서, "역사적·지리적·국제법적으로 분명하게 한국 고유의 영토인 독도에 대한 우리의 주권에 어떤 영향도 미치지 않는다." 고 항의하였다. 또한 외교부는 주한 일본대사관의 미즈시마 고이치(水嶋光一) 총괄공사를 초치하여 우리 정부의 항

문구가 명시되었고, 우리나라의 외교부21)와 국방부22)는 역시 유사한 취지의 항의를 전달하였다.

한일 양국은 독도에 관한 영유권 주장을 담은 상대국의 공식문서가 발간될 때마다 공식적인 항의를 제기하고 있다. 독도를 실효적으로 점유하고 있는 우리 정부가 제기하는 공식 항의는 일본의 독도 영유권 주장에 대해 우리나라가 묵인하지 않았다는 증거가 되며, 일본의 주장을 '문서상의 주권 주장(paper claim)'에 불과한 것으로 만드는 역할을 하고 있다. 평행선을 달리는 양국의 영유권 주장이 반복적으로 계속되더라도 일본 정부가 발표하는 공식적인 입장이나 조치에 대해서는 빠짐없이 공식적인 항의를 제기해 나가야 한다.

## 독도에 관한 연구조사 및 홍보

우리 정부는 독도에 관한 역사, 지리, 국제법, 사료 발굴 및 분석 등을 수행할 수 있도록 다양한 지원을 하고 있다. 국무조정실은 2006년 한국해양수산개발원 내에 독도·해양영토연구센터를 설치하였고, 동 연구센터가 독도와 해양법에 관한 연구를 수행하고 국제적인 네트워크 구축 사업을 수행하도록 지원하고 있다. 교육부는 동북아역사재단 내에 독도연구소를 설립하여 독도와 관련된 근·현대의 사료들에 대한 체계적 분석 작업을 수행하고, 주변국의 부당한 독도 영유권 주장에 대응하기 위한 중·장기 종합 연구를 수행하도록 지원하고 있다. 또한 동북아역사재단 독도연구소는 사료의 발굴과 조사를 기반으로 독도영유권 강화를 위한 정책을 개발하고 연구 성과를 국내외로 확산시키기 위하여, 국제학술회의를 개최하고 학술지를 발간하고 있다. 또한 영남대학

---

  의를 전달하였다. 외교부 보도자료, "일본 2018년 외교청서에 대한 외교부 대변인 논평" (2018.5.15.)
21) 외교부 보도자료, "2021년 일본 방위백서에 대한 외교부 대변인 논평" (2021.7.13.)
22) 국방부는 2021년 7월 13일 일본이 방위백서에서 독도 영유권을 거듭 주장한 데 대해 주한 일본대사관 국방무관을 불러 직접 항의한 바 있다. (연합뉴스, 2021.07.13.)

교의 독도연구소는 2007년 교육부의 정책중점연구소로 선정되어 독도와 관련된 역사적 연구를 활발히 수행하고 있다.

국무조정실은 2009년부터 독도통합홍보전략을 마련하고 기관별 홍보계획에 대한 협의 및 조정을 위해 독도홍보협의회를 운영하고 있다. 독도홍보협의회는 독도 통합홍보 관리지침(국무총리 지시 제2009-3호)에 근거해, 동북아역사재단의 독도연구소장을 협의회장으로 하여 관계부처들과 매년 정기적으로 회의를 개최함으로써 독도통합홍보 체제를 유지하고 있다. 독도 관련 16개 정부 부처 및 관계기관의 실무자가 참여하여 각 기관의 독도 홍보 관련 업무 추진결과를 보고하고, 독도 홍보를 위한 통합메뉴얼과 관련된 협의를 진행한다. 2014년과 2017년에는 독도통합홍보표준지침을 개정하고 관계기관에 배포하여 독도홍보의 기준과 유의사항을 제시하였으며, 2018년에는 각 기관별 독도 홍보사업의 유사·중복을 조율하고, '독도통합홍보표준지침'의 개정사항을 검토한 바 있다. 2019년에는 두 차례 홍보협의회를 개최하고 통합홍보표준지침의 내용을 수정 및 업데이트하여 참가기관들과 협의하였다.

## Ⅳ. 독도 영유권 문제에 관한 국제법적 과제와 대응방향

### 독도에 대한 계속적이고 평화적인 영토주권 행사의 정책기조 유지

앞에서 살펴본 바와 같이 우리나라의 정부, 국회 및 헌법재판소를 비롯한 국가기관은 독도에 대한 확고한 영토주권에 근거하여 다양한 형태의 입법, 행정 및 사법 활동을 수행하고 있다. 국내 일각에서는 일본의 영유권 도발 조치가 있을 때마다 우리나라가 경찰 대신 군대를 배치하거나 독도에 대규모 시설물을 설치하는 등 기존의 독도 정책보다 더욱 강력한 대응조치를 취해야 한다는 주장이 제기된다. 또한 우리나라 정부가 일본과의 외교관계를 지나치게 고려한 나머지 일본의 독도 영유권 도발에 소극적인 대응을 하고 있다고 비판하기도 한다. 그러나 이러한 주장은 영토주권의 행사에 관한 국제법 이론과 국제판례에도 배치되는 것이며, 전략적인 관점에서도 우리나라의 국익을 해치는 결과를 가져올 수 있다.

독도를 둘러싼 한일 간의 국제법적 상황을 야구에 비유하자면, 독도 주권을 도발하는 일본이 공격을 하고 독도에 대한 실효적 점유를 하고 있는 우리나라가 수비를 하는 구도이다. 일본은 독도에 대한 영유권 분쟁이 있음을 계속 부각시켜 국제사법재판소 회부를 제안하는 등 공격적인 태도를 취하고 있다. 이에 비해 일본군 위안부나 강제징용 피해자 문제에 관한 국제법적 상황은 보편적인 인권의 존중과 피해자중심주의를 주장하는 우리가 공격을 할 수 있는데 비해 그러한 역사적 사실을 부정하거나 왜곡된 주장을 하는 일본이 수비를 하는 구도라고 할 수 있다. 우리나라는 독도를 실효적으로 점유하면서 독도에 대해 영토주권을 착실히 행사하고 있기 때문에, 독도 문제를 국제분쟁화하려는 일본의 공격적인 전략에 휘말려서는 안 된다. 일본이 문서상의 영유권 주장에 불과한 도발을 계속 하고 있는데, 우리나라가 일본의 조치보다 훨씬 더 강력한 조치나 현상(status quo)을 변경하는 조치를 취하면 이는 수비수가 배트를 들고 공격하는 상황이 된다. 따라서 일본의 도발에 대해 우리나라가 비례성에 반하는 강력한 조치를 취하여 독도를 국제분쟁지역화하려는 일본의 전략에 응수하게 되면 독도를 실효적으로 점유하고 있는 우리나라의 우월한 지위가 타격을 입게 될 가능성이 크다. 최근 일본이 우리나라 대법원의 강제징용 피해자 판결을 빌미로 무역보복조치를 실시했지만, 한일 간의 변화된 경제상황과 자유무역주의에 입각한 국제법 질서 때문에 보복조치로 인한 피해가 결국 일본 자신에게 부메랑이 되어 돌아가고 있는 상황은 우리에게 정책적으로 시사하는 바가 크다.

나아가 국가들 간에 무력사용을 금지하고 있는 유엔 헌장을 비롯한 국제법과 영토분쟁에 관한 다수의 국제판례들에 비추어 볼 때, 독도 정책의 입안과 시행에서 무엇보다 중요한 것은 독도에 대한 우리나라의 영토주권 행사가 계속적이고 평화적으로 실시되어야 한다는 점이다. 앞에서 본 것처럼 이미 우리나라는 독도에 대해 입법권, 행정권, 사법권을 행사하고 있으며, 국제판례에서 제시되고 있는 영토주권에 관한 법리는 영토주권의 행사가 계속성과 평온공연성을 유지할 것을 요구하고 있다. 한일 외교관계의 부침에 따라 독도에 대한 일본의 도발 수위와 횟수가 달라졌다는 점을 고려하면, 국제법적으로 일본의 독도 도발을 문서상의 주장에 불과한 것으로 봉쇄하면서 우리나라의 계속적이고 평화적인 영토주권 행사를 유지하기 위한 방안을 강구해야 한다.

## 일본의 독도 도발에 대한 공공외교 차원의 대응 필요

우리나라는 일본의 독도 도발에 대해 일본 정부에 공식 항의하거나 주한 일본 대사관의 외교관을 초치하는 등 양자외교 차원에서 대응해 왔다. 이러한 양자적 대응도 중요하지만 앞으로는 공공외교 차원에서 대응하는 방안을 강구할 필요가 있다. 공공외교란 외국 국민들과의 직접적인 소통을 통해 우리나라의 역사, 전통, 문화, 예술, 가치, 정책, 비전 등에 대한 공감대를 확산하고 신뢰를 확보함으로써 외교관계를 증진시키고, 우리의 국가이미지와 국가브랜드를 높여 국제사회에서 우리나라의 영향력을 높이는 외교활동을 의미한다. 공공외교는 주로 외국의 대중을 그 대상으로 하지만, 시민단체, 대학, 언론 등도 여론 형성에 중요한 역할을 하기 때문에 복잡한 외교사안에 있어서는 그들이 중요한 공공외교의 대상이라고 할 수 있다.

한일 관계에서 독도 문제는 2005년 일본 시마네 현 조례 제정과 2012년 이명박 대통령의 독도 방문으로 인해 1965년 한일협정 체제 이후 암묵적으로 유지되어 왔던 양국 간의 현상유지 기조가 무너져 버렸다. 한일 양국은 독도 문제로 인한 갈등이 심각해질수록 자국의 영유권 주장이 더 강력하고 우월하다는 것을 양자관계에서뿐만 아니라 미국을 비롯한 제3국에게도 널리 홍보하고 있다. 독도 문제로 인해 한일 간의 갈등이 고조되면 한미일 3국 간의 안보동맹에도 균열이 생기고 동북아 지역의 평화에도 영향을 주기 때문에, 이제 독도 문제는 양자외교를 넘어 공공외교 차원의 문제로 넘어갔다고 볼 수 있다.

따라서 다음과 같은 방향으로 독도 문제에 관한 공공외교적 대응방안을 수립할 필요가 있다.

첫째, 국내외의 여론 주도층의 의견을 청취하여 독도 정책에 반영해야 한다. 국내 홍보는 역사 교육 차원에서 접근하고, 해외 홍보를 위해 공공외교 역량을 투입할 필요가 있다. 해외 홍보 대상자가 될 여론 주도층을 선정하고, 그들의 국적, 연령, 직업, 영향력, 피드백 방법 등의 세밀한 기준을 설정하여 홍보 정책을 수립해야 한다. 독도 문제처럼 첨예하게 의견이 대립되는 사안에 대해서는 직접 이해관계가 없는 제3자들의 의견을 정확히 파악하고 이를 홍보정책에 반영하는 것이 중요하다. 스위스가 공공외교 정책을 통해 국가브랜드를 재구축했던 사례를 참고하여 독도를 프로파간다의 대상으로 전달하는 것을 넘어서 해외의 여론 주도층의 의견을 체계적으로 청취, 조사 및 분석할 수 있는 제도를 수립하고 그러한 분석에 기초하여 독도 정책을 입안하고 시행할 필요가 있다.

둘째, 소셜네트워크 등 온라인을 이용한 홍보를 통해 독도 공공외교 정책을 수립해야 한다. 공공외교의 주요 요소인 쌍방향 의사소통을 위해 트위터, 페이스북, Youtube 등 국제적인 여론 주도층이 활발하게 사용하는 소셜네트워크 서비스를 이용한 독도 홍보 방안을 마련해야 한다. 소셜네트워크를 이용한 독도 홍보의 경우 전세계 여론 주도층과의 쌍방향 의사소통을 상시적으로 모니터링하고 적절히 대응할 수 있도록 인력과 역량을 갖추는 것이 필요하다. 소셜네트워크에 사용할 독도 홍보 자료의 콘텐츠는 지나치게 교조적이거나 프로파간다와 같이 비추어지지 않도록 신중하게 제작해야 한다. 영토 문제를 둘러싼 공공외교 활동이 민족주의적 감정을 자극하면 오히려 또 다른 외교분쟁을 불러올 위험성이 있다는 점에 주의해야 한다.

셋째, 국제적 학술교류 및 네트워크 구축을 통해 독도 영유권에 관한 우리나라의 입장과 국제법적 근거를 국제사회의 전문가 집단에 이해시키고 확산시켜야 한다. 해외의 저명한 역사, 정치, 국제법 전문가들과의 지속적인 학술교류와 네트워크 구축을 통해 우리나라의 입장이 반영된 독도 연구 성과를 국제학술회의나 단행본 출간 등을 통해 확산시켜야 한다. 높은 학식과 도덕성을 갖춘 학자들에게는 한국의 입장에 대한 논리적 설명과 객관적인 증거자료 제공이 선행되지 않고서는 공공외교를 통한 독도 홍보가 효과를 거두기 어렵다. 공공외교의 수단을 활용하여 일본의 영유권 주장은 독도에 대한 식민주의적 침략의 연장이라는 점과 우리나라가 독도에 대해 국제법상 우월한 영토 권원을 가지고 있다는 점을 납득시킬 수 있는 프로그램과 홍보방안을 수립해야 한다.

## 독도 문제의 국제재판 회부 가능성 대비

일본은 1954년, 1962년, 2012년 3차례에 걸쳐 독도 문제를 국제사법재판소(International Court of Justice, 이하 ICJ)에 회부하여 해결하자고 제안한 바 있다. 우리 정부는 이에 대해 "독도는 역사적, 지리적, 국제법적으로 명명백백한 대한민국의 고유영토로서, 영토 분쟁 자체가 존재하지 않으며, 독도를 국제사법재판소(ICJ)에 회부하자는 일본 정부의 제안 계획 등은 일고의 가치도 없음을 분명히 한다"는 원칙적 입장을 고수하여 왔다.[23] ICJ는 유엔의 주요 사법기관이고 유엔 헌장의 당사국은 모두 자동적으로 ICJ규정의 당사국이 된다. 그러나 ICJ가 관할권을 행사하기 위해서는 분쟁당사국들의 관할권 동의가 있어야 한

---

23) http://dokdo.mofa.go.kr/kor/dokdo/government_announce_list.jsp?pagenumber=7&sn=1&st=&sn02=&st02=&sc=&sdate=&edate=&orderby=&sort=&status=&at=view&idx=455&category=kr

다. 일본이 ICJ에 독도 문제를 회부하자고 제안하더라도 우리나라가 동의하지 않는 한 ICJ는 관할권을 행사할 수 없다. 일본은 우리나라가 ICJ 제소 제안을 수락하지 않는 것을 비판하는 입장을 취하고 있지만, 2014년 ICJ 남극해 포경사건에서 패소한 이후 해양생물자원에 관한 분쟁을 ICJ의 관할권에서 배제하는 조치를 취함으로써 이중적인 태도를 보이고 있다. 국제법상 독도에 관한 분쟁이 존재하는지 여부에 대해서는 국내 학계에서도 다양한 견해가 제시되고 있지만, 영유권 문제와 같이 민감한 사안에 대해 주권국가의 동의 없이 국제재판소가 관할권을 행사할 수는 없기 때문에 국제재판에 대한 일본의 이중적 태도를 부각시키는 방향으로 우리 정책을 수립할 필요가 있다.

한편 동해에는 한일 간 합의된 해양경계선이 없기 때문에 독도 주변 수역에서 이루어지는 해양활동에 대해 유엔해양법협약상의 강제적 분쟁해결절차가 이용될 가능성에 유의해야 한다. 물론 영토주권 문제는 유엔해양법협약의 강제적 분쟁해결절차에서 다룰 수 있는 대상이 아니지만, 해양경계선이 없는 중첩수역에서 이루어지는 해양과학조사 활동에 관한 분쟁이 발생하면 그러한 분쟁은 강제적 분쟁해결절차에 일방적으로 회부될 가능성이 있다. 최근 남중국해 중재사건에서 필리핀이 중국을 상대로 일방적으로 중재재판을 제기하고, 중국이 불참한 상태에서도 중재재판이 계속되어 중국에게 패소 판정을 내렸던 것처럼 일본이 우리나라를 상대로 일방적으로 유엔해양법협약 제7부속서 중재재판을 제기할 수도 있다. 이 경우에 중재재판소는 독도의 영유권 문제 자체에 대해서는 판단을 내릴 수 없지만 한국과 일본이 다투는 해양법협약의 해석과 적용에 관한 분쟁에 대해서는 관할권을 행사할 가능성이 있으며, 이 경우 일본이 추구하는 독도의 국제분쟁화 전략에 우리나라가 휘말릴 위험성이 있다.

한편 유엔해양법협약 제298조 제1항(a)(i)에서는 당사국이 해양경계획정이나 역사적 만 또는 권원에 관한 분쟁을 강제절차에서 배제하는 선언을 하는 경우에 그 분쟁을 강제조정에 회부할 수 있도록 규정하고 있다. 우리나라도 해양법협약 제298조 제1항(a)(i)에 따라 해양경계획정 분쟁을 강제적 분쟁해결절차에서 배제하는 선언을 했지만 일본이 해양경계분쟁을 강제조정절차에 일방적으로 회부할 가능성은 남아 있다. 최근 동티모르와 호주 간의 강제조정 사건에서는 동티모르가 호주와의 해양경계획정과 석유 및 가스 공동개발에 관한 분쟁을 일방적으로 조정절차에 회부한 바 있다. 동티모르와 호주는 강제조정절차를 통해 양국 간에 오랜 기간 다투어져 왔던 티모르해 해양경계선과 공동개발체제에 합의함으로써 분쟁을 성공적으로 해결하였다. 물론 해양법협약에 규정된 강제조정위원회가 제시하는 권고안은 법적 구속력이 없는 것이지만, 우리나라가 원하지 않는 시기에 또는 준비가 충분하지 못한 상황에서 일본이 일방적으로 강제조정을 개시할 가능성에 대비할 필요가 있다.

# 제2장

## 한국의 독도 영유권, GHQ/SCAP, 그리고 SCAPIN 제677호*

이석우

## Ⅰ. 한국의 독도 영유권 주장의 기본적인 구도

한일관계의 가장 큰 현안 가운데 하나인 독도 영유권 문제1)에 있어 한국의 독도 영유권 주장의 법리적인 체계를 재구성해 보면 크게 다음과 같은 단계로 구분할 수 있다. 첫째, 1905년 일본의 시마네현 고시에 따른 독도편입조치 이전까지는 그 이전에 한국의 독도에 대한 고유영토론 입증과 울릉도와 독도와의 종속관계를 강조한 소위 "하나의 단위체(single unit)" 접근2); 둘째, 1905년부터 1945년 해방까지는 일본의

---

\* 동 연구는 대한국제법학회가 2019.10.25.-26 진행한 제19회 국제법학자대회: "대한민국과 국제법: 위기의 시대, 길을 묻다"에서 발표한 "독도 연구 현황에 대한 평가: 2010년 이후 발간된 대한국제법학회 논총 논문에 대한 분석을 중심으로"를 근간으로 하고 있다.

1) 독도 영유권 관련 역사적인 측면에서의 연구저서 가운데 필자는 개인적으로 송병기, 『울릉도와 독도, 그 역사적 검증』, 역사공간 (2010); 정병준, 『독도 1947: 전후 독도문제와 한미일 관계』, 돌베개 (2010)를, 국제법적인 측면에서의 연구저서 가운데 이석우, 『동아시아의 영토분쟁과 국제법』, 집문당 (2007); Seokwoo Lee and Hee Eun Lee (eds.), Dokdo: Historical Appraisal and International Justice, Brill Martinus Nijhoff Publishers (2011)를 기본적인 연구서로 추천하고자 한다.

한국 식민지화 침탈 과정에 대한 법리적, 역사적 비판3); 셋째, 1945년부터 1952년까지는 한국의 독립과 제2차 세계대전 이후 연합국의 패전국 일본의 영토처리 과정, 그리고 1951년 샌프란시스코 평화조약(이후

---

2) 한국은 다음과 같은 관찬(官撰) 문헌에 기록된 독도 자료를 근거로 한국의 독도에 대한 영토 인식 및 통치를 주장하고 있다. 외교부 홈페이지에 인용된 독도와 관련한 한국의 관찬 문헌의 기록의 대표적인 내용은 다음과 같다:『세종실록』「지리지」(1454년) "우산(于山)과 무릉(武陵) 두 섬이 현의 정동쪽 바다 가운데 있다. 두 섬은 서로 멀리 떨어져 있지 않아, 날씨가 맑으면 바라볼 수 있다. 신라 때에 우산국 또는 울릉도라 하였다. (于山武陵二島在縣正東海中 二島相去不遠 風日淸明 則可望見 新羅時 稱于山國 一云鬱陵島);『신증동국여지승람』(1531년) "우산도・울릉도. 무릉(武陵)이라고도 하고, 우릉(羽陵)이라고도 한다. 두 섬이 현(縣)의 정동쪽 바다 가운데 있다. (于山島 鬱陵島 一云武陵 一云羽陵 二島在縣正東海中);『동국문헌비고』(1770년) "우산도・울릉도 두 섬으로 하나가 바로 우산이다. 여지지에 이르기를, 울릉과 우산은 모두 우산국의 땅인데, 우산은 일본이 말하는 송도(松島)라고 하였다. (于山島, 鬱陵島, 二島一卽于山, 輿地志云 鬱陵・于山皆于山國地 于山則倭所謂松島也);『만기요람』(1808년)" 울릉도가 울진 정동쪽 바다 가운데 있다. 여지지에 이르기를, 울릉과 우산은 모두 우산국의 땅인데, 우산은 일본이 말하는 송도(松島)라고 하였다. (鬱陵島在蔚珍正東海中. 輿地志云 鬱陵于山皆于山國地 于山則倭所謂松島也);『증보문헌비고』(1908년) "우산도・울릉도 두 섬으로 하나가 우산이다. 속(續: 새로 추가한 내용) 지금은 울도군이 되었다. (于山島鬱陵島, 二島一卽芋山 續今爲鬱島郡). http://dokdo.mofa.go.kr/kor/include/_print_faq.jsp?class_faq=q1.

3) 외교부 홈페이지에 인용된 일본의 한국 식민지화 침탈 과정은 일본의 1905년 시마네현고시 제40호를 추진한 배경과 해당 고시의 국제법적 효력에 대해 언급하면서 강조되고 있다: 1. 일본이 1905년 시마네현고시 제40호를 통해 독도를 자국 영토로 삼고자 한 것은 1904년 이래 만주와 한반도에 대한 이권을 두고 러시아와 전쟁 중이던 상황에서 동해에서의 해전 수행을 위한 군사적 필요성을 고려한 것이었다; 2. 관련 일본 사료에는 당시 외무성 당국자가 "독도에 망루를 세워 무선 또는 해저전신을 설치하면 적함(敵艦)의 감시상 매우 유리" 하다는 점을 들어 독도의 영토 편입을 추진한 사실이 기록되어 있다; 3. 독도의 영토 편입을 청원한 나카이 요자부로(中井養三郎)가 당초 독도가 한국 영토라고 인식하고 있었고, 일본 내무성 당국자가 "한국령으로 여겨지는 풀 한 포기 나지 않는 암초(독도)를 얻어… 일본이 한국을 집어 삼키려는 야심이 있다고 의심케 하는 것은 득보다 실이 많다." 라고 언급하는 등 일본 정부가 독도를 한국 영토로 인식한 정황이 나타나 있다; 4. 당시 일본은 1904년 2월 '한일의정서' 를 통해 러일 전쟁의 수행을 위해 자국이 필요로 하는 한국 영토를 자유롭게 사용할 수 있도록 하고, 1904년 8월 '제1차 한일협약' 을 통해 한국 정부에 일본인 등 외국인 고문을 임명하도록 강요하는 등 한국에 대한 단계적 침탈을 진행해 나가고 있었는데, 독도가 그 첫번째 희생물이 되었던 것이다; 5. 결과적으로 이와 같이 시마네현고시 제40호는 일본의 우리나라 국권에 대한 단계적 침탈 과정의 일환이었으며, 우리나라가 오랜 기간에 걸쳐 확고히 확립하여 온 독도 영유권을 침해한 불법행위이므로 국제법적 효력을 가질 수 없다. http://dokdo.mofa.go.kr/kor/include/print_faq.jsp?_class_faq=q9.

대일평화조약)에서의 독도 영유권의 비결정성(indeterminacy) 강조; 그리고, 넷째, 1952년 이후 현재까지는 1952년 소위 평화선 선포 이후 한국의 독도에 대한 영유권 행사로 재구성해 볼 수 있다.

이러한 한국의 독도 영유권 주장의 법리적인 체계의 재구성을 살펴보면 17세기 소위 "울릉도쟁계", 즉 울릉도를 둘러싼 한일 양국의 외교문제의 진행과정에 있어서 독도의 지위에 대한 평가, 1900년 10월 25일자 칙령 제41호에 언급된 석도(石島)가 과연 현재의 독도인지에 대한 평가4), 일본이 강조하는 1905년 독도의 일본영토에의 편입은, 그 이전인, 1904년부터 시작된 일본이 한국을 식민지화하는 과정에서 이루어진 조치로서 이해되어야 한다는 주장에 대한 평가, 대일평화조약의 체결을 위한 패전국 일본의 영토처리 과정에서 보여준 연합국의 태도에 대한 평가, 1952년 이후 한국의 독도에 대한 영유권 행사와 결정적 기일(critical date)의 역할에 대한 평가5)가 중심을 구성하고 있다.

이러한 평가의 연장선상에서 "영토분쟁 관련 국제법 일반이론의 한

---

4) 1900년 대한제국이 석도(독도)를 울릉도 관할로 명시한 「칙령 제41호」에 대해 외교부 홈페이지에 인용된 부분을 보면 다음과 같다: 19세기말 일본인들이 울릉도에서 무단으로 목재를 벌채하는 등 각종 문제가 발생하자, 대한제국 정부는 일본 정부에 이들을 철수시킬 것을 요구하는 한편, 울릉도의 지방행정 법제를 강화하기로 결정하였다. 이에 따라 1900년 10월 24일 당시 대한제국 최고 행정기관이었던 의정부 회의에서 "울릉도(鬱陵島)를 울도(鬱島)로 개칭하고 도감(島監)을 군수(郡守)로 개정" 하기로 결정하였고, 이러한 결정 내용은 1900년 10월 25일 고종황제의 재가를 받아 10월 27일 「칙령 제41호」로서 관보에 게재되었다. 「칙령 제41호」는 제2조에서 "… 구역(區域)은 울릉전도(鬱陵全島)와 죽도(竹島)·석도(石島: 독도)를 관할한다" 라고 규정하여 독도가 울도군의 관할구역에 속함을 명시했다. (칙령 제41호. 울릉도를 울도로 개칭하고 도감을 군수로 개정한 건. 제1조. 울릉도를 울도라 개칭하여 강원도에 부속하고, 도감을 군수로 개정하여 관제 중에 편입하고, 군의 등급은 5등으로 할 일. 제2조. 군청 위치는 태하동으로 정하고, 구역은 울릉전도와 죽도·석도를 관할할 일 (勅令第四十一號) 鬱陵島를 鬱島로 改稱하고 島監을 郡守로 改正한件. 第一條. 鬱陵島를 鬱島라 改稱하야 江原道에 附屬하고 島監을 郡守로 改正하야 官制中에 編入하고 郡等은 五等으로 할 事. 第二條. 郡廳位寘는台霞洞으로 定하고 區域은 鬱陵全島와 竹島·石島를 管轄할 事). 이와 같이 「칙령 제41호」는 대한제국 정부가 울릉도의 일부로서 독도에 대해 주권을 행사해온 역사적 사실을 명확히 하고 있다. http://dokdo.mofa.go.kr/kor/include/print_faq.jsp?class_faq=_q8.
5) 일반적으로 외교부 홈페이지 http://dokdo.mofa.go.kr/kor/include/print_faq.jsp?class_faq=q15참조.

국적 적용"이란 명제와 관련, 특히, 독도 문제의 해법 강구에 있어, 본 연구자는 그동안 분쟁 당사국인 한국과 일본 양국간의 역사적인 관계의 강조 및 해당 영토문제의 기저에 있는 일제 식민주의에 대한 법적, 도덕적 책임의 지속적인 강조가 한국의 영토문제의 국제법적 대응방안 마련에 있어 중요한 핵심과제임을 논하고 있다. 영토분쟁에 관한 최근의 판례들을 통해 보여준 국제사법기관의 영토분쟁과 소위 '식민지 문제(Colonial Question)'에 대한 탈(脫)역사인식적, 기능주의적, 그리고 편의주의적인 법리는 결과적으로 그 법리 적용의 폐해에 직접적으로 영향을 받을 식민지 경험에서 벗어난 신생독립국가들의 경우 사법적 제국주의의 침탈이라는 순환에 직면하게 된다. 결과적으로, 본 연구자의 기존 연구결과들을 통해 반복해서 강조해 온 바와 같이, 식민지 시대를 경험했던 한국으로서는 독도의 영유권 주장과 관련, 한국은 현 국제사법기관의 법리를 잔혹했던 식민지 시대의 부활이라는 차원에서 적극적으로 대응해야만 한다는 것이다. 또한, 동아시아에서의 일본 제국주의의 식민지 확장/팽창 과정 및 정책이 유럽 제국주의 국가들의 중동, 아프리카, 라틴 아메리카 등지에서의 식민지 확장/팽창 과정 및 정책과 비교하여 가지고 있는 일반성과 특수성에 대해서도 검증하는 작업이 요구된다고 본다.[6]

## Ⅱ. 독도 영유권 관련 최근 국제법 연구의 동향 및 분석

국제법 학계에서 독도는 꾸준한 연구의 대상으로 기능하고 있다. 2010년 이후 대한국제법학회 논총에 출간된 독도 관련 논문은 모두 25편이다.[7] 이러한 다양한 성과를 도출하고 있는 최근의 독도 관련 연구

---

6) 일반적으로 이석우, "영토분쟁의 해결에 있어 역사비평적 접근의 시도", 서울국제법연구 17(1) (2010), pp.47-63 참조.
7) 김원희, "영토분쟁에서 결정적 기일(Critical Date) 개념의 증거법적 재구성과 독

가 상기 언급한 기존의 구도 안에서 평가할 때 어떠한 의미가 있는지 분석할 필요가 있다. 동 25편의 논문을 주제 구분으로 분류해 보면 울릉도 쟁계와 도해금지령 관련 논문이 2편, 일본 태정관을 중심으로 한 19세기말 20세기초 일본의 독도 인식 관련 논문이 3편, 미군정기와 샌프란시스코 평화조약 관련 논문이 3편, 독도와 해양법 및 분쟁해결절차

---

도 문제에 대한 함의", 국제법학회논총 65(2) (2020.6), pp.21-58; 이성환, "태정관지령을 둘러싼 논의의 재검토: 최철영, 유미림, "1877년 태정관 지령의 역사적·국제법적 쟁점검토"에 대한 반론", 국제법학회논총 64(2) (2019.06), pp.147-175; 최철영, 유미림, "1877년 태정관 지령의 역사적·국제법적 쟁점 검토", 국제법학회논총 63(4) (2018.12), pp.247-280; 박현진, "17세기말「울릉도쟁계」관련 조·일 교환공문(사본)의 증명력(Ⅱ)", 국제법학회논총 63(4) (2018.12), pp.57-89; 강병근, "평화조약 내 영토조항에 관한 연구", 국제법학회논총 63(4) (2018.12), pp.217-245; 정영미, "미군정기 독도 관련 일본 법령에 대한 고찰", 국제법학회논총 63(3) (2018.09), pp.47-74; 김명기, "대한국제법학회의 독도학술연구조사에 의한 한국의 독도에 대한 실효적 지배", 국제법학회논총 63(1) (2018.03), pp.233-263; 이성환, "일본의 태정관지령과 독도편입에 대한 법제사적 검토", 국제법학회논총 62(3) (2017.09), pp.73-103; 송병진, "독도 영유권에 대한 북한의 견해", 국제법학회논총 61(2) (2016.06), pp.71-96; 이창열, "유엔해양법협약상 영해에서의 연안국 행위에 대한 재판관할권", 국제법학회논총 60(4) (2015.12), pp.179-197; 박현진, "독도 실효지배의 증거로서 민관합동 학술과학조사", 국제법학회논총 60(3) (2015.09), pp.61-96; 이창열, "유엔해양법협약에서 영토분쟁에 대한 관할권 행사 가능성 분석", 국제법학회논총 60(2) (2015.06), pp.191-209; 김명기, "국제법상 국제연합에 의한 한국의 독도 영토주권 승인의 효과", 국제법학회논총 60(1) (2015.03), pp.35-55; 김원희, "ICJ의 영토분쟁 사건에서의 입증책임과 입증의 정도", 국제법학회논총 59(4) (2014.12), pp.117-141; 김명기, "일본정부의 독도의 역사적 권원 주장의 변화추이에 관한 연구", 국제법학회논총 59(3) (2014.09), pp.43-60; 박현진, "영토분쟁과 권원 간 위계", 국제법학회논총 59(3) (2014.09), pp.109-145; 양희철, "한중일의 도서관리 법제 비교 연구", 국제법학회논총 58(4) (2013.12), pp.193-236; 박현진, "독도 영토주권과 격지 무인도에 대한 상징적 병합·가상적 실효지배", 국제법학회논총 58(4) (2013.12), pp.103-132; 박현진, "17세기 말 울릉도쟁계 관련 한·일 '교환공문'의 증명력", 국제법학회논총 58(3) (2013.09), pp.131-168; 정재민, "대일강화조약 제2조가 한국에 미치는 효력", 국제법학회논총 58(2) (2013.06), pp.45-62; 朴玄鎭, "영토·해양경계 분쟁과 '약식조약'의 구속력·증거력", 국제법학회논총 58(2) (2013.06), pp.95-129; 정민정, "독도 문제의 국제사법재판소 회부를 둘러싼 쟁점 및 대응방안", 국제법학회논총 58(1) (2013.03), pp.117-143; 김석현, "시효(時效)에 의한 영유권 취득", 국제법학회논총 57(4) (2012.12), pp.11-57; 이태규, "국제재판상 지도의 증거력", 국제법학회논총 57(2) (2012.06), pp.171-189; 김석현, "국제판례에 비추어 본 국제분쟁의 의의 및 그 존재의 확인", 국제법학회논총 56(4) (2011.12), pp.111-144.

문제 관련 논문이 3편, 영토분쟁에 대한 국제법이론과 독도 문제의 사법적 해결 관련 논문이 8편, 한국의 독도 실효지배 및 기타 논문 6편으로 분류할 수 있다. 본 논문은 독도 관련 2010년 이후 출간된 대한국제법학회에서 발간하는 논총 논문들만을 중심으로 독도 연구 현황에 대한 개략적인 분석을 통해 해당 주제 연구 동향의 현재를 살펴보기로 한다.

## 울릉도 쟁계와 도해금지령

### (1) 정부 입장

소위 울릉도쟁계에 대해 외교부 홈페이지에 인용된 부분을 보면 다음과 같다. 먼저 독도와 관련하여 안용복의 활동과 관련하여 안용복은 조선 숙종 때의 인물로서, 1693년 울릉도에서 일본인들에 의해 피랍되는 등 두 차례에 걸쳐 일본으로 건너갔다. 1693년 안용복의 피랍은 한·일 간 울릉도의 소속에 관한 분쟁(울릉도쟁계)이 발생하는 계기가 되었고, 이 과정에서 울릉도와 독도의 소속이 밝혀지게 되었다는 점에서 의미가 있다. 1696년 안용복의 두 번째 도일(渡日)과 관련하여『숙종실록』은 안용복이 울릉도에서 마주친 일본 어민에게 "송도(松島)는 자산도(子山島, 독도)이며 우리나라 땅이다"라고 말하고, 일본으로 건너가서 우리나라 땅인 울릉도와 독도에 대한 일본의 침범에 항의하였다고 진술한 사실을 기록하고 있다. 안용복이 일본으로 건너갔던 사실은 우리나라 문헌뿐만 아니라『죽도기사(竹嶋紀事)』,『죽도도해유래기발서공(竹嶋渡海由來記拔書控)』,『인부연표(因府年表)』,『죽도고(竹島考)』등의 일본 문헌도 전하고 있다. 특히 2005년 일본에서 새로이 발견된 사료인「원록구병자년조선주착안일권지각서(元祿九丙子年朝鮮 舟着岸一卷之覺書)」(1696년 안용복이 오키섬에 도착하였을 때 오키섬의 관리가 안용복을 조사한 내용을 기록한 문서)는 안용복이 울릉도(竹島)와 독도(松島)가 강원도 소속이라고 진술하였다고 기록하고 있어,『숙종실

록』의 내용을 뒷받침하고 있다.8)

한편, 1693년 일본 어민의 울릉도 도해를 둘러싸고 조선과의 외교분쟁(울릉도쟁계)이 발생하자, 1695년 12월 24일 일본 에도 막부는 돗토리번(鳥取藩)에 문서를 보내 울릉도가 돗토리번에 속하는지와 돗토리번에 속하는 다른 섬은 없는지 문의한다. "1. 인슈(因州)와 하쿠슈(伯州) (이나바와 호키: 현재의 돗토리현)에 속하는 다케시마(울릉도)는 언제쯤부터 양국(이나바와 호키)에 속하게 된 것인가? 1. 다케시마(울릉도) 외에 양국(이나바와 호키)에 속하는 섬이 있는가?9) 이에 대해 돗토리번은 다음 날인 12월 25일 "다케시마(울릉도)와 마쓰시마(독도) 및 그 외 양국(이나바 및 호키: 현재의 돗토리현)에 속하는 섬은 없습니다"라고 막부에 답변하여 울릉도와 독도가 일본(돗토리번)의 영토가 아님을 밝힌다. "1. 다케시마(울릉도)는 이나바와 호키(현재의 돗토리현)에 속하는 섬이 아닙니다. 1. 다케시마(울릉도)와 마쓰시마(독도) 및 그 외 양국(이나바와 호키)에 속하는 섬은 없습니다.10) 일본 막부는 이와 같이 울릉도와 독도의 소속을 확인한 후, 1696년 1월 28일 소위 '다케시마(울릉도) 도해면허'를 취소하고 도해를 금지했다.11)

(2) 주요 내용

17세기말 조선 숙종조 조·일간 울릉도·독도의 영유권을 둘러싼 외교적 분쟁사건, 즉「울릉도쟁계」(1693~1699)에 현대 국제법(조약법)과 국제판례(법)가 확립하고 있는 규칙과 법리를 적용, 그 국제법상의 의의와 효과를 분석·논증한 논문들을 발표하였다. 이 논문들을 통해 양국 간 이「울릉도쟁계」합의에 당시 양국 관계에 적용된 법규범(예컨대

---

8) http://dokdo._mofa.go.kr/kor/include/print_faq.jsp?class_faq=q5.
9) 一. 因州伯州江付候竹島は`いつの頃より両国江附属候哉... 一. 竹島の外両国江附属の島有之候哉.
10) 一. 竹島は因幡伯耆附属にては無御座候... 一. 竹島松島其外両国江附属の島無御座候事.
11) http://dokdo.mofa.go.kr/kor/_include/print_faq.jsp?class_faq=q4.

영토주권의 근거로서의 거리관습 등)과 현대 국제법의 규칙·법리를 적용하여 조선이 독도 영토주권의 역사적 권원(historic title)을 확립하였음(고유영토론)을 입증 또는 논증하려 시도하였다.12)

역사적 사실을 기초로 영토·해양경계 분쟁과 관련하여 현대 국제판례가 확립하고 있는 원칙·규칙·관습 및 법리를 독도문제에 적용한다면 독도영유권 문제는 17세기말 울릉도쟁계 관련 교환공문으로 이미 종결된 것이다. 조·일 양국이 교섭과정에서 교환한 공문은 현대 국제판례(1994년 카타르/바레인 사건 등)가 확립한 법리에 의하면 양자간 국제합의·협정으로서 '약식조약'을 구성하며, 이 조약은 조·일 양국간 2개국 간 특수관습(거리기준내 거리규칙)에 입각, 울릉도·독도에 대한 조선의 역사적·본원적 권원을 근대적 조약상의 권원으로 대체·확립한 조약이며 동시에 양국간 묵시적 해상국경조약으로 평가된다. 조선은 이후 독도 권원을 포기하는 의사표시를 행한 적이 없으며, 그러한 포기의사는 명백한 증거에 의하지 않고는 추정되지 않는다. 또 유효하게 성립·발효한 조약상의 권원은 권원보유자가 타방 분쟁당사국의 권원 주장을 묵인하지 않는 한, 단기간의 실효적 지배에 입각한 권원에 우선한다. 교환공문을 통한 한·일간 조약상의 영토·해상국경의 합의는 확정성, 안정성과 실효성을 담보하기 위한 것으로서, "오랜 기간 지속된 현상은 그 변경을 최소화해야 한다는 것이 국제법의 확립된 원칙이다".13)

「울릉도쟁계」 관련 일련의 외교공문의 존재, 교환사실 및 내용은 대마번 측이 기록한 「죽도기사」가 아니더라도 그리고 교환공문의 모든 원본(공인 필사본)들을 확인하지 않고서도, 교섭과정·결과를 기록한 양측의 사서·사료와 기록 등을 대조·비교·검토하여 귀납적·객관적으로 확인·추론될 수 있다는 것이다. 만일 당사자 일방이 사서·사료가

---

12) 박현진, "17세기말 「울릉도쟁계」 관련 조·일 교환공문(사본)의 증명력(Ⅱ)", 국제법학회논총 63(4) (2018.12), p.58.
13) 박현진, "17세기 말 울릉도쟁계 관련 한·일 '교환공문'의 증명력", 국제법학회논총 58(3) (2013.6), p.158.

기술·기록한 사실관계의 객관성·정확성에 대한 이의 제기로 그 증거능력·증명력을 부인·제한하려 하는 경우 그 입증책임은, 전술한 국제판례(법)에 비추어, 이를 청구 또는 주장하는 측에 있다.[14]

결국 양국 사서·사료상 교환공문의 내용이 울릉도·독도의 영유권에 관한 사실관계를 비교적 정확하고 객관적으로 기술·기록한 것으로 인정·확인된다면, 그러한 범위·한도 내에서 양국 사서·사료의 기술·기록은 당시 사실관계에 대한 증거능력과 증명력이 인정될 것이다. 즉 양국의 사서·사료가 '설득력 있는 방식으로' 또는 '우월적 증거'에 의하여 당시 울릉도·독도 영유권에 관한 양국 간 합의사실과 과정을 기록하고 있다면, 그러한 사실관계는 합리적 추론을 통해 개연성이 높은(증명력) 객관적 사실로 확립될 수 있다. 이러한 맥락에서 「죽도기사」가 교환공문의 원문(공인 필사본)을 모두 수록하고, 또 당시의 사실·정황을 구체적으로 기술·기록하고 있으며 또한 우리 측 사서·사료와 비교·검토해도 그 객관성·정확성이 인정된다면, 「죽도기사」가 비록 일본의 국가(덕천막부) 사료·기록으로 보기는 어렵지만, 「울릉도 쟁계」에 관한 보강증거로서 일정한 증명력을 인정받을 수 있을 것이다.[15]

(3) 평가

17세기말 양국 간 울릉도·독도영유권을 둘러싸고 외교적 교섭·타결에 이른 소위 '울릉도 쟁계' 관련 조·일 교환공문의 법적 효과에 대한 논의는 이 교환공문에 어떤 규칙·원칙 또는 법리를 적용·해석하는 것이 타당한 것인가 하는 문제에서 출발해야 한다.[16] 문제는 현대 국제법상의 조약의 개념·형식, 체결방식·절차와는 달리 성립된 17세기말 조·일 교환공문에 현대 조약법 및 국제판례법의 개념과 원칙·규칙

---

14) 박현진 (2018.12), p.77.
15) 박현진 (2018.12), p.79.
16) 박현진 (2013.6), p.137.

을 적용, 그 효력을 논하는 것이 타당한가 하는 점이다.17) 결과적으로 소위 '울릉도쟁계 외교문서=약식조약'설은 울릉도쟁계 문서들에 대하여 외교 공문서의 지위를 넘어 약식조약으로 확대된 의미를 부여하고 있으나, 다음에서 논의되는 '태정관지령=국경조약'설 주장까지 외연이 불필요하게 확대되는 등 독도 영유권의 법리적 구성에 있어 부작용을 낳게 했다.

## 일본 태정관을 중심으로 한 19세기말 20세기초 일본의 독도 인식

### (1) 정부 입장

일본 메이지 정부가 독도가 일본 영토가 아님을 공식 확인한「태정관지령」(1877년)에 대해 외교부 홈페이지에 인용된 부분18)을 보면 다음과 같다. 메이지 시기, 일본 내무성은 지적(地籍, 토지기록부) 편찬 사업에 울릉도와 독도를 포함시켜야 하는지에 관해「동해 내 다케시마(울릉도) 외 일도(一島: 독도)의 지적 편찬에 관한 질의(日本海內竹島外一島地籍編纂方伺)」를 작성, 당시 일본의 최고 행정기관인 태정관(太政官)에 제출한다. 이에 대해 1877년 3월 태정관은 에도 막부와 조선 정부 간 교섭(울릉도쟁계) 결과 울릉도와 독도가 일본 소속이 아님이 확인되었다고 판단하고, "다케시마(울릉도) 외 일도(一島: 독도)의 건에 대해 본방(本邦, 일본)은 관계가 없다는 것을 명심할 것"이라는 지시를 내무성에 내렸는데, 이를「태정관지령」이라 한다.

태정관지령은 "메이지 10년 3월 20일. 별지로 내무성이 품의(稟議)한 동해 내 다케시마(울릉도) 외 일도(독도) 지적 편찬의 건. 이는 겐로쿠 5년(1692)에 조선인이 섬(울릉도)에 들어온 이래 구 정부(에도 막부)와 조선국이 [문서를] 주고받은 결과 마침내 본방(本邦=일본)과는

---

17) 박현진 (2013.6), p.138.
18) http://dokdo.mofa.go.kr/kor/include/print_faq.jsp?class_faq=q7

관계가 없다고 들은 것을 [내무성이] 주장한 이상, [내무성의] 품의 취지를 들어 아래와 같이 지령을 내려도 되는지 품의 드립니다. 지령안(御指令案) 품의한 다케시마(울릉도) 외 일도(독도)의 건은 본방(本邦=일본)과는 관계가 없음을 명심할 것."[19]

위의 질의서에 첨부된「기죽도[20] 약도(磯竹島略圖)」에 다케시마(울릉도)와 마쓰시마(독도)가 그려진 점 등에서「태정관지령」에서 언급된 "다케시마(울릉도) 외 일도(一嶋)"의 "일도(一嶋)"가 독도임은 명백하고,「태정관지령」을 통해 일본 정부가 17세기 에도 막부와 조선 정부 간 울릉도쟁계 과정에서 울릉도와 독도의 소속이 확인되었음을 인식하고 있었던 사실을 잘 알 수 있다. 한편,「태정관지령」이 내려지기 몇 년 전인 1870년 외무성 관리인 사다 하쿠보(佐田白茅) 등이 조선을 시찰한 후 외무성에 제출한 보고서(『조선국교제시말내탐서(朝鮮國交際始末內探書)』)에도 "다케시마(울릉도)와 마쓰시마(독도)가 조선에 부속된 사정"이 언급되어 있어, 당시 일본 외무성이 두 섬을 조선 영토로 인식했음을 보여주고 있다.

(2) 주요 내용

역사적으로 독도를 둘러싼 한일 간의 영유권(국경) 논쟁은 주로 1693년부터 1699년까지 한일간에 전개된 울릉도쟁계(鬱陵島爭界), 1877년의 태정관지령(太政官指令), 1905년의 일본의 독도 편입조치, 1951년의 샌프란시스코조약 등을 중심으로 전개되고 있다. 지금까지의 연구는 이 네 번의 사건을 개별적 분리하여 단절적으로 분석하고 논해 왔다. 그러나 독도 영유권을 둘러싼 이 네 번의 사건은 개별적이 아니

---

19) 明治十年三月廿日 別紙內務省伺日本海內竹嶋外一嶋地籍編纂之件 右八元祿五年朝鮮人入嶋以來旧政府該国ト往復之末遂ニ本邦關係無之相聞候段申立候上八伺之趣御聞置左之通御指令相成可然哉此段相伺候也. 御指令按. 伺之趣竹島外一嶋之義 本邦關係無之義ト可相心得事.
20) 기죽도는 울릉도의 옛 일본 명칭.

라 연속적인 시각에서 검토되어야 한다.21)

울릉도쟁계에서 출발한 한일 간의 일종의 국경분쟁은 1699년 한일 간의 합의에 의해 완전히 종결되었다. 일본은 울릉도 도해금지령을 내리고 울릉도를 조선의 영토로 인정했다. 이 도해금지령은 독도도 포함한 것이었으므로, 이 시점에서 울릉도와 독도에 대한 한국의 영유권이 완전히 확립되었다. 양국 간의 이 합의는 1868년의 대호령과 1877년의 태정관의 결정(태정관지령)에 의해 메이지 정부에 의해서 계승되었다. 따라서 이 태정관지령은 일본 국내적으로는 법률의 성격을, 조선과의 관계에 있어서는 조약으로서의 성격을 가진 것으로 볼 수 있다. 이러한 태정관지령은 그 후에도 일본 국내에서 계속 효력을 발휘하고 있었다는 점이 확인되었다. 태정관 시대의 각종 법령이 메이지 헌법에 모순되지 않는 한 그 효력이 계속 유지된다는 1890년의 메이지 헌법의 규정에 따라 태정관지령은 그 이후에도 효력이 계속 유지되었다. 즉, 1905년 일본이 독도 편입조치를 취하는 시점까지 태정관지령은 계속 효력이 유지되고 있었던 것이다. 동시에 태정관지령의 성립으로 1699년의 한일간의 합의(국경조약)가 효력을 계속 유지하고 있었다는 점이 확인되었다. 이로써 울릉도쟁계에서의 한일 간의 합의를 지켜가기 위한 국내외적 법령체제가 완비되었다. 즉, 한일 간에는 1699년의 국경조약이, 일본 국내적으로는 태정관지령이 작동하는 체제가 형성되었으며, 이 체제는 1905년 일본의 독도 편입 때까지 유효하게 작동, 유지된다.22)

이에 대한 반론적인 성격의 논문은 최근 태정관 지령의 입법체계상 지위 혹은 그 효력에 대한 평가가 지나치게 확장되어 태정관 지령이 국경조약으로서 조약과 법률의 성격을 둘 다 가지고 있다거나 태정관 지령을 통해 당시 조일간의 국경조약체제가 형성되었다는 평가가 나오고 있다고 지적한다. 이는 울릉도쟁계 관련 외교문서를 약식조약으로 보

---

21) 이성환, "일본의 태정관지령과 독도편입에 대한 법제사적 검토", 국제법학회논총 62(3) (2017.09), p.73.
22) 이성환 (2017.9), p.99.

는 선행연구(이하 '울릉도쟁계 외교문서=약식조약'설)를 기초로 이 문서들에 대하여 정식의 국경획정조약으로 확대된 의미를 부여하고, 태정관 지령에 대해서도 국경획정조약으로서의 성격과 함께 동 조약의 국내적 이행을 위한 헌법적 성격을 갖는 국내법으로 이해하고자 하는 견해('태정관지령=국경조약'설)로서 관련된 국제법의 법리 및 일본의 태정관 시대 국내입법체계를 근거로 제시하고 있다. 23)

'울릉도쟁계 외교문서=약식조약'설은 울릉도쟁계 문서들에 대하여 외교 공문서의 지위를 넘어 약식조약으로 확대된 의미를 부여하고 있으나, 당시 조·일 간에 교환된 외교문서의 형식과 내용이 조약의 성립으로 보기에는 하자가 있다. '태정관지령=국경조약'설은 울릉도쟁계에 기초한 태정관 지령에 대해서 국경획정조약으로서의 성격과 함께 동 조약의 국내적 이행을 위한 국내법으로 이해하고자 하지만 일본의 국내 행정관청이 공포한 규범에 국경조약으로의 의미를 부여할 수는 없으며, 태정관 지령에 국제법과 국내법의 관계에 관한 이원론적 입장에서 변형이론을 적용하면서도 동 지령이 일원론적인 견지에서 조약과 국내법의 지위를 동시에 보유하고 있다는 것은 논리적으로 상충된다. 24)

---

23) 최철영, 유미림, "1877년 태정관 지령의 역사적·국제법적 쟁점 검토", 국제법학회논총 63(4) (2018.12), p.248. 이 논문은 "우선 1699의 조·일간 합의 즉 울릉도쟁계 교섭과정에서 작성된 조·일간의 외교문서를 약식국경조약으로 볼 수 있는가 하는 문제를 당시 교환된 외교문서들에 대한 분석을 기초로 검토하고자 한다. 이를 통하여 울릉도쟁계 관련 외교문서로서 서계와 구상각서의 내용이 약식조약으로서 효력을 인정할 수 있는 형식성과 함께 내용의 객관적 구체성이나 법적 구속력을 부여하기 위한 주관적 의지를 포함하고 있는지를 확인해 보고자 한다. 두 번째로는 태정관 지령의 내용이 조선 정부와의 연관성을 포함하고 있다고 해서 조약과 같은 법적 지위를 갖는 외교문서로 규정하는 것이 타당한지에 대한 법리적인 검토를 수행한다. 그리고 이와 연계하여 1877년 일본의 태정관 지령이 1699년 조·일간 울릉도쟁계 외교문서를 정식의 국경조약으로 승인하는 동시에 국내적인 이행을 위한 변형입법으로 보는 것이 타당한 것인가 하는 문제에 대해서도 살펴보고자 한다. 세 번째로 태정관 지령이 시마네현에 전달된 시기의 일본 입법 체계에 대한 검토를 통하여 태정관 지령의 입법적 지위가 조약인 동시에 헌법적 의미까지 포함하는 국내법의 지위를 가질 수 있는지의 문제와 1905년 각의결정과 시마네현의 고시가 태정관 지령에 위배되어 무효인지에 대하여도 고찰해 보고자 한다." 최철영, 유미림 (2018.12), p.249.

그리고 태정관 지령이 메이지헌법에 의해서도 여전히 효력을 가지고 있었기 때문에 독도 편입을 내용으로 하는 1905년의 각의결정이나 시마네현 고시는 상위법인 태정관지령에 위배되어 무효라는 주장도 문제가 있다. 일본 정부는 1885년 태정관제를 폐지하고 근대적 내각제를 도입한 이후 공문식의 공포를 통해 근대적인 새로운 입법체계를 수립하여 제도화함으로써 기왕의 태정관 지령은 그 효력이 이후의 법령에 의하여 뒷받침되지 않는 한 소멸되거나 사문화되었다고 보아야 한다. 그리고 소멸 또는 사문화되지 않았다고 하더라도 국가의 권력구조상 입법과 사법을 제외한 분야에서 태정관의 지위를 승계한 내각의 각의결정은 내용의 정당성과 무관하게 국내 입법적 측면에서 당해 분야에서 태정관이 발한 지령을 대체하는 효력을 갖는다고 해석해야 할 것이다.[25]

이에 대한 재반론의 성격을 지닌 논문은 다음과 같이 반박하고 있다. 즉, 첫째, 태정관 지령이 법률적 효력을 가진 것인가에 대한 평가에 대해서 "태정관제 하의 형식적인 법령체계만을 근거로 하여 태정관 지령을 단순히 시마네 현에 대한 훈령이라고 좁게 해석했다. 이는 태정관제 하의 법령의 비체계성 및 혼란상 등을 반영하지 않은 형식 논리에 치우진 결과라고 생각된다. 따라서 태정관 지령이 법률적 효력을 가진 법령이라는 필자의 주장이 유효한 것으로 판단된다." 둘째, 태정관 지령이 울릉도쟁계 합의의 국내 이행을 위한 전환이었는가에 대한 평가에 있어서 "태정관 지령의 첨부문서 등으로 태정관 지령이 울릉도쟁계 합의를 승계한 것이라는 점이 확인되고 있는 이상, 태정관 지령은 울릉도쟁계 합의를 국내적으로 이행하려는 일본 정부의 의지의 표현으로 보는 것이 합당하다." 셋째, 태정관 지령이 언제까지 효력이 유지되었는가에 대한 평가에 있어서 "공문식은 공문식 반포 이후에 만들어지는 법령의 형식과 체제 등에 영향을 미칠 뿐 그 이전의 법령에 대해서는 아무런 영향을 미치지 않으며, 공문식 반포와 관계없이 태정관 지령은 계속 효

---

24) 최철영, 유미림 (2018.12), p.277.
25) 최철영, 유미림 (2018.12), p.277.

력을 유지한다는 점을 구체적으로 밝혔다. 나아가, 명치헌법의 경과규정에 의해서도 태정관 지령은 계속 효력을 유지했으며, 그 후 1907년의 공식령에 의해서도 아무런 영향을 받지 않는다는 점도 설명했다. 그 연장선상에서 확대해석을 하면, 논리적으로는, 일본정부가 폐기 조치를 취하지 않은 이상 태정관 지령은 현재까지도 효력을 유지하고 있다고 볼 수 있다." 넷째, 사료해석에 관련된 문제로서 접속조사 ば(ba)의 해석에 대한 평가에 있어서 "울릉도쟁계 합의의 조약적 성격 및 효력의 존속 등과 관련성을 가진 야마구치 현의 공무원 야마모토 오사미의 복명서에 나오는 "조선과 일본 정부사이에 조약이 있으므로(있기 때문에, 彼我政府二於テ条約アレハ)"라는 문장의 해석을 문법적으로 자세히 분석했다"고 주장한다. 결론적으로 "태정관 지령이 울릉도쟁계 합의와 불가분의 관계에 있다는 사실을 충분히 감안하면, 태정관 지령은 일본의 일방행위로서 국제법상 의미를 가지는 조치, 즉 역외효과를 낳는 국내 법령의 성격을 가지고 있는 법률로 볼 수 있다. 그리고 공문식이나 명치헌법의 공포에 관계없이 태정관 지령은 계속 효력을 유지하고 있었다". 26)

(3) 평가

'울릉도쟁계 외교문서=약식조약'설과 '태정관지령=국경조약'설은 울릉도쟁계 관련 외교문서에 대하여 현대 국제법의 해석적용에 기초하여 조·일 간의 약식조약으로서 의미 부여를 하고, 약식조약인 울릉도쟁계에 기초하여 공포된 태정관지령이 국제법적 측면과 일본의 국내법적 측면에서 어떠한 의미와 효력을 가졌으며, 1905년 일본의 독도 편입과 어떠한 관련성을 가지고 있는가를 상호 연계하여 분석하였다는 점에서 독도영토주권 연구의 새로운 지평을 열었다는 평가도 있다. 즉, '울릉도쟁계 외교문서=약식조약'설과 '태정관지령=국경조약'설은 후속의 학문

---

26) 이성환, "태정관 지령을 둘러싼 논의의 재검토: 최철영, 유미림, "1877년 태정관 지령의 역사적·국제법적 쟁점검토"에 대한 반론", 국제법학회논총 64(2) (2019.06), pp.171-2.

적 담론을 형성하도록 하는 가치가 있다는 평가이다.[27]

그러나 당시 조일간 교환문서가 내용의 측면에서나 형식의 측면에서나 조약법상 조약의 정의나 조약체결 절차에 부합하는지를 살펴보면 불명확한 점이 많은데, 그럼에도 불구하고 조약으로 볼 수 있다고 주장하려면 이론적 근거를 제시해야 함에도 불구하고 별다른 논증없이 국경조약으로 단정하는 것은 동의하기 어렵다. 조약의 정의에 부합하는지 조약체결의 형식을 갖추었는지 등의 측면에서 의문이 있다고 해서, 일본이 울릉도에 대한 조선의 주권을 인정한 사실의 법적인 의미가 약하다는 것은 아니다. 설혹 그 왕복문서가 조약법에 관한 비엔나협약 제2조제1항이 규정된 조약의 정의에 부합하지 않는다고 하더라도, 비엔나협약 제3조 및 PCIJ와 ICJ 판례 등에 비추어 법적 구속력이 있다는 것은 분명하다. 그것이 형식상 조약인지 여부의 문제보다는 도해금지가 울릉도에만 적용된 것이었는지 독도에도 적용된 것이었는지를 규명하는 것이 더 중요하다.

## 미군정기와 샌프란시스코 평화조약

(1) 정부 입장

외교부 홈페이지에 인용된 제2차 세계대전 이후 연합국의 패전국 일본의 영토처리 과정과 1951년 샌프란시스코 평화조약에서의 독도 영유권과 관련한 내용은 다음과 같다: 먼저, 1943년 연합국들이 제2차 세계대전 종전 이후, 일본 영토에 관한 기본 방침을 밝힌 카이로 선언(1943년 12월 1일)을 강조하면서 동 선언은 "일본은 폭력과 탐욕으로 탈취한 모든 지역에서 축출될 것"과 "현재 한국민이 노예 상태 아래 놓여 있음에 유의하여 앞으로 한국은 자유독립국가임을 결의한다."라고 하여 한국의 독립을 보장하고 있음을 강조한다.[28] 일본이 항복 조건으

---

27) 최철영, 유미림 (2018.12), p.276.

로 수락한 1945년 포츠담 선언도 카이로 선언의 이행을 규정하고 있다.29)

그리고, 제2차 세계대전 종전 후 연합국 최고사령관 총사령부는 1946년 1월 29일 연합국최고사령관각서(SCAPIN) 제677호를 통해 독도를 일본의 통치 및 행정 범위로부터 제외하였다.30) 동 각서는 제3항에서 일본이 통치권을 행사할 수 있는 지역은 "혼슈(本州), 큐슈(九州), 홋카이도(北海島), 시코쿠(四國) 등 4개 주요 도서와 약 1천 곳의 인접 소도서"라고 하고, 일본의 영역에서 "울릉도, 리앙쿠르암(독도)과 제주도는 제외된다."라고 규정하고 있다.31) 또한 연합국최고사령관각서 제1033호도 일본의 선박 및 일본 국민의 독도 또는 독도 주변 12해리 이내 접근을 금지했다.32)

한편, 1951년 샌프란시스코 강화조약은 제2조(a)에서 "일본은 한국의 독립을 인정하고, 제주도, 거문도 및 울릉도를 포함한 한국에 대한 모든 권리, 권원 및 청구권을 포기한다."33)라고 규정하고 있다. 동 조항은 한국의 3,000여 개의 도서 가운데 제주도, 거문도 및 울릉도만을 예시적으로 열거하고 있으며, 동 조항에 독도가 직접적으로 명시되지 않았다고 하여 독도가 일본에서 분리되는 한국의 영토에 포함되지 않는

---

28) Japan will also be expelled from all other territories which she has taken by violence and greed. The aforesaid three great powers, mindful of the enslavement of the people of Korea, are determined that in due course Korea shall become free and independent.
29) http://dokdo.mofa.go.kr/kor/include/print_faq.jsp?class_faq=q11.
30) http://dokdo.mofa.go.kr/kor/include/print_faq.jsp?class_faq=q12.
31) SCAPIN 제677호(1946.1.29.) 일본으로부터 일정 주변지역의 통치 및 행정상의 분리 (Governmental and Administrative Separation of Certain Outlying Areas from Japan)에 관한 각서. 3. For the purpose of this directive, Japan is defined to include … excluding (a) Utsuryo (Ullung) island, Liancourt Rocks and Quelpart (Saishu or Cheju) island …)
32) SCAPIN 제1033호(1946.6.22.) 일본의 어업 및 포경업 허가 구역(Area Authorized for Japanese Fishing and Whaling)에 관한 각서. 3. (b) Japanese vessels or personnel thereof will not approach closer than twelve (12) miles to Takeshima(37° 15′ North Latitude, 131° 53′ East Longitude) nor have any contact with said island.
33) Article 2 (a) Japan recognizing the independence of Korea, renounces all right, title and claim to Korea, including the islands of Quelpart, Port Hamilton and Dagelet.

다고 볼 수는 없다. 결과적으로 1943년 카이로 선언 및 1946년 연합국 최고사령관각서(SCAPIN) 제677호 등에 나타난 연합국들의 의사를 감안한다면, 동 조약에 따라 일본에서 분리되는 한국의 영토에는 당연히 독도가 포함된 것으로 보아야 할 것이다.[34]

### (2) 주요 내용

대일강화조약 제2조(a)의 효력이 제3국인 한국에 대해서도 미치는지에 대하여 제3국에게 권리를 부여하는 조약규정의 법리와 대세적 효력의 법리의 관점에서 각각 살펴보면 다음과 같은 네 가지 경우를 나누어 볼 수 있다.

첫째, 독도가 본래 한국령이었고 대일강화조약이 독도를 한국령이라고 결정하였다면, 일본은 대일강화조약 하에서 독도를 한국령으로 인정해야 하는 조약상 의무를 부담하게 되고 한국은 이에 상응하는 법적 권리를 가지게 된다.

둘째, 독도가 본래 한국령이었는데 대일강화조약이 독도를 일본령으로 결정하였다고 가정하면, 당사국이 아닌 한국은 독도를 일본령으로 인정해야 하는 조약상 의무를 부담하지 않을 뿐만 아니라, 이 조약규정이 대세적 효력을 가질 수도 없다.

셋째, 독도가 본래 일본령이었는데 대일강화조약이 독도를 한국령으로 결정하였다고 가정하면, 당사국인 일본은 독도를 한국령으로 인정해야 하는 조약상 의무를 부담하고 이러한 조약규정은 대세적 효력도 가진다.

넷째, 독도가 본래 일본령이었는데 대일강화조약이 독도를 일본령으로 결정하였다고 가정하면, 당사국이 아닌 한국은 조약상의 의무를 부담하지는 않지만 그러한 내용의 대세적 효력을 받게 된다.

이렇게 보면 일본이 대일강화조약을 독도 영유권의 법적 효력 있는

---

34) http://dokdo.mofa.go.kr/kor/include/print_faq.jsp?_class_faq=q13.

근거로 주장할 수 있는 것은 네 번째 경우에 국한된다. 다시 말해서 일본이 한국에 대하여 대일강화조약을 독도 영유권에 관한 법적 효력 있는 근거로 제시하기 위해서는 대일강화조약에서 독도가 일본령으로 확정되었다는 것뿐만 아니라, 독도가 본래 일본령이었다는 것까지 모두 입증해야만 하는 것이다. 이렇게 볼 때 독도 영유권을 둘러싼 논의에 있어서는 대일강화조약 자체보다는 그 이전의 사정이 결정적임을 알 수 있다. 35)

일본은 대일평화조약 제2조(a)호에서 독립을 승인했다고 하는 부분에 주목하기 보다는 제주도, 거문도, 울릉도를 언급하면서 '독도'를 언급하지 않고 있는 점에 더 주목하고 있다. 즉, 일본이 한반도와 그에 부속한 도서를 포기했는데, 조약 규정에서 독도에 대해서 명시하지 않고 있기에 독도는 일본의 영역에서 분리·제외되거나 포기된 지역이 아니라는 것이다. 36) 전체적으로 일본은 대일평화조약을 활용하면서 자국에 유리하게 선별적으로 국제법 이론을 대입하고 있다. 이것이 가능하게 된 근본적인 이유는 대일평화조약 규정이 모호하기 때문이다. 대일평화조약의 영토조항을 해석하는 문제는 동북아시아 국가들과 일본 사이에 역사적 사실에 대한 판단 그리고 국제법적 쟁점과 맞물려 대일평화조약 규정만으로는 쉽게 해결될 가망성이 없다. 대일평화조약이 채택 된지도 어느덧 70년이 다 되어가고 있기에 다자적 차원에서 해당 조약을 개정하는 것은 불가능할 것이다. 원하든 원하지 않든지 간에 대일평화조약이 명확하지 않게 규정된 결과 발생한 패전국 일본과 주변국들 사이의 영역관련 논란은 양자적 관계에서 처리할 수밖에 없다. 이 점에서 1945년 일본의 무조건 항복 그리고 1951년 대일평화조약의 채택 이후 패전국 일본이 야기한 전쟁의 사후 처리는 아직도 미해결 상태라고 말할 수 있다. 37)

---

35) 정재민, "대일강화조약 제2조가 한국에 미치는 효력", 국제법학회논총 58(2) (2013.06), pp.58-59.
36) 강병근, "평화조약 내 영토조항에 관한 연구", 국제법학회논총 63(4) (2018.12), p.228.

한편 미군정기와 관련해서는 그동안 '독도를 외국에 포함시키거나 일본 또는 일본의 부속도서에서 제외'했다는 법령들이 언론을 통해 소개되어 왔다. 정확히는 그러한 내용의 조항을 포함하고 있는 법령들인데 2009년 1월에 '총리부령 24호'와 '대장성령 4호'가, 11월에는 '대장성고시 645호'가 소개되었다. 모두 미군정기에 제정된 것으로 전자는 울릉도·제주도와 함께 독도를 일본의 부속도서에서 제외한 내용의 조항을, 후자는 조선·타이완·사할린·쿠릴열도·남양군도 등과 함께 독도를 외국에 포함시키는 내용의 조항을 포함하고 있는 것이다.[38] 이와 관련하여 미군정기에 제정된 일본 법령 중 『일본점령법령집』에 수록된 법령군 분석을 통해 문제의 조항은 그동안 소개된 법령 뿐 아니라 당시에 제정된 대다수의 법령에서 공유되고 있는 것인데 이는 당시의 일본 법령이 연합국최고사령관의 요구에 따라 제정된 것이었다는 점과 관계가 있다.[39] 1945년 칙령 제542호는 흔히 포츠담 긴급칙령이라고 부르는데 천황의 긴급칙령 규정인 대일본제국헌법 제8조 제1항에 의거하여 제정된 것이다. '일본 정부는 필요시 연합국최고사령관(SCAP)의 요구사항을 명령으로 정해 실시하고 위반자에 대해서는 처벌을 할 수 있다'는 내용으로 되어 있다. 즉, SCAP의 요구 사항을 처벌 규정이 있는 명령으로 제정하기 위한 근거법으로 제정된 것이 포츠담 긴급칙령이며 이에 의거하여 제정된 많은 칙령, 각령, 성령(省令) 등의 명령이 미군정기 일본 법령에서 일군(一郡)을 이루고 있다. 이 법령군을 통칭하여 '포츠담 명령'이라고 하는데 이중 1949년까지 제정된 것들이 『일본점령법령집』에 수록되어 있는 것이다.[40]

이와 더불어 연합국측이 제시한 일본의 영토 범위가 다시 말해 카이로선언과 포츠담선언 그리고 SCAPIN 677이 제시하고 있는 일본 영토의

---

37) 강병근 (2018.12), p.243.
38) 정영미, "미군정기 독도 관련 일본 법령에 대한 고찰", 국제법학회논총 63(3) (2018.09), p.47.
39) 정영미 (2018.09), p.48.
40) 정영미 (2018.09), p.49.

범위가 일본 법령상의 일본 법령이 시행되는 범위를 나타내는 조항으로 적용된 것의 의미에 대해서는 연합국측이 제시한 일본의 영토 범위는 SCAPIN 677과 마찬가지로 잠정적인 것이었고 일본 영토에 대한 최종 확정은 샌프란시스코 강화조약을 통해 이루어졌다. 즉, 샌프란시스코 강화조약 발효와 동시에 그와 같은 일본의 영토 범위는 실효되었다고 할 수 있다.[41] 만일 미군정기 연합국측이 제시한 일본 영토의 범위가 이와 같이 일본 법령상의 '범위 지정 조항' 즉 일본의 법령이 시행되는 범위를 지정하는 조항의 형태로 적용되지 않았다면, 다시 말해 일본 법령상의 조항으로 바뀌는 일 없이 SCAP의 명령에 직접적으로 근거한 사항으로 이행되었다면 SCAP 점령 통치 종료 또는 샌프란시스코 강화조약 발효로 소멸되었을 것이다. 그러나 일본 법령상의 조항으로 바뀌어 일본 법령으로서 다루어졌기 때문에 그 이후에도 계속 존재할 수 있었던 여지가 있었던 것이다. 그 예가 앞서 본 '총리부령 24호'와 '대장성령 4호'의 개정령이라고 할 수 있다. 결론적으로 '범위 지정 조항'은 연합국측의 일본의 영토 범위가 일본 법령상 일본 법령이 시행되는 범위로서의 실현되었기 때문에 일본 법령이라는 틀 안에서 일본 영토 범위가 확정된 샌프란시스코 강화조약 이후에도 계속 일본의 영토 범위를 나타내는 조항으로 존재할 수 있었던 여지가 있었던 것이다.[42]

독도가 일본에 귀속된다면 다른 SCAPIN을 통해 일본으로 반환되는 절차를 밟고 이후 일본 법령을 통해 일본 행정권에 포함시키는 절차가 있어야 한다. 다른 SCAPIN 677상의 섬들은 대부분은 그러한 방식으로 반환되었다. 그러나 독도에 대해서는 일본에 반환하는 다른 SCAPIN도, 다시 일본 행정권으로 포함시키는 일본 법령도 확인되지 않았다. 그 위에 샌프란시스코 강화조약 이후의 일본 법령에서도 계속 일본 영토에서 제외되고 있는 것이다. 즉 샌프란시스코 강화조약으로서 독도가 일본에 남았다고 할 수 없는 것이다.[43] 미군정기 일본 법령상의 '범위 지정

---

41) 정영미 (2018.09), p.65.
42) 정영미 (2018.09), p.66.

조항'은, 카이로 선언에서 중국으로 되돌리거나 일본에서 빼앗기로 한 지역을 "외국", 포츠담 선언에서 일본의 주권이 미치는 곳으로 정한 지역을 "일본", 일본의 주권이 미치는 곳으로서 향후 연합국측이 결정하기로 한 '작은 섬(minor islands)'에 포함되지 않는 섬으로서 SCAPIN 677을 통해 잠정적으로 제시된 섬들을 '일본의 부속도서에서 제외되는 섬'으로 적용한 조항이다. 즉 '범위 지정 조항'은 곧 연합국측이 제시한 일본 영토 범위를 일본 법령이 시행되는 범위를 나타내는 국내 법령상의 조항의 형태로서 실현한 것인데 이는 당시의 일본 법령의 특징과 맥락을 같이 하는 것이다.44)

(3) 평가

독도 문제의 경우, 샌프란시스코 평화조약에 의해 이루어진 연합국의 영토 처분 과정에 상당한 법적인 의미를 부여할 가능성을 배제하기 힘든 것이 사실이다. 이러한 결과는 샌프란시스코 평화조약의 교섭 과정을 통해 조약의 주요 기안자인 미국뿐만 아니라 영국과 호주 등을 포함한 관련 연합국들, 그리고 독도 문제의 당사국인 한국과 일본 등을 포함한 모든 이해 관련국들의 의사가 표출되었으며, 문서화된 자료 형태로 남겨진 그 표출된 의사들은 각 이해 당사국들의 독도 문제와 관련된 증거들을 향후 해당 국제사법기관이 객관적으로 평가하고 검증하는데 유용한 장치로서 작용할 수 있기 때문이다. 다시 말해서, 샌프란시스코 평화조약의 영토 조항과 그 처분이 반드시 독도의 주권 문제를 결정하는 최종적인 요소는 아니나, 그 모든 관련 증거들이 영토 취득과 관련한 국제법의 일반원칙이란 구도 하에서 재평가된다는 점에 샌프란시스코 평화조약에서의 독도의 지위가 가지고 있는 중요성이 있다. 실질적인 영토 처분의 권한을 행사했던 제국주의 국가 내지는 전승국가의

---

43) 정영미 (2018.09), pp.66-7.
44) 정영미 (2018.09), p.67.

결정에 절대적인 증빙력을 인정하는 최근 국제사법기관의 법리가 한국의 영유권 문제에 대해서 가지고 있는 시사점은 변함없이 크다고 본다. 문제는 최근의 연구에서도 기존 연구가 도출한 구도를 벗어나지 못하고 있다고 본다.

## 독도와 해양법 및 분쟁해결절차

(1) 정부 입장

한국은 2006년 다음과 같은 유엔해양법협약상 강제분쟁해결절차의 선택적 배제 선언서를 기탁하였다. "1. 정부는 유엔해양법협약상의 강제분쟁해결절차를 배제하기 위한 선언서를 [2006년 4월18일(화) (뉴욕시간) 유엔사무총장에게 기탁하였다. 2. 금번 선언서 기탁은, 유엔해양법협약이 일반 국제법상의 합의에 의한 분쟁해결절차와는 달리 협약 당사국의 일방적 제소로 국제재판소에 분쟁의 회부가 가능토록 하는 강제적 분쟁해결절차를 규정하고 있음을 감안한 것이며, 유엔해양법협약 제298조에 근거한 것이다. 3. 동 선언서에 따라 우리나라는 해양법과 관련된 분쟁중 해양경계획정, 군사활동, 해양과학조사 및 어업에 대한 법집행 활동, 유엔 안보리의 권한 수행관련 분쟁 등에 대해 유엔해양법협약상의 강제절차에서 배제되게 된다. 4. 아울러 동 선언서는 우리나라를 제외한 제3국간 분쟁이 우리나라의 법적 이해관계와 관련된다고 판단되는 경우, 우리나라가 소송 참가를 하는 권리를 행사하는 데는 영향을 미치지 않는다는 내용도 담고 있다. 5. 참고로 우리나라는 1996년 유엔해양법협약을 [비준하였다]. 6. 금번 선언서는 4. 18(화) 발효되었다."[45]

---

45) 외교부, 보도자료, "유엔해양법협약상 강제분쟁해결절차의 선택적 배제 선언서 기탁" (2006-04-20)

### (2) 주요 내용

한국의 〈무인도서의 보전 및 관리에 관한 법률〉은 비교적 최근인 2007년 제정되었으며, 제정 배경에는 무인도서 전반에 대한 종합적이고 체계적 관리, 국민들의 다양한 이용개발 요구 수용을 위한 정책 수단 개발, 해양영토 관리측면에서 영해기점 무인도서 관리 등의 측면이 고려되었다.[46] 최근 일본의 도서정책에서 두드러지는 것은 무인도서 정책이 '도서(특히, 무인도서)'와 '해역'을 통합하는 유기적 정책 보다는 해양관할권 확장 정책과 연계되는 거점 도서를 중심으로 추진된다는 점이다.[47] 중국의 해양관할권 확장 정책에서 도서의 기능은 오히려 "영해기점"이라는 관할권적 개념보다 상위 단계의 "국방안보"적 개념으로 분류, 보다 강한 지역적 보호와 관리 대상으로 확대될 가능성은 얼마든지 있다.[48] 이는 우리나라의 도서관리 정책이 대내외적 환경 요소를 적절히 반영하여야 한다는 관리정책의 정합성 요구이면서, 동시에 동북아 영토분쟁 및 해양관할권 충돌에 대한 단계적 대응 수요이기도 하다.[49]

유엔해양법협약에서 규정하고 있는 강제분쟁해결절차의 관할권이 협약 이외의 문제에까지 미칠 수 있을 것인가에 대하여 혼합분쟁을 중심으로 살펴보면 불가(不可)하다는 것이 원칙이고 다만 주된 문제를 청구하기 위하여 부수적인 관련이 있으며 협약 이외의 문제가 경미한 것일 경우 제한적으로 관할권을 인정할 수 있을 것이다. 경미하다는 것의 판단 기준은 명확하지 않아 사례별로 판단해야할 문제지만 적어도 청구의 본질이 협약 이외의 문제가 되어서는 안 된다.[50] 협약의 문제를 전문적으로 다루기 위해 만들어진 국제해양법재판소(ITLOS)가 협약 이외

---

46) 양희철, "한중일의 도서관리 법제 비교 연구", 국제법학회논총 58(4) (2013.12), p.212.
47) 양희철 (2013.12), p.222.
48) 양희철 (2013.12), p.224.
49) 양희철 (2013.12), p.225.
50) 이창열, "유엔해양법협약에서 영토분쟁에 대한 관할권 행사 가능성 분석", 국제법학회논총 60(2) (2015.06), p.206.

의 문제에도 관할권을 가진다는 것은 협약의 목적 및 ITLOS의 설립 취지에 맞지 않으며, ITLOS가 다른 법원 또는 재판소와 차이점을 상실하기 때문이다.[51]

협약 제297조 제1항은 조문의 구조상, 그리고 제정 과정의 협의당사자들의 의도를 추정해 보면 연안국의 주권적 권리와 관할권의 행사와 관련된 분쟁을 열거된 사항에 해당할 경우에만 협약의 법원 또는 재판소의 관할권에 속하는 것으로 해석하는 것이 보다 논리적인 해석이라고 생각한다. 그러나 차고스 제도 사건에 관한 중재재판소의 해석에 따르면 협약 제297조 제1항은 연안국의 주권적 권리 및 관할권에 속하는 분야 중에서 특히 문제가 될 수 있는 부분을 소의 남용과 관련하여 재확인하고 있는 것이다. 동조 제2항과 제3항은 해양과학조사와 어업에 관한 사항을 협약의 법원 또는 재판소의 관할권에 속하는 것으로 규정하면서 배타적경제수역과 대륙붕에서의 어업 또는 해양과학조사에 대한 연안국의 재량권을 보호하기 위하여 협약의 법원 또는 재판소 관할권에서 제한하고 있는 것이다. 재판소는 협약에서 명시적으로 제한하거나 예외로 규정하고 있는 것 이외 협약과 관련한 사항은 모두 협약 제288조에 따라 관할권을 가진다고 보고 있다. 그렇기 때문에, 중재재판소의 논리에 따르면 영해에서 해양과학조사와 어업에 대하여도 협약의 법원 또는 재판소 관할권이 제한없이 인정될 수 있다. 이상의 결론에 따르면 연안국은 협약상 자국의 권리와 의무의 행사에 있어 매우 조심스러울 수밖에 없다. 특히 영해에서의 주권 행사가 협약을 위반할 가능성이 있는지에 대하여 항상 고려해야 하기 때문에 영토문제가 있는 해역에 대한 주권 행사의 경우 상당한 제약을 가져올 수도 있다. 그러나 적어도 해양과학조사와 어업의 경우에 있어서 이러한 우려는 협의당사자들이 영해에서 해양과학조사와 어업과 관련한 분쟁이 국제쟁송으로 발전할 가능성을 실체법적으로 해결해 두었기 때문에 사전에 예방할 수 있을

---

51) 이창열 (2015.06), p.203.

것으로 판단된다. 협약은 전체적으로 영해에서의 주권 실행과 관련하여 다른 국가가 자유와 권리를 가지는 경우를 거의 두고 있지 않기 때문에 다른 국가가 연안국의 영해에서의 행위가 협약을 위반하여 자국의 이익을 침해했다고 주장할 수 있는 경우의 수는 많지 않다. 특히 영해에서의 해양과학조사와 어업과 관련하여 협약은 다른 국가의 권리를 규정하고 있지 않고 모두 연안국에게만 배타적권리를 부여하고 있다.

그러나 해양과학조사와 어업을 제외한 대상에 있어 몇 가지 주의해야할 사항이 있다. 첫 번째는 무해통항과 관련한 것으로 연안국이 부당하게 무해통항을 저지할 경우 이는 협약의 위반이며 협약에서 이와 관련한 분쟁을 협약의 법원 또는 재판소의 회부에 대하여 제한 또는 예외로 삼고 있지 않기 때문에 일방의 제소로 소 진행이 가능하다. 두 번째는 영해에서의 해양환경 오염에 대한 처벌 입법과 관련하여 고의적 오염행위가 아님에도 불구하고 벌금 이외의 형벌을 부과하는 것은 협약의 위반으로, 연안국이 이러한 위반을 하였을 경우 일방적 제소에 의한 소가 가능하다. 마지막으로 세 번째로 가장 유의해야할 부분은 연안국의 해양환경의 오염 방지 의무와 관련한 분쟁이다. 협약은 해양환경의 오염 방지에 대하여 연안국에게 폭넓은 의무를 부과하고 있다. 이러한 의무는 배타적경제수역과 대륙붕에서의 활동은 물론이고 영해에서의 활동에도 부과된다. 따라서 연안국은 협약의 권리를 실행함에 있어 항상 해양환경의 보호 및 보존의 의무를 위반하지 않도록 주의할 필요가 있다. 특히 독도 영해에서의 주권 행사를 함에 있어 협약 또는 협약 관련 협정의 해양환경의 보호 및 보존의 의무를 위반함이 없도록 각별히 주의할 필요가 있다.[52]

---

52) 이창열, "유엔해양법협약상 영해에서의 연안국 행위에 대한 재판관할권", 국제법학회논총 60(4) (2015.12), pp.194-195.

(3) 평가

　남중국해 분쟁이 '본질적으로 영토 주권' 문제인가의 여부와 관련, 중국은 남중국해 사건이 본질적으로 영토주권과 해양경계획정 문제로 중재재판소가 관할권을 가지지 않는다고 주장하였다. 주지하다시피, 중재재판소는 본안 단계에서 이를 도서의 영토주권 문제와 영해를 넘어선 주변 수역에 대한 문제로 나누고, 후자에 대해 관할권을 행사하였다.

　동 중재판정이 각 해양 지형의 법적 지위를 판단함으로써 영토주권을 침해하고 해양경계 문제에 영향을 미쳤는지의 여부에 대해서는, 중재재판소가 남중국해의 개별 지형들을 수중 암초, 간조노출지, 암석이라고 판단('섬'의 기준을 충족했다면 섬으로도 판단했을 것)함으로써 개별 지형들의 법적 지위가 확정되었다. 그런데 이는 개별 지형들에 대한 국가들의 기존 주장과 차이가 없으면 문제가 없겠으나, 차이가 있는 경우 국가들의 해당 지형에 대한 주권에 영향을 미치게 된다. 따라서, 중재재판소는 개별 지형의 법적 지위만 결정했을 뿐이지만, 결과적으로 국가의 주권에 영향을 미치고, 해양경계에도 영향을 미치게 되었다. 이러한 이의제기에 대해, 중재재판소는 '영토 주권'의 주체 문제에 대해 관할권을 행사할 수 없을 뿐 해당 해양지형들의 법적 지위를 판단하는 것은 유엔해양법협약 상 당연히 인정되는 것이며, 판단의 결과가 주권 문제에 '영향'을 미치는 것은 허용된다는 반론이 가능할 것으로 판단된다.

　동 중재판정은 중재재판소의 관할권 관련 적극적 해석으로 영토주권 문제와 관련, 유엔해양법협약 제298조의 강제관할권 배제선언 주장의 한계를 노정했다. 이러한 적극적 관할권 행사가 독도와 관련해선 방어적 차원에서 대응해야 하겠지만, 다른 분야에서는 우리가 적극 이용할 수 있는지의 검토가 필요하다. 예를 들어, 중재재판소의 해양환경 보호 관련 적극적인 판단은 주목할 필요가 있다. 즉, 중재재판소는 중국의 인공섬 건설에 대해 해양환경 침해를 적극적으로 판단했는데, 특히 독도와 관련해서 충분한 검토와 대응이 필요하다. 독도와 남사군도는 여러가지로 차이점이 있으므로, 예컨대 독도를 한국이 지배하고, 한국과 일본의 200해리 내 포함된 사실 등, 단순히 비교할 것이 아니라 남중국해 판정의 개별 사안들의 독도에 대한 적용 가능성과 대응방안이 함께 검토되어야 할 것으로 보인다. 중재재판소의 관할권 배제와 관련한 협약 제297조, 제298조에 대한 해석의 면밀한 검토도 요구된다. 특히 '역사적 권원', '군사활동', '법집행 활동'에 대한 중재재판소의 해석과 한국에의 적용 가능성을 검토, 그 결과를 법 집행 기관들(해경, 해군 등)과 공유할 필요가 있다.

## 영토분쟁에 대한 국제법이론과 독도 문제의 사법적 해결

### (1) 정부 입장

1954년 독도 문제를 국제사법재판소(ICJ)에 회부하자는 일본 정부의 주장에 대해 한국 정부가 전달한 입장은 다음과 같다. "1. 일본 정부의 제의는 사법절차를 가장한 또 다른 허위의 시도에 불과하다. 한국은 독도에 대한 영유권을 갖고 있으며, 한국이 국제재판소에서 이 권리를 증명해야 할 하등의 이유가 없다. 2. 일본 제국주의에 의한 한국의 주권 침탈은 1910년까지 단계적으로 이루어졌으며, 1904년 일본은 강압에 의해 체결된 '한・일 의정서'와 '제1차 한・일 협약'으로 한국에 대한 실질적인 통제권을 획득하였다. 3. 독도는 일본의 한국 침략의 최초의 희생물이다. 독도에 대한 일본의 비합리적이고 끈질긴 주장은 한국 국민들로 하여금 일본이 다시 한국 침략을 시도하는 것은 아닌지 의심케 한다. 한국 국민들에게 있어 독도는 단순히 동해의 작은 섬이 아니라 한국 주권의 상징이다." 당시 한국 정부가 전달하였던 상기와 같은 입장은 지금도 변함이 없다.[53]

---

53) http://dokdo.mofa.go.kr/kor/include/print_faq.jsp?class_faq=q14.

### (2) 주요 내용

주요 국제판례의 검토를 통하여 국제분쟁의 의미와 그 존재 확인에 대한 국제법정의 입장을 정리해 보면, 어떠한 사건이 재판소에 회부되어 본안 판결까지 이어지기 위해서는 해당 사건에서의 당사자 간의 입장 대립이 '분쟁'에 속하고, 그러한 분쟁이 판결 부여일 당시에 실질적으로 존재하여야 한다. 분쟁의 개념 정의는 이론적이며 강학적인 문제인데 반하여, 분쟁의 존재 여부의 확인은 실무적 차원에서 문제된다고 할 수 있다.[54)]

당해 사건(카시킬리/세두두 섬 사건)에서 제출된 지도 증거의 증명력에 대해서도 판결에 임했던 판사들마다 그 의견이 비교적 다양하였지만, 전반적인 논조는 다수의견이든 개별의견이든 심지어 반대의견이든, 제출된 증거로서의 지도의 증거력을 부정적으로 보았다는 사실이다.[55)]

국가간에 취득시효는 특히 도서 등 육지영토의 영유권 취득과 관련하여 문제되는 바, 영토와 관련하여 취득시효가 인정되는가 하는 문제는 근대 이래 계속 논란의 대상이 되어 왔던 것이다. 즉, 국가가 장기간 동안 타국의 영토를 점유함으로써 그에 대한 권원을 취득할 수 있는가 하는 것이다. 이 문제에 대해서는 그동안의 지리한 논쟁 끝에 학설과 판례를 통하여 오늘날 일반적인 답을 찾을 수 있게 되었다. 영토취득시효는 그 완성을 위한 기간이 구체적으로 정해지지는 않았으나, 최소한 그 원칙만큼은 인정될 수 있다는 것이다.[56)] 국가간의 경계선이 조약에 의하여 확정되지 않은 상황에서 영토분쟁이 발생하는 경우 해당 지역의 권원 귀속은 실효적 점유를 근거로 이루어짐을 고려한다면, 타국 영토의 장기간의 점유와 원(原)소유국의 묵인을 요건으로 하는 영유

---

54) 김석현, "국제판례에 비추어 본 국제분쟁의 의의 및 그 존재의 확인", 국제법학회논총 56(4) (2011.12), p.140.
55) 이태규, "국제재판상 지도의 증거력", 국제법학회논총 57(2) (2012.06), p.172.
56) 김석현, "시효(時效)에 의한 영유권 취득", 국제법학회논총 57(4) (2012.12), p.12.

권 취득시효에 대하여 굳이 부정적 입장을 취할 이유가 없다고 생각한다. 영토취득시효는 원소유국의 영토 소유권의 존중과 타국의 실효적 점유에 따르는 국제법률관계의 안정이라는 두 가지의 상반된 요구를 조화시킬 수 있다는 점에서 합리성을 인정받을 수 있는 것이다. 특히, 취득시효의 적용에 있어서의 원소유국으로부터의 묵인을 필수요건으로 하는 것은, 타국의 부당한 점유의 결과로부터 원소유국의 영유권을 보호하는 장치로서 충분히 역할한다고 본다.[57]

국제사법재판소(ICJ)의 태도는 점차 적극적으로 선회하면서 분쟁당사국(또는 선행 종주국)간 행정부의 서명으로 체결되는 약식조약(교환각서, 합의의사록)에 조약과 동등한 직접·1차적 증거로서의 증거능력·증명력을 인정하는 규칙을 확립하기 시작하였다. 이러한 ICJ의 적극적 증거 해석 경향은 ICJ가 20여 년 후인 1994년 카타르/바레인 사건에서 당사국 외무장관 간 1990년 회담 '의사록'에 사용된 용어를 검토, '부분적 약속'을 '국제합의'로 규정하고 이에 직접·1차적 증거능력·증명력을 인정한 데서도 확인된다. ICJ는 국가 간 작성·서명된 문서의 법적 성격·효력을 판단하는 기준은 그 명칭·형식이나 체결절차가 아니라 그 문서에 표시된 용어와 문안으로부터 추론되는 국가의사(에 대한 해석)라고 밝히고 있다.[58]

독도 문제로 인하여 한일 간의 무력충돌이 임박한다면, 이에 따른 충격을 최소화하기 위하여 국제사법재판소에의 회부를 포함한 분쟁의 평화적 해결수단에 의존해야 할 것이다. 그러한 경우에도 국제사법재판소에서의 승소 가능성을 높이기 위해서는 그 회부시기를 가능한 한, 지연시키는 것이 바람직하다. 지금도 국제법은 과거의 제국주의적 규범을 탈피하는 방향으로 계속 발전하고 있기 때문에, 국제사법재판소가 독도문제를 판단하게 되는 시기를 늦출수록 한국의 승소 가능성은

---

57) 김석현, "시효(時效)에 의한 영유권 취득", 국제법학회논총 57(4) (2012.12), pp.52-53.
58) 朴玄鎭, "영토·해양경계 분쟁과 '약식조약'의 구속력·증거력", 국제법학회논총 58(2) (2013.06), p.123.

높아지게 될 것이다. 그밖에도 영토 관계의 안정성을 가장 중시하는 국제법 원리, 준수될 수 있는 판결을 내리려는 국제사법재판소의 입장 등을 고려해 보건대, 한국의 승소 가능성은 지금보다 훨씬 높아져 있을 것이다. 그리고 국제사법재판소에 회부하는 것보다는 분쟁당사국의 합의에 의하여 재판기관과 재판준칙을 정할 수 있는 중재재판에 회부하는 것이 일본의 제국주의침략으로 얼룩진 한일 외교관계를 정상화하는 데에 더 바람직한 결과를 가져올 수 있다.[59]

한국이 패소할 수 있는 주요한 요인으로는 두 가지를 들 수 있는데, 그 가운데 가장 중요한 것은 1905년 시마네 현 고시를 통해 이루어진 독도의 영토편입이다. 판례의 동향을 보건대 역사적 권원이 영유권을 정하는데 결정적인 근거로 작용하지 못하는 반면, 1905년 시마네 현의 고시가 독도의 영유권을 결정짓는 유력한 증거로 채택될 가능성은 높기 때문이다. 다른 하나는 결정적 기일의 엄격한 적용이다. 독도의 영유권 문제에 대하여 결정적 기일이라는 개념이 엄격하게 적용되는 경우 '평화선'이 선포된 이후 독도에 대하여 행하여진 한국 정부의 실효적 지배 조치들이 증거에서 배제되어 판결에 영향을 미치지 못 할 수 있다.[60] 한국과 일본이 합의하여 독도 사안을 국제사법재판소에 제소한다고 가정하고, 영토분쟁에 관한 판결 논리를 이 사안에 적용하여 보면, 同섬에 대한 명확한 법적 근거가 될 수 있는 샌프란시스코 평화조약에는 同섬에 대한 규정이 없다. 그리고 한국과 일본의 역사적 권원에 관한 주장과 증거만으로는 국제사법재판소에서 영유권에 관한 인용 판결을 받기 어렵다. 결국 한국은 현재의 물리적 점유 사실에 기초하여 실효적 지배에 의한 권원 주장 혹은 시효취득에 의한 권원 주장을 할 수 있다.[61]

---

[59] 정민정, "독도 문제의 국제사법재판소 회부를 둘러싼 쟁점 및 대응방안", 국제법학회논총 58(1) (2013.03), pp.133-134.
[60] 정민정 (2013.03), p.133, fn.42.
[61] 정민정 (2013.03), p.138.

독도와 같은 과거 격지 '무인도'에 대한 실효적 지배의 요건은 고정불변의 확정적인 것이 아니라 유·무인도 여부, 지리적 여건/상황에 따라 상대적·가변적이라는 점에 착안하고 출발해야 한다. 한 제도(諸島) 가운데 가장 중요한 섬 하나를 현실적으로 점유하고 주민을 정착시킴으로써 실제로 점유하지 않은 인접 무인 소도서(들)에 대한 점유 추정을 일으킨다는 상징적 병합이론, 그리고 다른 영유권 주장이 경합하는 경우 격지 무인 소도서에 대한 미약한 국가 기능의 현시로 실효지배에 갈음한다는 가상적 실효지배의 법리는 독도주권을 뒷받침할 수 있는 유용한 개념이며 법리이다.[62]

권원의 개념은 타국 주장에 대항력을 부여하는 상대적인 권리이다. 분쟁 당사국 간 양자조약 또는 분쟁당사국을 구속하는 다자조약(전후 강화조약 등) 등 조약상의 권원은 당사국의 동의·합의에 기초한 국제 의무 창설과 상대적 명확성 등에 비추어 우월적 지위를 인정받고 있다. 국제판례는 조약상의 권원 부재시 흔히 실효지배의 원칙을 원용하여 판결한다.[63]

영토분쟁 사건에서 분쟁당사국들에게 보다 중요한 것은 입증책임의 분배에 관한 규칙보다는 청구취지를 어떻게 구성하고 청구취지에서 주장한 영토권원을 입증히기 위해 어떠한 유형의 증거를 제출할 것인지의 문제라고 할 것이다. 결국 ICJ의 영토분생 사건에서 국내재판과 같이 기술적인 입증책임 분배규칙에 따라 승패가 결성될 가능성은 크지 않고 분쟁당사국 중 어느 국가가 보다 높은 증명력을 가진 유형의 증거를 제출하고 상대방이 제출한 증거의 증명력을 약화시키는 증가를 제출할 수 있을 것인지가 승패의 관건이라고 생각된다.[64]

한국과 일본 정부는 모두 독도 문제에 관한 결정적 기일에 대해 공

---

[62] 박현진, "독도 영토주권과 격지 무인도에 대한 상징적 병합·가상적 실효지배", 국제법학회논총 58(4) (2013.12), pp.126-127.
[63] 박현진, "영토분쟁과 권원 간 위계", 국제법학회논총 59(3) (2014.09), pp.138-139.
[64] 김원희, "ICJ의 영토분쟁 사건에서의 입증책임과 입증의 정도", 국제법학회논총 59(4) (2014.12), p.137.

식적인 입장을 밝히지는 않았다. 한국 정부는 독도에 대한 영유권 분쟁이 존재하지 않으며, 독도는 외교 교섭이나 사법적 해결의 대상이 될 수 없다는 입장을 취하고 있다. 한국 정부의 입장을 충실히 따른다면 분쟁의 존재를 전제로 하는 결정적 기일에 관한 입장을 밝힐 필요가 없고 이를 따져볼 실익도 크지 않다. 일본 정부도 결정적 기일에 관한 공식 입장을 밝히지 않았지만, 3차례(1954년, 1962년, 2012년)에 걸쳐 공식 외교경로를 통해 독도 문제를 ICJ에 회부하자고 제안한 바 있기 때문에 결정적 기일의 설정은 매우 중요하고 현실적인 쟁점이라고 할 수 있다. 양국 정부의 입장과 무관하게 한국과 일본의 국제법 학계에서는 독도 문제의 결정적 기일을 언제로 설정해야 하는가를 둘러싸고 많은 의견이 제시되어 왔다. 독도에 관한 결정적 기일이 될 가능성이 있는 일자를 모두 열거하면 (1) 1696년 안용복의 대일활동시점, (2) 대한제국 칙령 41호가 제정된 1900년 10월 25일, (3) 시마네현 고시가 공포된 1905년 2월 22일, (4) 일본인 일행이 독도 편입사실을 알린 1906년 3월 28일, (5) 대일평화조약이 체결된 1951년 9월 8일, (6) 인접해양주권선언과 관련된 1952년 1월 18일 또는 1월 28일, (7) 일본이 문제를 국제사법재판소에 부탁하자고 제의한 1954년 9월 25일, (8) 한일기본관계조약이 체결된 1965년 6월 22일, (9) 독도 문제를 ICJ에 회부하는 관할합의가 체결되어 소송절차가 개시된 일자를 들 수 있다. [65]

(3) 평가

독도와 관련해서는 분쟁 자체가 존재하지 않고, 따라서, 독도는 외교적인 교섭이나 ICJ의 사법적 심사의 대상이 아니라는, 독도 분쟁을 둘러싼 한국의 공식적인 입장이 언제까지 유지될 수 있을지는 의문이다. 이러한 의문은, 영토 취득 및 상실과 관련한 국제법상의 중요 사례

---

[65] 김원희, "영토분쟁에서 결정적 기일(Critical Date) 개념의 증거법적 재구성과 독도 문제에 대한 함의", 국제법학회논총 65(2) (2020.06), pp.54-55.

들이 의미하는, 국제사회에 있어서의 분쟁 해결에 대한 하나의 큰 흐름을 이해할 때 더더욱 그러하다. 특히, 1990년대 말부터, 거의 매년, 영토 분쟁과 관련된 주요한 판결들이 ICJ 및 중재기관을 통해 결정되고, 현재에도 ICJ에 계류 중인 영토 분쟁과 관련된 주요한 사례들이 곧 결정될 예정으로 있는 등, 분쟁의 평화적인 해결 방안 모색이 현대 국제법의 추세인 바, 독도 분쟁을 해결해야만 하는 한국으로서는 이러한 대세에 대비할 수 있는 보다 공세적이고도 다각적인 대책 마련이 촉구된다고 할 수 있다.

국제법상 영토 취득 및 상실과 관련한 지난 세기동안 있어 왔던 주요 사법적인 판결이나 중재 재판들을 분석해 볼 때, 국제법상 영토 분쟁에 있어서 분쟁 당사국들에 의해 제기되는 증거들을 평가하는 작업에 있어서 가장 중요한 고려 요소들은 다음과 같다. 즉, 영토 분쟁과 관련된 국제법상의 대표적인 사례들을 통해서 형성된, 국가가 분쟁 영토에 대한 영유권 내지는 주권을 행사했음을 입증하기 위해서는 다음과 같은 요소들을 만족시켜야 한다. 첫째, 특정 분쟁 지역에 대한 국가 권력의 행사가 실질적, 지속적, 평화적, 그리고 충분한 방식으로 전개되어야 한다; 둘째, 영토 주권은 분쟁의 대상인 영토의 특성에 따라 다른 형태로 전개된다; 셋째, 영토 주권은 일반적으로 주권의 발현을 의미하는 국가 및 정부 권한의 기능 행사에 관해 분쟁 당사국들이 제기하는 증거들을 평가함으로써, 그 상대적으로 근소한 우세(marginally relative merits)를 판정하는 과정을 거쳐 형성된다; 그리고, 넷째, 증거의 증빙력은 분쟁 영토의 점유와 직접적으로 관계가 있는 국가의 행위와 관련되어야만 한다.

이러한 시각에서, 한일간에 전개되고 있는 '독도 문제'의 핵심은 '영토 분쟁'이며, 영토 분쟁은 역사학, 지리학, 서지학 등을 망라한 종합적인 인식을 요구하지만, 그 주권의 소재 여부는 '국제법'의 인식 및 시각에 의해 최종적으로 결정된다는 사실을 감안하면, 현재의 독도 문제에 대한 국내의 접근 방법 및 인식을 보다 체계화할 필요가 있다. 다시 말해, '독도의 영유권 문제'에 접근할 때 반드시 명심해야 하는 것은, 분쟁 도서에 대한 확립된 주권을 증명하기 위해서 분쟁 당사국들에 의해 제기되는 증거들에 대해 어떠한 법적인 의미나 증빙력이 있다고 판별하는 것은, '영토 취득 및 상실과 관련한 국제법의 일반원칙'에 비추어 제3자 중재기관이나 국제사법기관에 의해 결정된다는 것이며, 따라서 제3자 중재기관이나 국제사법기관의 시각에서 사안에 접근하는 자세가 요구된다고 본다.

## 한국의 독도 실효지배 및 기타

국제법적 관점에서 3차례의 울릉도·독도조사는 과도·대한민국 정부가 한국의 고유영토 독도에 대한 강력한 수호의사를 대외적으로 천명하고, 창의적 조사활동(국가기능의 행사)을 통해 독도의 실효적 지배를 지속적으로 현시한 점에서 평가할 만하다. 특히 3차례의 조사활동을 '울릉도·독도 학술조사'로 명명한 것도 독도가 울릉도의 부속도서라는 일관된 입장을 현시한 증거로 원용할 만하다.[66)]

1979년 3월 대한국제법학회는 독도학술연구조사단을 구성하여 "한바다호"로 독도에 항해하여 독도학술연구조사활동을 시행했다. 대한국제법학회는 사단법인이며 대한민국의 국가기관이 아니다. 따라서 그의 독도학술연구조사활동은 대한민국의 독도에 대한 실효적 지배로 인정될 수 없다. 그러나 대한국제법학회는 (i) 사전에 대한민국의 국가기관인 치안본부의 허가와 또 사전에 대한민국의 국가기관인 해양대학의 "한바다호" 편의 협조로 그리고 (ii) 외교부의 사후추인과 해양대학의 사후추인으로 대한국제법학회의 독도학술연구조사활동은 대한민국의 독도에 대한 실효적 지배로 인정된다.[67)]

---

66) 박현진, "독도 실효지배의 증거로서 민관합동 학술과학조사", 국제법학회논총 60(3) (2015.09), p.90.

일본 정부가 일본의 독도영유권에 관한 역사적인 권원이 언제 현대 국제법상 권원으로 권원의 대체를 이룩했다고 명시적으로 지적하지 아니하면서 그 대신 현대국제법상 권원의 근거를 제시하고 있다. 이는 역사적 권원은 현대국제법상 유효한 권원으로 대체되지 아니하면 역사적 권원은 그 자체 현대국제법상 효력이 없다는 것을 명백히 반영한 것이라고 본다. 68)

요컨대 한국의 독도영토주권을 승인한 총회와 안전보장이사회의 결의는 법적구속력이 없다 할지라도 아무런 법적효과가 없는 것은 아니다. 국제연합총회와 안전보장이사회에 의한 한국의 독도영토주권 승인의 효과는 다음과 같다. 한국은 국제연합에 의한 한국의 독도 영토주권의 승인에 의해 독도의 영토주권에 대한 절대적 타당성(absolute validity)을 획득하여 영토권원의 응고(consolidation of title to territory)의 효과를 취득하게 된다. 69)

한편, 북한은 독도문제는 절대로 존재하지 않기 때문에 영유권 문제는 거론의 대상이 아니라는 것이다. 범죄적인 역사왜곡을 통하여 독도 영유권을 주장하는 것은 일본 군국주의자들이 침략적 근성을 노골적으로 드러내는 해적행위라고 말하고 있다. 70)

## 독도 영유권 관련 최근 국제법 연구의 동향 및 분석

국제법 학계에서 2010년 이후 대한국제법학회 논총을 통해 출간한 독도 관련 논문 25편을 분석해 보면, 상기 언급한 독도 영유권 문제에 있어 한국의 독도 영유권 주장의 법리적인 체계, 즉 첫째, 1905년 일본

---

67) 김명기, "대한국제법학회의 독도학술연구조사에 의한 한국의 독도에 대한 실효적 지배", 국제법학회논총 63(1) (2018.03), pp.253-254.
68) 김명기, "일본정부의 독도의 역사적 권원 주장의 변화추이에 관한 연구", 국제법학회논총 59(3) (2014.09), p.55.
69) 김명기, "국제법상 국제연합에 의한 한국의 독도 영토주권 승인의 효과", 국제법학회논총 60(1) (2015.03), p.51.
70) 송병진, "독도 영유권에 대한 북한의 견해", 국제법학회논총 61(2) (2016.06), p.91.

의 시마네 현 고시에 따른 독도편입조치 이전까지는 그 이전에 한국의 독도에 대한 고유영토론 입증과 울릉도와 독도와의 종속관계를 강조한 소위 "하나의 단위체(single unit)" 접근; 둘째, 1905년부터 1945년 해방까지는 일본의 한국 식민지화 침탈 과정에 대한 법리적, 역사적 비판; 셋째, 1945년부터 1952년까지는 한국의 독립과 제2차 세계대전 이후 연합국의 패전국 일본의 영토처리 과정, 그리고 1951년 샌프란시스코 평화조약(이후 대일평화조약)에서의 독도 영유권의 비결정성(indeterminacy) 강조; 그리고, 넷째, 1952년 이후 현재까지 1952년 소위 평화선 선포 이후 한국의 독도에 대한 영유권 행사라는 법리적인 재구성의 연장선상에서 많은 쟁점들이 그동안의 실증적인 연구성과를 통해 검증된 것으로 파악이 된다.

궁극적으로는 필자의 판단에 한국의 입장에서는 1906년 3월28일 울도(울릉도)군수 심흥택이 울릉도를 방문한 일본 시마네 현(島根縣) 관민조사단으로부터 일본이 독도를 자국 영토에 편입하였다는 소식을 듣고, 다음날 이를 강원도 관찰사에게 보고하면서 언급한 "본군(本郡) 소속 독도"라는 실증적인 증거를 통해 일본이 1905년 시마네 현 고시 제40호를 통해 독도를 편입한 시점에 독도가 한국의 영토임을 입증해야만 한다. 이러한 지난(至難)한 과제는 그동안의 실증적인 연구를 통해 상당한 수준의 논리적 정합성과 증빙력 있는 증거의 확충이 이루어졌다고 본다. 그렇다면 한국의 독도 영유권 주장과 관련, 아직 실증적으로 검증되지 않은 부분은 어떤 것일까?

## Ⅲ. GHQ/SCAP과 SCAPIN 제677호

### 문제제기

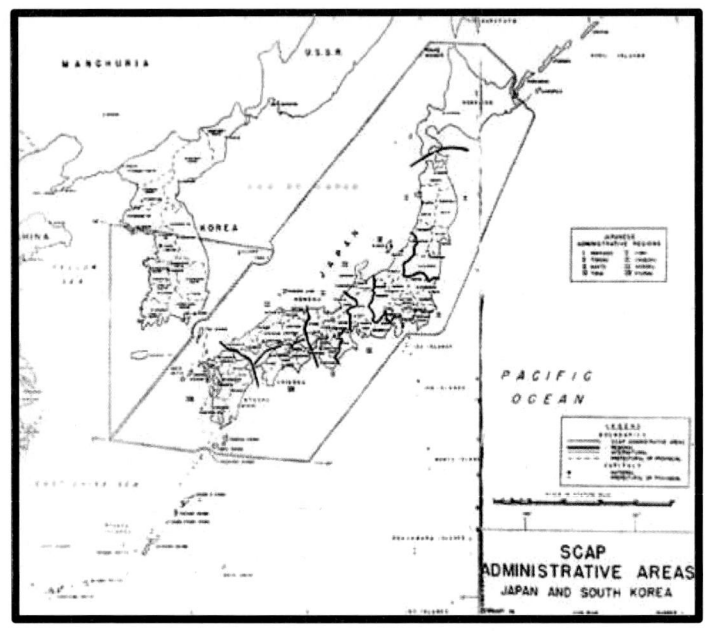

　　1946년 1월 29일 연합국총사령부각서제677호(SCAPIN 677)의 정식 영문 명칭은 "Governmental and Administrative Separation of Certain Outlying Areas from Japan"이다. 이 문건은 제1항과 제2항에서 일본제국 정부로 하여금 일본 밖의 지역에 대하여 통치 또는 행정적 권한을 행사하지 못하도록 하면서, 제3항에서는 '일본'의 범위를 규정하게 된다. 동 항은 '일본'을 정의하기를, "네 개의 主島들(즉, 홋가이도, 혼주, 큐슈 및 시코쿠)과 쓰시마 및 북위 30도 이북의 류쿠 열도를 포함한 약 1,000개의 인접도서들을 포함하는 것"으로 규정하면서, 특별히 일본으로부터 제외되는 섬들로서 울릉도와 독도 및 제주도 등과 아울러 류큐열도 등 북위 30도 미만의 모든 태평양상의 제도, 쿠릴열도, 하보

마이 섬 그룹 및 시코탄 섬을 언급한 바 있다.

이 훈령 제3항은 다음과 같다. "3. 본 훈령에 있어서, 일본이라 함은 네 개의 主島들(홋가이도, 혼쥬, 큐슈 및 시코쿠)과 쓰시마 및 북위 30도 이북의 류쿠를 포함한 약 1,000개의 인접 도서들을 포함하는 것으로 정의되며, 다음을 제외한다. (a) 울릉도와 독도(Liancour Rocks(Take Island)), 그리고 제주도, (b) 북위 30도 이남의 Ryukyu(Nansei) 군도, Izu, Nanpo, Bonin 및 Volcano 열도 및 모든 태평양상의 제도 [Daito 섬 그룹과 Parece Vela(Okino-tori), Marcus 및 Ganges 군도 포함], (c) Kurile 열도, Habomai 섬 그룹(Suisho, Yuri, Akiyuri, Shibotsu 및 Taraku 군도 포함), 그리고 Shikotan 섬."

그러나 이 문건은 제6항에서, "본 훈령의 여하한 부분도 포츠담 선언 제8조에서 언급된 '소도들'(the minor islands)의 최종적 결정에 관한 연합국 측의 결정을 의미하는 것으로 해석되어서는 안 된다"는 단서를 붙이고 있다. 이 문건은 연합국 총사령부가 점령군 당국으로서 피점령지인 일본 영토의 관리 목적으로 내린 행정적 조치이며, 일본 영토 범위를 최종적으로 결정한 것이라고 할 수 없는 것이다.[71]

이와 마찬가지 선상에서 과거 필자는 한국의 독도 영유권 주장의 정합성에 대해 고민하면서 몇 가지 문제제기를 한 바 있다. 그 가운데 하나가 연합국최고사령관각서(SCAPIN) 제677호이다. 즉, 현재의 독도 영유권 문제에 대한 국내의 접근 방법 및 그 인식을 보다 체계화할 필요성이 있다는 주장은 독도 영유권과 관련한 증거의 제시 및 그 활용에 있어서 드러나고 있는 한국의 독도 관련 연구 학자들의 독도와 관련한 특정 증거에 대한 그릇된 인식에도 적용되며, 따라서, 그 인식의 전환이 요구된다고 하겠다. 이와 관련된 가장 대표적인 예가 현재 국내에서 많이 언급되고, 또 논란의 대상이 되고 있는 연합국최고사령부각서(SCAPIN) 제677호이다. 동 SCAPIN 제677호, 즉, "일본으로부터 특정 외

---

[71] 김석현, 최태현, 『독도영유권과 SCAPIN 문서의 효력관계』 (한국해양수산개발원) (2006), pp.31-41 참조.

곽지역의 정부 및 행정상의 분리"에 대한 강조는 샌프란시스코 평화조약에서의 독도의 법적 지위와의 상관관계를 고려할 때, 다시 말해, 샌프란시스코 평화조약의 해석이 일본의 독도에 대한 영유권을 인정하는 것으로 결론이 내려질 수 있다는 우려와 함께 결코 바람직한 접근 방안은 아니라고 본다. 결국, 이러한 논란은 대일평화조약의 영토처리 조항의 해석의 대안으로서 비결정성(indeterminacy)을 주장하게 되었다. 결론적으로 이러한 혼란은 SCAPIN 제677호의 지위에 대한 법적인 의미를 정확하게 파악하고 있지 않기 때문에 발생하는 현상으로 보이며, 하나의 강력한 법적 주장을 위한 증거가 또 다른 하나의 강력한 법적 주장에 대해서는 장애요인으로 작용할 수 있다는 인식이 요구된다고 본다. 독도 분쟁의 사안 전체에 대한 종합적인 인식 및 이를 위한 증거의 평가 작업이 수반되지 않는 이상, 이러한 현상은 계속 반복되리라고 본다.

그러나, 문제는 대일평화조약과 관련된 문건 가운데 SCAPIN 제677호가 대일평화조약의 영토처리의 구체적인 결정을 함에 있어 단초를 제공한다는 내용72)이 있는 등 SCAPIN 제677호가 대일평화조약과 무관하지 않다는 것이 사실인데, 어떠한 연유로, 또는 어떠한 자료를 바탕으로 SCAPIN 제677호상의 관할권이 결정되었는지에 대한 연구가 전무하다는데 있다. 따라서, 본 연구는 SCAPIN 제677호의 일본의 통치적·행정적 관할구역 및 그 연장선상에서 SCAPIN 제1033호의 일본의 어업·포경구역에서 독도가 제외된 것에 대해 지금까지 역사적·국제법적 해석만 난무했을 뿐 실질적으로 사실 관계의 재구성을 통한 구체적인 의미 파악을 해 본 적이 없다는 점에서 착안하였다73). 추측하건데, GHQ/SCAP

---

72) USDOS, "An Analysis of FEC Policy Statements and SCAP Directives Suggesting Their Disposition in the Peace Settlement with Japan", 1947/Undated, [USNARA/Doc. No.: N/A] (on file with author) ( "Defines present area of Japanese jurisdiction and provides a starting point for decisions on details of territorial adjustments.")
73) 이 점에 대해 1929년 조선총독부가 조선총독부령 제109호로 제정한 트롤어선금지법이 SCAPIN 677, 맥아더 라인 및 이승만 라인에 영향을 주었다는 지적이 있으나 검증이 필요하다. (경상북도 사료연구회 『죽도문제 100문 100답』에 대한 비판』 (2014) 중 반론 43의 김병렬 국방대학교 교수 지적 참조.)

의 어업 및 포경 조업 범위가 확대되는 과정에서 일본 정부의 의견이 적극 반영되었을 것으로 판단된다.

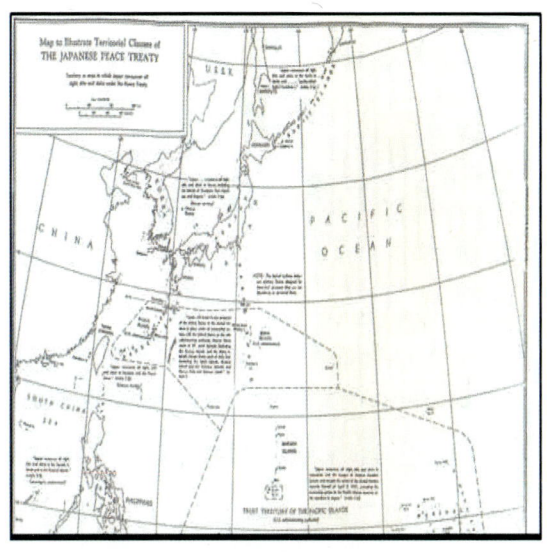

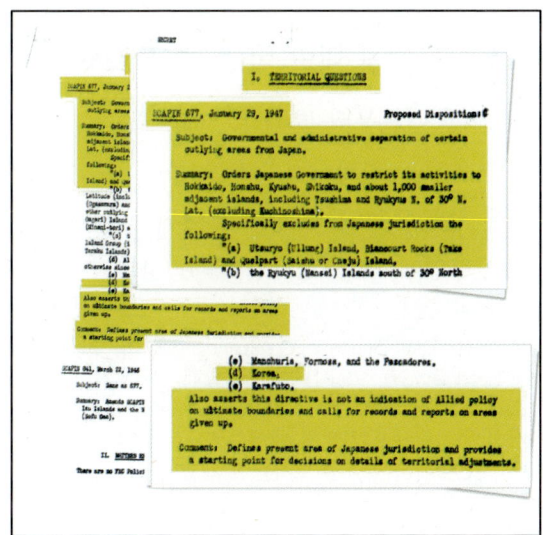

이 글은 위의 질문들에 대한 답을 하기 위한 과정으로서, SCAP에 대

한 그 동안의 국내 연구결과를 검토하고, 향후 연구 방향을 제시하기 위한 목적을 가진다. 이를 위해 먼저 독도 영유권 관련 SCAP에 대한 기존 연구를 검토한다.

위 목적을 위해 이 글은 연구대상을 SCAP으로 한정한다. SCAP은 일본이 항복문서에 조인한 1945년 9월 2일부터 샌프란시스코 평화조약이 발효한 1952년 4월 28일까지 일본을 점령 통치하였으며, SCAP 하에 총사령부(GHQ)를 두고 있었다.[74] 제2차 세계대전이 한참 진행 중일 때 이미 미국, 영국, 소련 등 주요 연합국들은 카이로, 얄타, 포츠담 회담 등을 통해서 일본과 독일에 대한 전후 문제를 어떻게 처리할 것인지에 대해 논의하였었다. 또한 종전 후에는 SCAP이 일본을 간접통치[75]하긴 했지만, SCAP을 사실상 미국이 통제하였고, 그러한 미국의 입장은 당시 국무부와 군을 통해 이루어졌다. 또한 1951년 9월 샌프란시스코 평화조약을 조인하기까지 미국 외에도 많은 연합국들이 평화조약 초안에 대해 의견을 개진하였다.

## 독도 관련 SCAP 문서에 대한 국내 연구 검토

국내 연구에 대한 결론부터 말하면, SCAP(또는 GHQ)을 다룬 논문은 많이 있지만 이를 독도와 연계시켜 다룬 논문은 극히 소수에 불과하고, SCAP 자체를 다룬 논문은 거의 찾아보기 어렵다. SCAP 관련 논문들 중에는 SCAP의 재일한인에 대한 정책을 다룬 것이 다수를 차지하고,[76]

---

74) 연합국 최고사령관(SCAP: Supreme Commander for the Allied Powers) 총사령부(GHQ: General Headquarters). SCAP은 엄격히 말해 '최고사령관' 개인을 지칭하는 용어이지만 조직 전체를 가리키는 용어로도 사용된다. 일본에서는 흔히 개인이 아닌 조직으로서의 총사령부를 가리킬 때에는 GHQ/SCAP 또는 GHQ로 부르기도 한다. 이 글에서는 SCAP이 연합국 최고사령관 개인을 가리킬 경우에는 별도로 표시하고, 그렇지 않은 경우에는 조직을 나타내는 말로서 GHQ를 포함한 개념으로 사용하도록 한다.

75) SCAP이 일본 정부에 명령하고 일본 정부는 그 명령을 이행하는 방식을 말한다. 竹前栄治, "総合解説: 占領とGHQ", 竹前栄治・今泉真理訳, 『GHQ日本占領史 第1巻 序説』(日本図書センター, 1996), p.30.

그 밖에 SCAP을 중심으로 하되 맥아더 라인과 평화선, 일본 국회도서관 헌정자료실의 SCAP 자료이용과 같이 다른 주제를 결부시켜 다룬 논문들이 있다.77) 그렇지만 SCAP 자체, 예컨대 SCAP의 구조나 운영, 조직 변화, 국가들과의 관계, SCAP 생산 문서의 분류와 성격 등에 대한 깊이 있는 연구는 찾아보기 어렵다. 그 이유로는 여러 가지가 있겠지만 무엇보다 SCAP 조직의 복잡성과 문서의 방대함, 문서에 대한 접근의 어려움 등으로 인해 연구자들이 깊이 있게 다루기 어려웠기 때문으로 보인다.

독도와 관련해서 SCAP을 다룬 논문78)들로는 크게 두 가지로 나누어 볼 수 있다. 하나는 샌프란시스코 평화조약 등과 연계해서 전체 논문의 일부로서 다룬 것이고, 다른 하나는 SCAPIN 제677호와 같이 특정 문서의 효과를 다룬 것이다. 또한 논문에서 SCAP 문서를 적어도 장 또는 절의 주제로 다루거나 논문에서 중요한 비중을 차지하는 논문들은 많이 있는데, 이 중 비교적 최근 문서들을 선별해 보면 아래의 것들이 있다.79) 그리고 SCAP 문서를 중심으로 다루진 않았지만 독도 영유권을

---

76) 예컨대 다음을 참조: 김태기, "GHQ/SCAP의 對 재일한국인정책", 국제정치논총 38(3) (1999.2), pp.247-269; 황선익, "연합군총사령부(GHQ/SCAP)의 재일한인 귀한정책", 한국근현대사연구 64 (2013.3), pp.150-190.
77) 예컨대 다음을 참조: 박창건, "한일어업협정 전사(前史)로서의 GHQ-SCAP 연구: 맥아더라인이 평화선으로", 일본연구논총 39 (2014), pp.35-59; 안소영, "점령기 한일관계 연구와 GHQ/SCAP 문서 - 일본 국회도서관 헌정자료실 소장자료의 이용과 관련하여", 일본공간 10 (2011), pp.273-286.
78) SCAPIN 문서를 주된 대상으로 해서 다룬 논문은 다음과 같다. 김명기, "SCAPIN 제677호에 관한 한국정부의 견해 검토", 독도연구 13 (2012.12), pp.277-304; 김명기, "맥아더 라인의 독도영토주권에 미치는 법적 효과", 독도연구 15 (2013.12), pp.173-196; 김영구, "독도 영유권에 관한 법적 논리의 완벽성을 위한 제언(II) - SCAPIN 677에 관한 法的 論議 속의 誤謬와 模糊性", 독도연구 11 (2011.12), pp.151-203; 나홍주, "독도문제의 실체와 그 대응책 - 독도관계 일본총리부령(府令) 제24호(1951. 6. 6)와 스카핀(SCAPIN) 제677호(1946. 1. 29) 비교 고찰을 중심으로", 독도연구 6 (2009.6), pp.7-48.
79) 나홍주, "독도문제의 ICJ제소 대비론 비판", 독도연구 14 (2013.6), pp.249-296; 박병섭, "대일강화조약과 독도·제주도·쿠릴·류큐제도", 독도연구 16 (2014.6), pp.137-205; 장박진, "대일평화조약 형성과정에서 일본 정부의 영토 인식과 대응분석 - "고유영토 다케시마(독도)" 영유의사의 검증", 영토해양연구 1 (2011.9), pp.34-89; 제성호, "전후 영토처리와 국제법상의 독도 영유권", 서울국제법연구 15(1) (2008), pp.135-157. 2000년 이전 비교적 오래된 논문들 중에도 논문의 일부로 SCAP 문서를 다룬 논문들이 있지만, 이 글에서는 최근 논문들만 다루어도 논문의 경향을 분석하는 데는 어렵

논하면서 SCAPIN 문서를 다룬 서적80)들은 많이 있다. 위에서 열거한 SCAP 관련 논문과 서적들이 독도 관련 어떠한 내용을 담고 있고 어떠한 입장을 견지하고 있는지에 대해 차례로 검토해 보도록 한다.

나홍주의 논문 "독도문제의 실체와 그 대응책 - 독도관계 일본총리부령(府令) 제24호(1951. 6. 6)와 스카핀(SCAPIN) 제677호(1946. 1. 29) 비교 고찰을 중심으로"는 SCAPIN 제677호를 주제로 다루고 있다.81) 나홍주는 독도가 한국 영토인 근거로서 SCAPIN 제677호를 지지하는 대표적인 독도 연구자이다. 그의 이번 논문은 재일교포 이양수씨가 1951년 6월의 일본 총리부령 제24호를 발견한 것을 계기로 SCAPIN 제677호는 독도가 한국의 영토임을 확인하는 자료라는 주장을 보다 상세히 전개하고 있다. 일본 총리부령 제24호는 1951년 6월 6일 공포된 것으로 정식 명칭은 "조선총독부 교통국 공제조합의 일본 내에 있는 재산 정리에 관한 政令의 시행에 관한 총리부령 제24호"이다. 나홍주는 동 부령 제2조 3호에서 적용배제 지역으로 울릉도, 제주도와 함께 "독도"를 직접 언급하고 있는 점을 들어 이 부령이 SCAPIN 제677호를 일본이 이행했음을 보여주는 것이라 주장한다. SCAPIN 제677호에 대한 나홍주의 이 글 주장을 정리하면 다음과 같다. 첫째, SCAP은 권한에 제한받지 않고 스스로 적합하다고 고려하는 어떠한 조치도 취할 수 있다.82) 이는 영토에 대한 처분 권한도 있다는 의미로 해석되는 것이며, 그 근거는 포츠담

---

지 않다고 보았기 때문에 그러한 논문들은 배제하였다. 예컨대 다음을 참조: 김명기, "독도의 영유권과 제2차대전의 종료", 국제법학회논총 30(1) (1985.6); 이중범, "독도의 영유권 문제에 관한 재증명", 국제문제 (1985.10); 정인섭, "일본의 독도 영유권 주장의 논리구조 - 국제법 측면을 중심으로", 『獨島領有의 歷史와 國際關係』 (1997).
80) 이한기, 『韓國의 領土』, 서울대학교 출판부(1969); 김병렬, 『독도논쟁 - 독도가 우리 땅인 이유』, 다다미디어 (2005); 신용하, 『한국의 독도영유권 연구』, 경인문화사 (2006).
81) 나홍주, "독도문제의 실체와 그 대응책 - 독도관계 일본총리부령(府令) 제24호 (1951. 6. 6)와 스카핀(SCAPIN) 제677호(1946. 1. 29) 비교 고찰을 중심으로", 독도연구 6 (2009.6), pp.7-48.
82) 나홍주 (2009.6), p.21.

선언과 일본의 항복문서이다. 둘째, SCAPIN 제677호의 첨부지도는 한국은 미군정 하에 있었기 때문에 관할권과 영토주권이 통상 합치한다는 점을 고려할 때 독도가 한국에 속함을 입증하는 것이다.[83] 셋째, SCAPIN 제677호의 조치는 미 대통령의 명령에 따른 것으로 영토 주권에 대해 잠정적이거나 행정적인 것이 아니라 결정적인 조치이다.[84] 이처럼 그는 SCAPIN 제677호가 일본의 행정구역에 관한 것이고 이후 평화조약 체결에 의해 확정될 것이라는 점을 부인하고, 그 자체가 독도의 영토에 대해 확정한 것이라고 본다.

다음으로 김명기의 "SCAPIN 제677호에 관한 한국정부의 견해 검토" 논문[85]이 있다. 이 논문은 1952년 시작된 한일간의 구상서 논쟁에서 "SCAP이 1946년 1월 29일 SCAPIN 제677호에 의하여 소도를 일본의 영유권으로부터 명시적으로 배제되었으며"라고 한국이 일본에 대해 주장한 부분을 근거로 한국의 입장에 대한 분석을 시도하였다. 즉, 그는 한국이 SCAPIN 제677호에 의해 독도가 일본의 "영유권으로부터 배제"(from the territorial possessions)되었다고 주장하면서 이를 "영역권"(imperium)과 구분하면서, "영역권"과 "영유권"(dominium)의 국제법상 차이를 설명한다. 그는 SCAPIN 제677호 제3항의 "이 지령에서 일본이라 함은 …"에서 "일본"은 일본의 영토 혹은 영토주권을 의미하는 "dominium"이 아니라 "imperium"을 의미하는 것으로 해석된다고 하면서, 동 지령에 의해 독도의 "dominium"이 분리되었다고 하는 한국의 주장이 근거 없는 것이라고 주장한다.[86] 이러한 주장의 더 구체적 근거로 동 지령 제4항에서 일본에서 제외되는 사항을 "정치적·행정적 관할권"이라고 명시한 점, 제5항에서 일본에 대한 통치자로 연합국이 아니라 "연합군최고사령부"라고 한 점, 제6항에서 동 지령의 잠정적 성격을 규정한 점 등을 들었

---

83) 나홍주 (2009.6), p.22.
84) 나홍주 (2009.6), p.34.
85) 김명기, "SCAPIN 제677호에 관한 한국정부의 견해 검토", 독도연구 13 (2012.12), pp.277-304
86) 김명기 (2012.12), p.293.

다. 그러면서 김명기는 SCAPIN 제677호의 효력이 일본 점령 기간 중 점령당국의 지령의 효과를 승인한다는 샌프란시스코 평화조약 제19조 (d)항[87])의 규정과 식민지 당시 행정상의 경계가 독립 후 국가 간의 경계로 유지된다고 하는 'Uti Possidetis' 원칙에 의해 SCAPIN 제677호의 효력이 승인되었다고 주장한다.[88]) 이렇듯 독도 주권과 관련해서 SCAPIN 제677호가 가진 한계를 인정하면서, 그는 정책건의를 통해 앞으로 독도 연구자들은 SCAPIN 제677호에서 대일평화조약으로 독도 영유권 연구를 전환할 것을 제안하였다.[89])

SCAP을 다룬 김명기의 다음 논문은 제목이 "맥아더 라인의 독도영토 주권에 미치는 법적 효과"이다.[90]) 이 논문은 1945년 9월 14일 최초로 설정되고 이후 수차례 수정된 맥아더 라인[91])의 설정 근거, 내용 및 수정 등을 상세히 다룬 후, 독도 영유권과 관련해서 맥아더 라인이 가지는 의의에 대해 고찰하였다. 그는 특히 1946년 6월 22일자의 SCAPIN 제1033호 제3항(일본 어선의 독도 12해리 내 접근 금지 규정)[92])을 언급한 후 맥아더 라인을 시행한 SCAPIN들을 열거하였다.[93]) 김명기는 이

---

87) "일본은 점령기간 중에 점령당국의 지령에 의거하거나 또는 그 결과로써 행하여진 또는 당시의 일본의 법률에 의하여 허가된 모든 작위 또는 부작위로부터 발생한 민사 또는 형사책임을 과하는 여하한 행동도 취하지 아니한다."
88) 김명기 (2012.12), pp.297-298. 그는 후자에 대해 "평화조약에 특별히 규정되지 아니한 사항은 평화조약 체결당시에 있는 현상(status quo)대로 효력이 인정된다는 것은 학설과 국제판례에 의하여 일반적으로 승인된 국제법상의 원칙이다. 이 원칙을 'Uti Possidetis의 원칙(현상유보의 원칙)이라고 한다." 라고 기술하였다.
89) 김명기 (2012.12), p.301.
90) 김명기, "맥아더 라인의 독도영토주권에 미치는 법적 효과", 독도연구 15 (2013.12), pp.173-196.
91) 일본이 항복문서에 서명한 직후인 1945년 9월 14일 SCAP은 목조선에 한해 일본 연안 12해리 이내에서만 어로활동을 허가하였는데, 이러한 제한에 대해 일본정부가 완화요청을 함에 따라 1945년 9월 27일 각서 제80호(ELTLOSCAP Serial No. 80)를 통해 어로구역을 설정하였는데, 그 경계선을 통상 맥아더 라인이라 부른다. 이에 의하면 독도가 일본의 어로구역 경계선 바깥에 위치하고 있다.
92) "일본어선과 인원은 독도의 12해리 이내에 접근하지 못하며, 또한 동 섬에 어떠한 접근도 하지 못한다."
93) 1947.12.23. SCAPIN 제1033/1호, 1949.6.30. SCAPIN 제1033/2호, 1949.9.19. SCAPIN 제2046호, 1949.10.10. SCAPIN 제2050호, 1951.1.31. SCAPIN 제2050/1호, 1950.5.11.

논문에서 맥아더 라인의 독도 영토주권에 대한 효과를 두 가지로 나누어 상세한 분석을 전개한다. 그 중 하나는 "맥아더 라인에 의한 한국의 독도 영토주권의 승인효과"인데, 그는 SCAPIN 제1033호 제3항에 의해 연합국이 독도의 한국 영토 주권을 묵시적으로 승인했으며, 일본이 평화조약 제19조 (d)항[94]에 의해 SCAPIN 제1033호의 효력을 승인하였으며, 그 결과 일본이 독도의 한국 영토임을 승인했다는 주장이다.[95] 또 다른 하나는 평화조약 제2조(a)항에 대한 '통합의 원칙'에 의한 해석효과 주장이다. 즉 그는 조약을 문맥에 맞게 체계적으로 해석해야 한다는 '통합의 원칙'에 의해 평화조약을 해석할 때, 독도 언급이 없이 "일본은 한국의 독립을 승인하고, 제주도, 거문도 … "라고 규정한 제2조(a)항은 제19조(d)항에 따라 한국의 독도 영토주권을 승인한 SCAPIN 제1033호에 의거, 독도가 한국 영토로 규정하는 것으로 해석된다고 주장한다.[96] 그래서 그는 앞서 논문에서와 같이 독도 영유권에 대한 연구를 SCAPIN에서 평화조약으로 전환하고, "독도 영유권의 근원을 대일평화조약 제2조(a)항에서 제2조(a)항 및 "SCAPIN 제1033호"의 효력을 일본이 승인한 제19조(d)항으로 전환하여 주장할 것을 검토하여 종래의 정책을 전환"할 것을 정책 제안하였다.[97] 요컨대 김명기는 평화조약 제19조(d)항을 독도 영유권 주장의 핵심적 근거로 삼고 있음을 알 수 있다.

한편 김영구는 "독도 영유권에 관한 법적 논리의 완벽성을 위한 제언(II) - SCAPIN 677에 관한 法的 論議 속의 誤謬와 模糊性"이란 논

---

SCAPIN 제2097호. 위 내용은 김명기 (2013.12), p.179 참조.
94) "일본은 점령기간 중에 점령당국의 지령에 의하거나 또는 그 결과로서 행하여진 모든 작위 또는 부작위의 효력을 승인하며 … (Japan recognizes the validity of all acts and omissions done during the period of occupation under or in consequence of directives of the occupation authorities or authorized by Japanese law at that time, and will take no action subjecting Allied nationals to civil or criminal liability arising out of such acts or omissions.)"
95) 김명기 (2013.12), pp.181-183.
96) 김명기 (2013.12), p.191.
97) 김명기 (2013.12), pp.192-193.

문98)에서 독도 영유권을 주장하기 위해서 SCAPIN 제677호를 법리상 무리하면서까지 지나치게 강조하는 것을 경계하면서도 한편으론 그 법적 의미를 찾고자 노력을 기울이고 있다. 보다 직설적으로 김영구는 SCAPIN 제677호를 '국제특별법시행령'의 성격을 가진다고까지 주장하는 나홍주의 글99)에 대한 의문을 제기하며 자신의 논지를 전개하였다. 이를 위해 그는 SCAPIN 제677호와 관련한 쟁점 4가지를 '검증'하는 방식을 택하였는데, 그의 주장 요지는 다음과 같다:

(1) SCAPIN 제677호에 의한 독도 분리 조치는 1951년 대일평화조약상 존중하고 일치시켜야 할 선행적 조치이다.

(2) 독도를 일본 영토로 간주해야 한다는 미국의 인식은 평화조약상 '입법자의 의사'로 성립되어 있지 않았다. 100)

(3) 대한민국이 수립된 이후에는, SCAPIN 제677호의 조치를 변경하여 독도를 일본 영토로 포함시키는 구체적인 새로운 조치를 취할 수 없다. 101)

(4) 평화조약의 영토조항에서 설령 독도를 일본 영토라고 규정했을지라도 이는 평화조약의 당사국이 아닌 한국을 기속할 수 없다. 102)

김영구는 SCAPIN 제677호에 대한 비논리적이고 과도한 주장을 경계하면서도 결론적으로 그도 동 지령이 한국의 독도 영유권 입증에 중요

---

98) 김영구, "독도 영유권에 관한 법적 논리의 완벽성을 위한 제언(II) - SCAPIN 677에 관한 法的 論議 속의 誤謬와 模糊性", 독도연구 11 (2011.12), pp.151-203.
99) 나홍주, "SCAPIN 제677호의 국제특별법령의 성격", 독도연구보존협회 2011년도 학술 대토론회(2011년 10월 15일 서울 역사박물관) 「회의 자료」, 김영구 (2011.12), p.157에서 재인용.
100) 그는 독도에 대한 미국의 입장이 특히 맥아더 사령관의 정치고문인 William Sebald 대사의 등장으로 일본 쪽으로 급격히 기운 점을 들면서, 그러한 미국의 의사는 평화조약의 많은 당사국 중 한 국가의 의사에 불과한 것으로 평화조약에 대한 입법자의 의사는 아니라고 주장한다.
101) 1946년의 SCAPIN 제677호는 추후 변경 가능한 조치이지만, 1948년 대한민국이 수립된 이후에는 주권 국가인 한국에 대해 영향을 미치는 조치를 취할 수 없다는 주장이다.
102) 조약은 제3국의 동의 없이는 그 국가에 대해 의무를 창설할 수 없다는 조약법에 관한 비엔나협약에 근거한 주장이다.

한 근거로 보고 있다. 다만 그가 주장하는 내용들이 국제법에 비추어 모두 일반적인 지지를 받을 수 있는 것인지에 대한 검토는 필요하다.

상기 SCAP 문서를 직접 다룬 논문 4편은 모두 SCAPIN 제677호를 중심으로 한 것들이고, SCAP 자체의 법적 지위나 구조, 내용 등에 대한 논문은 없다. 또한 독도 영유권 주장과 관련해서 나홍주는 SCAP 자체에 대해 절대적 가치를 부여하는 반면, 김명기는 SCAP 보다는 오히려 평화조약의 해석이 중요하므로 후자에 대한 연구에 집중할 것을 주장하였다. 그리고 김영구는 SCAPIN 제677호에 대한 지나친 해석을 경계하면서도 국제법에 기초한 다양한 해석을 통해 SCAPIN 제677호가 독도 영유권에 있어서 중요한 문서라고 주장하였다.

이제 아래에서는 논문 전개에 있어서 SCAP을 부분적으로 다룬 논문들 가운데, SCAP의 내용들이 어떻게 다루어졌는지에 대해 3개의 논문을 검토하도록 한다.

먼저 살펴볼 논문은 제성호의 "전후 영토처리와 국제법상의 독도 영유권" 논문이다.[103] 이 논문은 제2차 세계대전 후 한국의 영토, 특히 독도가 어떻게 처리되었는지에 대해 검토한 논문으로 SCAP의 독도 영유권 확인조치와 평화조약 제2조의 해석을 각각 하나의 장으로 구성해서 다루고 있다. SCAP과 관련해서 그는 SCAPIN 제677호와 제1033호를 검토하였다. 그는 SCAPIN 제677호에 대해 "일단 분리가 확정된 독도에 대해서는 그 뒤 어떠한 조치도 취해진 바 없다. 일본령으로 귀속시킨다는 적극적 결정도 없고 또 독도에 대한 일본의 잔존 주권을 인정한다는 선언도 없었다. 따라서 독도는 SCAPIN 제677호에 의해 일본령으로부터 분리된 그대로의 상태 아래서 대일 평화조약의 체결을 맞이한 것이다. 이렇게 볼 때, 대일 평화조약이 독도를 일본령에 포함시킨다는 적극적 규정을 두지 않는 한 역시 독도는 대일 평화조약에서도 일본령으로부터의 분리가 확정된 것이라고 보아야 한다."[104] 요컨대 제성호는 SCAPIN 제

---

[103] 제성호, "전후 영토처리와 국제법상의 독도 영유권", 서울국제법연구 15(1) (2008), pp.135-157.

677호에 의해 독도가 일본령으로 분리되었으며, 평화조약에 아무런 언급이 없기 때문에 그대로 유지되었다는 것으로, SCAP의 영토 처분 권한을 인정하고 평화조약의 영토조항을 한국에 유리하게 해석하였다. 그는 SCAPIN 제1033호에 대해 "일본 사람이 어업과 포경업에 종사할 수 있도록 허가된 지역들에서 독도를 명시적으로 제외시킨 것은 연합국최고사령부가 독도는 한국의 영토라는 인식을 갖고 있었음을 말해준다. 곧 맥아더 라인은 독도가 한국 영토이므로, 따라서 일본의 어부들과 모든 선박들은 독도에 접근하지 못할 뿐 아니라 독도수역 12해리 이내에 들어가지 못함을 명백히 선포한 것이라고 풀이할 수 있다"라고 하면서, 이 문서의 가치를 높게 평가하였다.[105]

한편 장박진은 "대일평화조약 형성과정에서 일본 정부의 영토 인식과 대응 분석-"고유영토 다케시마(독도)" 영유의사의 검증"이란 논문[106]에서 평화조약 체결 전까지 독도를 중심으로 일본의 영토에 대한 인식이 어떻게 변천되었는지를 일본 정부와 연합국 문서를 중심으로 검토하였다. 이 글과 관련해서는 특히 SCAPIN 제677호에 대해 일본이 어떤 입장을 취했는지를 살펴보았다. 그는 일본이 SCAPIN 제677호에 따라 1946년 칙령 제97호를 통해 시마네 현 오키 관내 독도를 선거 실시 지역에서 제외시킨 점에 대해 "... 주민이 없으므로 선거 실시에 현실적인 지장이 없는 독도만을 내부 법령으로 인해 일부러 실시 지역에서 제외시켰다는 사실은 일본 정부 내에서는 독도가 제주도 울릉도와 분명히 다른 존재라고 인식되었음을 가리킨다."라고 평가하였다.[107] 요컨대 장박진은 일본이 SCAPIN 제677호를 통해 독도가 일본 영토에서 완전히 분리된 것을 인정한 것은 아니지만 일본이 적어도 독도를 일본 본토나 한국의 다른 영토와는 분리해서 인식했다고 지적하였다.

---

104) 제성호, 위의 글, p.144.
105) 제성호, 위의 글, P.144-145.
106) 장박진, "대일평화조약 형성과정에서 일본 정부의 영토 인식과 대응분석 - "고유영토 다케시마(독도)" 영유의사의 검증", 영토해양연구 1 (2011.9), pp.34-89.
107) 장박진 (2011.9), p.48.

또한 박병섭은 "대일강화조약과 독도·제주도·쿠릴·류큐제도"란 논문에서 본문을 10개 장으로 구성함으로써 다소 백화점식 전개를 취하였다. 그는 제2장(연합군 명령 제1호와 SCAPIN 677)에서 독도를 일본과 관계없다고 한 1877년 일본 태정관 지령, 독도를 일본해에 포함시키지 않은 19세기 일본 수로지 등의 자료에 대한 인식이 SCAPIN 제677호에 반영됐다고 평가하였다.108) 하지만 더 구체적인 분석이나 평가는 없다.

상기 SCAP를 부분적으로 다룬 3개의 논문을 검토해 보면, 제성호는 국제법학자로서 SCAPIN 제677호에 대한 법적 분석을 시도하였는데, 앞서 살펴본 김명기, 김영구 등의 국제법 교수들과 SCAPIN과 평화조약에 대해 다른 해석을 하고 있음을 알 수 있다. 그리고 장박진과 박병섭은 모두 국제법학자가 아니기 때문에 법적 해석은 하지 않았으며 SCAPIN 자체를 깊이 다루진 않았지만, 전후 독도에 대한 일본의 인식을 파악하거나 SCAPIN 제677호의 배경을 다루었다는 점에서 의의가 있다.

SCAP에 대한 분석의 마지막 단계로 한국의 영토 또는 독도에 대한 몇가지 저서에서 SCAP을 어떻게 다루었는지를 살펴보도록 한다. 먼저 살펴볼 것은 이한기의 『韓國의 領土』109)이다. 이한기는 독도와 관련해서 SCAPIN 제677호를 분석하였는데, 아래와 같은 이유로 동 지령이 한국의 독도 영유권을 확증한다고 주장하였다. "일단 분리가 확정된 도서에 대해서는 그 후 어떠한 조치도 취해진 바 없다. 일본령으로 귀속시킨다는 적극적 규정도 없고 또 독도에 대한 일본의 잔존주권을 확정한다는 선언도 없었다. 따라서 독도는 SCAPIN 제677호에 의하여 일본령으로부터 분리된 그대로의 상태 하에서 대일평화조약의 체결을 맞이한 것이다. 이렇게 볼 때 대일평화조약이 독도를 일본령에 포함시킨다는 적극적 규정을 두지 않는 한 역시 독도는 대일평화조약에서도 일본령으로

---

108) 박병섭, "대일강화조약과 독도·제주도·쿠릴·류큐제도", 독도연구 16 (2014.6), pp.137-205.
　　박병섭, 위의 글, p.147.
109) 이한기, 『韓國의 領土』, 서울대학교 출판부 (1969).

부터의 분리가 확정된 것이라고 보아야 한다."110)

위와 같이 이한기는 SCAPIN 제677호가 독도가 한국 영토임을 확정했다고 하였는데, 이는 그가 SCAP이 영토처분 권한도 있다고 본 것이며, 또한 대일평화조약의 영토조항에 독도가 없는 점에 대해서도 이것이 독도 문제에 대해 중립적인 것이 아니라 한국의 영토임을 확정한 것이라고 적극적으로 해석한 것이다. 앞서 살펴본 제성호가 이한기의 논지를 그대로 따르고 있다.

김병렬은『독도논쟁 - 독도가 우리 땅인 이유』111)란 책을 통해 독도를 둘러싼 한일 간의 논쟁에 대해 역사적, 국제법적 고찰을 하면서 특히 일본 학자들의 주장을 반박하는 방식으로 글을 전개하였다. SCAPIN 제677호와 관련해서 그는 "이 지령 중의 어떠한 것도 포츠담 선언 제8조에 언급된 모든 소도의 최종적 결정에 관한 연합국의 정책을 표시한 것은 아니다."라는 조항을 근거로 독도에 대한 효력을 반박하는 주장에 대해 그는 동 지령을 변경시키는 별도의 지령이 없었기 때문에, "연합국 최고사령부는 1946년 1월 29일 이후 독도를 다시 일본 영토로 한다는 별도의 지령을 내린 바가 없으므로 이 지령에 의하여 독도는 한국에 영원히 반환된 것이다."라고 반박하였다.112) 또한 그는 독도 주변수역에서의 일본의 어업활동을 제한한 SCAPIN 제1033호에 대해서도 "지령 제677호에 의해 일본으로부터 독도를 분리시켰음에도 일본인들에 의한 어로 활동이 계속되자 지령 제1033호로써 다시 한번 이를 강조한 것이다."113)라고 하여 SCAPIN 제1033호도 독도의 한국 영토임을 확인해 주는 문서로 해석하였다. 요컨대 김병렬 교수는 SCAPIN 제677호에 대해 이한기 교수와 같은 입장을 취하는 동시에 SCAPIN 제1033호에 대해서도 적극적 해석을 취하였다.

---

110) 이한기 (1969), p.267.
111) 김병렬,『독도논쟁 - 독도가 우리 땅인 이유』, 다다미디어 (2005).
112) 김병렬 (2005), p.208.
113) 김병렬 (2005), p.209.

한편 신용하는『한국의 독도영유권 연구』114)란 책을 통해 SCAPIN 제677호를 다루고 있는데, 이에 대한 신용하의 해석 및 입장은 다음과 같이 명확하다: "즉 연합국 최고사령부의 SCAPIN 제677호 제3항에 의하여 獨島는 일본영토로부터 완전히 제외되었고, 부속지도에서 명백히 표시한 바와 같이 한국영토로 결정되어 발표되고, 일본정부에도 통보된 것이었다."115) 그는 이 지령이 최종적인 것이 아니라는 주장에 대해서도 동 지령 제5항을 들면서 그 후 이를 변경하는 어떠한 지령도 없었기 때문에 이를 통해 확정되었다고 하였다. 또한 이 지령이 일본의 행정조치이고 영토에 관한 것이 아니라는 주장에 대해서도 이 지령이 "연합국최고사령부 자신이 이것을 '日本의 定義(definition of Japan)이라고 하여 명백히 領土규정임을 선언했으니, SCAPIN 제677호가 1946년 1월 29일자로 獨島를 韓國領土로 判定하여 한국에 반환한 것은 논란의 여지가 없는 것이다"116)라며 반박하고, 이러한 사실은 이 지령에 첨부된 부속지도에서 독도를 일본 판도에서 제외한 것을 통해서도 확인된다고 주장하였다.117) 이처럼 신용하도 SCAPIN 제677호를 통해 독도가 한국 영토임이 확정되었다는 입장을 취하였다.

## 기존 연구에 대한 평가 및 향후 연구 방향

SCAPIN 제677호 및 제1033호에 의해 설정된 선(線)은 독도 영토주권의 주요한 근거로 간주되고 있다. 이 선들이 독도 영유권 근거로 처음 제시된 것은 1950~60년대 한일 독도 영유권 논쟁기에서였다. 이 선들은 한국측의 이른바 이승만 라인 선포(1952. 1. 18)에 대해 항의한 일본 외무성 구술서(1952. 1. 28)에 대한 한국측 반론 구술서(1952. 2. 12)에서 "독도를 일본의 영토에서 제외한 선"으로서 규정되어 있는 것을

---
114) 신용하,『한국의 독도영유권 연구』, 경인문화사 (2006).
115) 신용하 (2006), p.308.
116) 신용하 (2006), p.310.
117) 신용하 (2006), pp.311-312.

볼 수 있다. 이후 1965년 한일회담 이전까지 한국 정부가 3차례 일본 정부에 전달한 "한국정부견해"에서도 무엇보다 중요한 한국의 독도영토주권 근거로서 강조되었고, 이후 한국 정부(외교부) 및 민간 연구에서 이 견해는 반복적으로 확인되고 강조해 왔다.

주지하다시피 일본은 이러한 우리 외교부의 주장을 받아들이지 않는다. 요컨대 일본 외교부는 연합국 최고사령부가 일본의 영토문제를 결정할 권한이 없으며, SCAPIN 제677호와 제1033호에서 모두 동 지령(또는 각서)이 "영토귀속의 최종 결정에 관한 연합국 측의 정책을 나타내는 것으로 해석되어서는 안 된다"고 규정한 점을 들면서 한국의 주장을 반박한다.[118] 이처럼 SCAPIN에 대한 한국과 일본의 상반된 주장 중 누가 옳은가 또는 더 큰 설득력을 가지는가 하는 질문을 가져볼 수 있다. 나아가 만약 일본의 주장이 더 타당하고 설득력을 가지고 있다고 평가된다면, 우리 정부 또는 학자는 이를 받아들이고 이와 관련한 주장은 더 이상 하지 말아야 하는가, 이를 극복할 수 있는 방법은 없는가? 등 여러 질문들을 제기할 수 있다. 그러나 이러한 질문에 대한 답은 무엇보다 현재 SCAP에 대한 연구가 충분히 이루어진 다음에 제시되는 것이 바람직할 것이다.

그러나 유감스럽게도 현재까지 이 선들에 대한 실증적인 관점에서의 조사·연구는 전무하다. 다시 말해 이 선들에 대해서는, 선 그 자체의 존재와 역사적 사실 관계에 대한 판단이 존재하지 않은 상태에서 국제법적 관점에서의 법적인 지위에 대한 주장만 언급되어 왔을 뿐, 구체적으로 이 선들이 어떤 역사적 배경하에서 만들어졌는지, 또는 언제, 어디서, 누가, 어떻게, 왜 무엇을 기준으로 설정한 것인지 등에 대해 상세히 조사·연구된 적이 없다. 이와 같은 조사·연구는 이 선들의 법적 위상에 대한 평가에 선행되어야 하는 일종의 '기초 조사·연구'에 해당하나, 지금까지 이와 같은 실증적 관점에서의 기초 조사·연구는 없

---

118) 일본 외교부, 『다케시마, 법과 대화를 통한 해결을 지향하며』 (일본 외교부 홈페이지 참조: http://www.kr.emb-japan.go.jp/territory/takeshima/pdfs/takeshima_pamphlet.pdf).

었다. 이에 전후 GHQ/SCAP의 한국의 영토처리 정책과 실행에 대한 연구를 기반으로 SCAPIN 제677호 및 제1033호의 연원을 실증적으로 분석함으로써 한국의 영토 및 관할권의 범위의 시원(始原)적 의미를 도출하고자 하는 과제는 반드시 이행되어야 한다. 119)

---

119) 이러한 문제의식 속에서 사단법인 아시아국제법발전연구회(DILA-KOREA)은 2016년부터 SCAP/GHQ 연구사업을 실시했고, 관련 주제의 자료수집 및 연구회를 운영하고 있다. 연구과제 성과로는 장박진, "SCAPIN 677호 발령의 배경과 그 과정: 행정권 분리의 정치적 의미와 독도 문제에 대한 함의", 국제·지역연구 26(1) (2017), pp.27-68 등 참조.

# 제3장

## 항만국으로서 관할권 행사를 위한 국내입법 현황분석
### - 항만국조치협정 이행에 관한 고시를 중심으로

임 지 형

## I. 서 론

현대 국제해양법에서 불법·비보고·비규제어업(Illegal·Unreported·Unregulated: 이하 IUU어업)을 예방하기 위하여 기국뿐만 아니라 항만국의 역할 또한 매우 중요하게 되었다. 이러한 국제사회의 인식은 2009년 구속력을 가진 「불법·비보고·비규제 어업의 예방·억지·근절을 위한 항만국 조치에 관한 협정(Agreement on Port State Measures to Prevent, Deter and Eliminate Illegal, Unreported, Unregulated Fishing: 이하 항만국조치협정)」의 채택이라는 결과를 가져왔다. 우리나라 역시 국제해양법상 항만국으로서의 역할을 하기 위해 선박안전법, 선원법, 해양환경관리법, 국제 항행선박 및 항만시설 보안법, 원양산업발전법 등 국내입법을 통하여 많은 법령을 마련하고 있다.[1]

IUU어업은 부정적인 측면에서 우리나라와 많은 관련을 가지고 있

---

1) 이용희, "국제해양법상 항만국의 역할에 관한 고찰", 해양환경안전학회 추계학술발표회, 2017년, 226쪽.

다. 우리나라는 2013년 미국과 유럽연합(European Union: 이하 EU)으로부터 각각 IUU어업국 지정 전단계인 IUU어업 예비 비협력국으로 지정되었다. 이를 벗어나기 위해 우리 정부는 「원양산업발전법」을 개정하고, 원양어선 위치추적발신장치 설치 및 조업감시센터 설립 등 많은 노력을 기울인 끝에 2015년 2월 미국, 2015년 3월 EU로부터 지정이 해제되었다.[2] 또한 2017년 12월 남극해양생물자원보존위원회의 보존조치 위반을 근거로 미국에게 2019년 9월 예비 IUU어업국으로 지정되었다가 2021년 8월 12일 공식 해제되었다.[3] 이처럼 우리나라는 현재까지 예비 IUU어업국의 지정과 해제를 반복하고 있다. 2016년 항만국조치협정 당사국이 된 우리나라는 2017년 기존 원양산업발전법에 IUU어업에 대한 규정을 신설하였다. 또한 IUU어업에 대한 강력한 제재를 요구하는 EU의 요구에 따라 2021년 6월 28일 IUU어업 예방 및 근절을 위한 「항만국조치협정 이행에 관한 고시」가 제정되었다.[4]

독도주변 수역은 황금어장으로 중국어선 등을 포함한 외국선박에 의한 어업이 활발하게 이루어지고 있다. 따라서 우리나라는 국제사회에서 항만국으로서의 역할도 중요하게 되었다. 이에 항만국조치협정을 중심으로 국제해양법상 항만국의 역할에 대해 살펴보고 이를 이행하기 위한 국내 입법 현황에 대해 분석하고자 한다. 특히 항만국조치협정의 비준과 함께 많은 영향을 받은 원양산업발전법과 항만국조치협정의 이행을 위해 제정된 항만국조치협정 이행에 관한 고시를 중심으로 국내입법 현황과 그 문제점에 대해 생각해 보고자 한다.

---

2) http://www.nocutnews.co.kr/news/4402026 (검색일자: 2021.11.08.)
3) 해양수산부 보도자료, 2021.08.13. 일자.
4) 해양수산부 고시 제2021-129호 발령문, 2021.06.28.

## Ⅱ. 국제해양법상 항만국의 역할

### 기존 국제협약상 항만국의 역할

가. 항만 출입에 대한 허가권

국제관습법상 모든 국가는 자국 내 모든 항만을 출입하고자 하는 외국선박에 대한 허가권을 가지고 있다.5) 이는 1982년 해양법에 관한 국제연합협약(이하: 유엔해양법협약)을 통해서도 확인할 수 있다.6) 동 협약은 영해 및 접속수역에 대한 규정으로, 연안국의 보호권에 관한 규정으로 제2항에서 연안국은 내수를 향하여 항행하거나 내수 밖의 항구시설에 기항하고자 하는 선박이 내수로 들어가기 위해 또는 그러한 항구시설에 기항하기 위하여 허가조건을 위반하는 것을 방지하기 위하여 필요한 조치를 취할 권리를 부여하고 있다(제25조). 또한 유엔해양법협약에서 신설된 통과통항제도에서 통과통항을 위한 계속적이고 신속한 통과의 요건은 해협연안국의 입국조건에 따라 그 국가에 들어가거나 그 국가로부터 나오거나 되돌아가는 것을 목적으로 하는 해협통항을 배제하지 아니한다고 규정하고 있다(제38조 제2항). 또한 제219조 하단에서 선박의 감항성에 문제가 있는 경우, 항만국은 그 선박이 가장 가까이 있는 선박수리 장소까지 운항하도록 허가할 수 있고, 위반 원인이 제거되는 즉시 항행을 계속하도록 허가할 수 있는 권리를 부여하고 있다. 해양과학조사의 경우 동 협약은 제255조에서 연안국에게 자국의 항구출입에 대한 법령을 제정할 수 있는 권한을 부여한 대신 국내법 준수를 조건으로 해양과학조사선의 자국 항구 출입을 용이하게 하고 그에 대해 지원을 촉진할 의무를 부담하도록 하고 있다.

항만의 출입에 대해서는 국제해사기구(International Maritime Organization: 이하 IMO)가 선박기인 해양오염을 방지하기 위하여

---

5) Erick J. Molenaar, "Port State Jurisdiction", *Max Planck Institute for Comparative Public Law and International Law*(UK, Oxford University Press, 2014), p.2.
6) 이용희, 전게발표, 226쪽.

1973년 채택한 「선박으로부터의 오염방지를 위한 국제협약 및 1978년 동 협약 의정서(The International Convention for the Prevention of Pollution from Ships & Protocol of 1978 relating to the International Convention for the Prevention of Pollution from Ship: 이하 MARPOL 73/78)[7]」에서도 찾아볼 수 있다. 동 협약은 해양환경에서 운항되고 있는 모든 선박을 대상으로한다(제2조 제4항). 협약의 당사국은 협약에 따라 자국의 선박에 증서를 발급하고, 증서를 비치한 선박은 당사국의 관할하에 있는 항구 또는 연안정박시설 내에 정박하고 있는 동안 당사국으로부터 검사를 받게 규정하고 있다. 만약 선박이 증서의 기재사항과 실질적으로 합치하지 아니하거나 유효한 증서를 비치하고 있지 아니한 경우, 유엔해양법협약 제219조와 유사하게 선박이 가장 가까이 있는 선박수리로의 항행을 목적으로 항구 또는 연안정박시설을 떠날 것을 허가할 수 있다(제5조).

### 나. 해양오염에 대한 관할권

유엔해양법협약 제211조는 선박기인오염에 대한 것으로 해양환경오염의 방지, 경감 및 통제를 위하여 외국선박의 자국 항구와 내수로의 진입이나 연안정박시설 방문에 대한 특별한 조건을 규정할 수 있도록 하고 있다. 또한 동 협약 제218조는 항만국에 의한 법령집행에 대한 권리도 규정하고 있다. 동 규정은 자발적으로 어느 국가의 항구나 연안정박시설에 입항한 선박의 경우, 당해 국가는 적용가능한 국제규칙과 기준에 위반하여 자국의 내수, 영해 또는 배타적경제수역 밖에서 행해진 선박기인오염에 대하여 조사를 행하고 증거가 허용하는 경우 소송을 제기할 수 있다고 규정하고 있다. 이는 국제조약에서 인정되는 역외관할

---

[7] 우리나라는 1984년 국회의 동의를 얻어 「1973년 선박으로부터의 오염방지를 위한 국제협약에 관한 1978년 의정서」를 비준하고, 동년 10월 23일에 발효하였다. 의정서는 규정 제1조에 따라 선박으로부터의 오염방지를 위한 국제협약과 단일을 문서로 간주 된다.

권 행사로써 기국 또는 연안국 관할권의 보완적인 역할뿐만 아니라 원활한 항행을 보장하기 위한 것이다.8) 이는 제219조에서도 찾아볼 수 있다. 동 조는 앞서 언급한 바와 같이, 선박의 감항능력에 관한 조문으로 요청에 의하거나 또는 스스로의 결정에 따라 자국의 항구 또는 연안 정박시설에 정박한 선박이 선박의 감항성에 관하여 적용되는 국제규칙과 기준을 위반함으로써 해양환경에 대해 피해를 입힐 위험이 있다고 확인되는 경우, 실행가능한 한 그 선박의 항행을 금지시키기 위한 행정조치를 취할 수 있도록 규정하고 있다. 이는 MARPOL 73/78에서도 동일하게 규정하고 있다. 증서의 사실과 불일치하거나, 유효한 증서를 가지고 있지 아니한 선박의 경우, 선박의 검사를 실시한 국가는 당해 선박이 해양환경을 부당하게 해칠 우려가 없이 항해할 수 있을 때까지 출항을 금지시키기 위한 행정조치를 취할 수 있다(제5조). 또한 선박이 항구 또는 연안정박시설에서 동 협약을 위반하여 유해한 물질의 배출여부를 확인하기 위한 선박의 검사권도 부여하고 있다(제6조).

### 다. IUU어업과 관련된 역할

국제사회의 어업자원 관리에 대한 문제를 인식한 농업식량기구(UN Food and Agriculture Organization: 이하 FAO)의 요구에 따라 「책임있는 수산업규범(Code of Conduct for Responsible Fisheries)」이 채택되었다.9) 동 규범은 책임있고, 지속적인 수산업을 위하여 국가들에게 국가 정책을 수립하고, 이행을 위한 기준을 마련하도록 하였다. 특히 항만국은 긴급피난이 아닌 자발적으로 항만에 들어 온 외국선박에 대해 적절한 국내절차를 마련하도록 하고 있다(제8.3.2). 동 규범은 비록 책임있는 수산업에 대한 기준은 마련하였으나, 법적 구속력을 가지고 있지 않다.

---

8) 이용희, 전게발표, 226쪽.
9) 이석용, "해양생물자원보호를 위한 국제어업법 변화 연구", 「과학기술법연구」, 제22집 제1호, 한남대학교 과학기술법연구원(2016), 218쪽.

IUU어업이라는 용어가 처음 등장한 것은 2001년 채택된 「불법·비보고·비규제 어업을 예방·방지·제거하기 위한 국제행동계획(International Plan of action to Prevent, Deter, and Eliminate Illegal, Unreported and Unregulated fishing: 이하 IPOA-IUU)」이다. 동 계획 제3조는 IUU어업에 대해 다음과 같이 정의하고 있다.

   3.1 불법어업은 다음의 어업활동을 언급한다.
    3.1.1 어떤 국가의 허가 없이 또는 그 국가의 법률과 규정에 위반하여, 그 국가의 관할수역에서 자국민 또는 외국인에 의하여 행해지는 어업활동
    3.1.2 지역수산관리기구 당사국인 국가의 국기를 게양한 선박에 의한 어업활동이지만, 그 기구에 의해 되고 그 국가를 구속하는 보존관리조치 또는 적용가능한 국제법의 관련 규정을 위반하여 이루어지는 어업활동
    3.1.3 국내법을 위반한 어업활동 또는 지역수산관리기구에 대한 협력국이 약속한 의무를 포함한 국제적 의무를 위반한 어업활동
   3.2 비보고 어업은 다음의 어업활동을 언급한다.
    3.2.1 국가의 법률과 규정을 위반하여 관련 국가의 당국에 보고되지 않거나, 잘못 보고된 어업활동
    3.2.2 수산기구의 관할수역에서 이루어졌으나. 그 기구의 보고절차를 위반하여 보고되지 않거나 잘못된 어업활동
   3.3 비규제 어업은 다음의 어업활동을 언급한다.
    3.3.1 지역수산관리기구의 적용수역에서 무국적어선에 의하여 행해지는 어업활동 또는 그 기구의 비당사국의 국기를 게양한 어선 또는 조업실체에 의하여 그 기구의 보존관리조치와 일치하지 않거나 위반하는 방법으로 행해지는 어업활동
    3.3.2 적용가능한 보존관리조치가 없는 수역이나 또는 어

류를 대상으로 하는 활동 중에서, 국제법상 해양생물자원보존을 위한 국가책임에 위반하여 이루어지는 어업활동

3.4 제3.3에도 불구하고 일부 비규제 어업은 적용가능한 국제법을 위반하지 않는 방법으로 발생할 수 있으며, 그리고 이 국제행동계획에 포함된 조치의 적용을 요구하지 않을 수도 있다.

그러나 IPOA-IUU 역시 기존의 국제해양법협약과 마찬가지로 기국의 의무를 강조하고 있다. 또한 책임있는 수산규범과 같이 IPOA-IUU는 법적 구속력을 가지고 있지 않다.

## 항만국조치협약상 항만국의 권리

IUU어업에 대해 최초의 구속력을 가진 국제문서인[10] 「IUU어업 예방, 억지 및 근절하기 위한 항만국 조치에 관한 협정(FAO Agreement on Port State Measures to Prevent, Deter and Eliminate Illegal, Unreported and Unregulated Fishing: 이하 항만국조치협정)」은 2009년 채택되었다. 이는 2005년 채택된 「FAO항만국모델제도(FAO Model Scheme on Port State Measures)」를 구체화하여 법적 구속력이 있는 국제문서로 발전시킨 것으로,[11] 2016년에 발효되었다.[12]

항만국조치협약은 항만국의 조치가 IUU어업을 예방·억지·근절하는데 효과적인 점을 인식하고(전문), 효과적인 항만국 조치의 이행을 통하여 IUU어업을 예방·억지·근절하고, 이를 통하여 해양생물자원과

---

10) https://www.fao.org/port-state-measures/en/ (검색일자: 2021.11.15.)
11) 이용희, "IUU 어업에 대한 국제법상 국가의 의무와 우리나라의 국내입법 태도에 관한 연구", 김인유 외,「바다를 둘러싼 법적 쟁점과 과제」(경기도: 피엔씨미디어, 2017), 52쪽.
12) 현재 우리나라(2016년 1월 14일 가입)를 포함한 2021년 11월 현재 총 70개국이 당사국이다. http://www.fao.org/port-state-measures/background/parties-psma/en/(검색일자: 2021.11.26.)

해양생태계의 장기적 보존과 지속 가능한 이용을 보장하는 것을 목적으로 하고 있다(제2조). 동 협정은 어류를 탐색, 유인, 위치파악, 어획 등을 하는 어업활동뿐만 아니라 어업과 관련된 양륙, 포장 가공 등 어업을 지원하거나 준비하는 모든 과정을 포함하여 어업관련활동이라 정의하고 규제대상에 포함하고 있다(제1조). 전문과 10개부, 37개 조문 및 5개의 부속서로 구성되어 있는 협정은 선박의 항만선박 입항, 항만의 이용, 입항한 선박에 대한 검색 및 후속조치 순의 단계별 규정 방법을 취하고 있다.[13]

### 가. 항만 출입에 대한 허가권

항만국조치협정은 제2부에서 모든 당사국들에게 입항을 요청할 수 있는 항만을 지정하여 공개하도록 규정하고 있다(제7조). 지정된 항만은 검색할 수 있는 충분한 능력을 갖추고 있어야 한다. 또한 모든 당사국들은 선박의 입항을 허가하기에 앞서, 동 협정에 따른 최소 기준의 정보 제공과 이를 검토할 적절한 시간을 사전에 요구하도록 규정하고 있다(제8조). 사전에 정보를 제공한 선박에 대해 항만국은 입항의 허가 또는 금지를 결정할 수 있다. 이러한 결정은 선박의 선장 또는 선박의 대표에게 통지해야 한다. 입항의 허가를 받은 선박은 항만 입항 시 입항 허가서를 제시하여야 하며, 거부할 경우 항만국은 이를 선박 및 선박의 대표에게 통지하고, 관련 연안국 및 지역수산기구(Regional Fisherie Bodys: 이하 RFBs)와 관련 국제기구에게 즉시 통보해야 한다. 입항한 선박이라 할지라도 IUU어업활동에 대한 충분한 증거가 있는 경우 선박의 입항을 거부할 수 있다. 만약, 입항을 거부한 선박이 어떤 이유로든 항만에 들어온 경우에는 불가항력 또는 조난을 제외하고, 어류의 양륙, 전재, 포장 및 가공과 그 밖의 항만서비스(특히, 연료 보급 및 물자 재

---

[13] 이용희, "IUU 어업에 대한 국제법상 국가의 의무와 우리나라의 국내입법 태도에 관한 연구", 42쪽.

공급, 선박의 유지 및 수리·개조·보수를 포함한다)를 목적으로 한 항만의 사용을 거부하도록 규정하고 있다(제9조, 제10조).

나. 항만의 이용에 대한 허가권

항만국조치협정은 제11조에서 선박이 항만에 입항한 경우라도 동 협약을 포함한 국제법을 위반하여 5가지 요건에 해당하는 경우 선박의 항만 사용을 거부할 수 있는 권리를 가진다고 규정하고 있다. 5가지 요건 중 첫 번째는 해당 선박이 어업 또는 어업관련활동을 하기 위하여 기국에서 요구하는 유효하고 적용가능한 허가를 보유하고 있지않았음을 당사국이 발견한 경우이며, 두 번째는 해당 선박이 어업 또는 어업관련 활동을 하기 위하여 연안국에서 요구하는 유효하고 적용가능한 허가를 보유하고 있지않았음을 당사국이 발견한 경우이다. 즉 모든 당사국을 기국으로 하는 선박들은 기국 또는 연안국에게 요구되는 유효하고 적용가능한 허가를 반드시 보유해야 한다. 세 번째 요건은 선상의 어류가 연안국의 국가 관할수역에서 연안국의 적용 가능한 요구사항을 위반하여 어획되었다는 명백한 증거를 당사자가 입수한 경우이다. 네 번째 요건은 항만국의 요청에 대하여 기국이 선상의 어류가 동 협정의 제3조 적용에 관한 규정의 제2항과 제3항을 적절히 고려할 때 관련 지역수산기구의 적용 가능한 요구사항에 따라 어획되었음을 합리적 기간 내에 확인하지 못한 경우이다. 즉, 선박의 기국은 이를 증명서 의무를 부담하게 되는 것이다. 마지막 요건은 해당 선박이 보존자원조치에 합치하거나 인력, 연료, 어구 및 그 밖의 물자를 공급받는 경우로서 공급받는 선박이 공급 당시에 IUU어업 또는 이를 지원하는 어업관련활동으로 언급된 선박이 아닌 경우를 제외하고, IUU어업 또는 이를 지원하는 어업관련 활동을 하였다고 믿을만한 합리적인 근거를 가진 경우로 규정하고 있다. 동 조는 입항규정과 같이 항만사용을 거부한 경우에도 기국 및 관련 연안국, RFBs와 관련 국제기구에 즉시 통지하도록 하고 있으며,

선박 관련 항만 사용 거부의 근거가 부적절하거나 잘못되었거나 더 이상 적용되지 아니한다는 충분한 증거가 있는 경우에 한정하여 그 사용 거부를 철회할 수 있다. 거부 철회 시에도 통지의 의무가 발생한다.

### 다. 검색 및 후속 조치권

항만국은 항만국조치협정에 따라 충분한 연간 검색 수준에 도달하기 위해 요구되는 선박을 항만에서 검색해야 한다(제12조). 이때 동 협정에 따라 입항 또는 항만 사용이 거부된 선박, 다른 당사국 및 RFBs가 특정 선박 특히 IUU어업 또는 이를 지원하는 어업관련활동을 하였다는 증거를 가지고 요청한 경우, IUU어업 또는 이를 지원하는 어업관련 활동을 한 것으로 의심할만한 명백한 근거가 있는 경우에는 우선적으로 검색해야 한다. 이러한 검색의 결과는 기국과 관련 지역수산관리기구, 그 밖의 국제기구에 송부해야 한다. 선박 검색의 수준은 지역수산관리기구와 FAO 또는 그 밖의 방법을 통하여 합의하도록 노력해야 한다. 이렇게 정해진 대상 선박에 대해 항만국은 검색을 실시하게되며 검사관이 최소기준으로 부속서의 규정에 따라 실시하고(제13조), 검사의 결과는 서면으로 작성한다(제14조). 검색 후 항만국은 검색을 통하여 해당 선박이 그 국가의 관할수역에서 IUU어업 또는 이를 지원하는 어업관련활동을 하였다는 증거가 있는 국가와 해당 선박 선장의 국적국, 관련 지역수산관리기구, FAO 및 그 밖의 국제기구와 해당 선장의 국적국에 서면으로 작성된 결과를 송부해야 한다. (제15조).

동 협정은 대상 선박을 검색한 후 항만국의 조치에 대하여 제18조에서 규정하고 있다. 검색 후 선박이 IUU어업 또는 이를 지원하는 어업관련활동을 하였다는 명백한 근거가 있는 경우 검색 당사국은 그 결과를 즉시 기국과 관련 연안국, 지역수산관리기구 및 그 밖의 국제기구와 해당 선박 선장의 국적국에 통지하도록 규정하고 있다. 또한 해당 선박에 대하여 이전에 양륙되지 아니한 어류의 양륙, 전재, 포장 및 가공과 연료 보급과 물자 재공급, 선박의 유지 및 수리·개조·보수를 포함한 항만서비스를 목적으로 한 항만 사용을 거부해야 한다. 단, 선원의 안전 및 건강 또는 선박의 안전에 필수적인 항만서비스에 대해서는 이용을 거부하지 않는다.

### 라. 잔존관할권

살펴본 바와 같이 기존 국제해양법에서 항만국은 해양오염에 대한 관할권을 제외하고는 관할권을 갖지 못한다. 전통적 기국주의에 따라 선박의 내부에서 발생한 문제의 경우 연안국의 안녕과 평화를 해치지 않는 한 항만국의 관할권은 배제되며, 군함 및 비상업용정부선박은 국제법상 주권면제가 적용된다.[14]

항만국조치협정상 항만국은 최소의 기준으로 선박의 목적 기항지, 항만국, 도착 예정 일자 및 시간 등의 사전 정보를 요청하고, 부속서에 따른 검색만 가능할 뿐이다. 항만국의 직접적인 집행관할권에 대한 규정은 없다. IUU어업 또는 이를 지원하는 어업관련활동을 한 선박은 기국의 국내법령에 따라 집행조치를 취하게 되어있다(제20조). 이는 여전히 선박에 대한 집행관할권은 기국이 가지고 있다는 것을 보여준다. 이에 동 협정은 제4조 제1항 나호에서 국제법에 따라 당사국의 영토 내 항만에 대한 주권행사에 대해 영향을 미치지 아니한다고 규정하고 있다. 이러한 항만국의 주권행사에는 지역수산관리기구에 따라 채택된 조치를 포함하여 동 협정에 규정된 조치보다 더 엄격한 항만국의 조치를 채택할 권리와 입항거부권을 포함하고 있다.

---

14) Erick J. Molenaar, "Port State Jurisdiction to Combat IUU Fishing: The Port State Measures Agreement", in Dawn A. Russell and David L. VanderZwaag(eds), *Recasting Transboundary Fisheries Management Arrangement* (Nethelands, Konkinkijke Brill NV, 2010), p.378.

## Ⅲ. 국내입법 현황 및 문제점

### 원양산업발전법

　우리나라의 원양산업발전법은 원양산업의 지속가능한 발전과 책임 있는 어업의 경영을 통하여 경쟁력을 강화하고 해외수산자원의 안정적 확보와 국제협력을 촉진하기 위하여 2007년에 제정되었다. 동 법률은 제정 이후 총 14회의 개정 과정을 진행하였는데, 이 중 2013년 IUU어업 예비 비협력국지정을 받으면서 기존 법령에서 많은 부분이 개정되었다. 2015년 법률 개정에서는 해양생물자원의 합리적인 보존・관리 및 개발・이용과 국제협력 촉진을 통하여 원양산업의 지속가능한 발전을 도모하고 국민경제 발전에 이바지하기 위한 것으로 법률의 목적도 변경되었다. 2021년 8월 다시 한차례 법률 개정 작업이 진행되어, 2022년 2월 18일 시행 예정이다.[15]

　원양산업발전법은 총 36개의 조문과 부칙으로 구성되어 있으며, 법률에 따른 시행령과 시행규칙이 있다. 동 법상 원양산업은 원양어업과 원양어업관련 사업을 이르는 말로, 대한민국 국민이 해외수역에서 단독 또는 외국인과 합작으로 수산동식물을 포획・채취하는 사업을 말한다. 원양어업관련사업은 대한민국 국민이 단독 또는 외국인과 합작으로 원양어업에서 생산된 수산물과 해외에서 대통령령으로 정하는 방법으로 투자하여 양식 및 이와 관련된 사업을 포함하여 생산한 수산물을 운반・가공・유통・판매 등을 하는 사업을 일컫는다(제2조 제1항, 제2항, 제3항). 제정 당시에는 IUU어업에 대해 무허가어업 또는 어업활동에 관한 국내외의 관련 법규 및 의무를 위반하여 행하는 어업활동, 관련 국가 또는 국제수산기구에 보고의무를 이행하지 아니하거나 거짓 보고하는 어업활동, 공해(公海) 또는 국제수산기구 관할수역에서 무국적 어선을 이용한 어업활동 또는 국가책임과 불일치하게 행하는 어업활동

---

15) 법제처, https://www.law.go.kr/LSW (검색일자: 2021.11.25.)

으로 규정하였으나, 2015년 개정을 통하여 IPOA-IUU와 동일한 기준을 마련하였다.

원양산업발전법은 제6조~제17조는 원양어업의 허가 등에 관해 규정하고 있다. 이 중 제7조는 해양수산부장관이 동 법률에 따라 원양어업 허가를 하거나 허가받은 어선일지라도 1호~15호에 해당하는 경우 원양어업허가를 제한하거나 원양어업을 정지하거나 어선의 계류 또는 입출항을 제한할 수 있다. 이 제한 요건은 국제수산기구의 자원 보존관리조치에 대한 결의사항이 있는 경우, 공해 어업과 관련된 국제적 기준에 맞지 아니할 경우, 연안국 및 국제수산기구의 요구가 있는 경우, 설립 중인 국제수산기구에서 채택된 자발적 또는 잠정적 조치가 있는 경우, 연안국이 자국 관할 수역에 입어하는 외국선박에 대하여 자국 수산 관계 법령에 따라 유효한 면허·허가 또는 인가 및 감시·감독·통제가 이루어지지 아니하고 있다고 판단되는 수역에서 조업하는 경우, 해외 수산자원의 관리 등을 위하여 필요한 경우 등을 규정하고 있다. 특히 10호와 11호에는 국제수산기구 또는 연안국으로부터 IUU어업 선박목록에 등재 중이거나 등재된 이력이 있는 경우 또는 해양수산부장관이 IUU어업 선박으로 의심되는 충분한 증거가 있는 경우에도 선박의 입출항을 제한할 수 있도록 규정하고 있다.

동법 제14조는 우리나라가 항만국으로서의 원양어선에 대한 검색권을 규정하고 있다. 해외에서 어획물을 실은 선박이 국내항에 입항하고자 할 때에는 입항 48시간 전에 어획물의 명칭, 수량, 어획증명서 등 입증하는 서류 등을 해양수산부령으로 정하는 바에 따라 해양수산부장관에게 제출하여 입항신고를 해야 한다. 이는 항만국조치협정 제8조 항만 입항에 대한 사전 정보를 요청한 것으로 국제법 기준에 맞게 제정된 규정이라 할 수 있다. 이때 신고한 선박이 IUU어업을 하였거나 이를 지원하였다는 충분한 증거가 있는 경우에는 입항을 금지할 수 있다. 이는 항만국조치협정에서 IUU어업과 어업관련활동을 모두 규제하는 것과 일

맥상통한다. 또한 신고한 선박이 국제수산기구가 관리하는 어종의 수산물을 실은 경우, 국제수산기구 또는 외국정부에 IUU어업 선박으로 등재되었거나 의심 선박으로 통보하면서 검색을 요청한 경우, 외국 정부에 의하여 IUU어업 국가로 지정된 국가의 선박 또는 외국정부와 체결한 IUU어업 방지협력에 관한 협정에서 정하고 있는 어종을 실은 경우, 해양수산부장관이 IUU어업 선박으로 의심되는 증거가 있거나 특별히 검색이 필요하다고 인정하는 경우에는 항만국 검색을 하는 공무원에게 해당 선박에 승선하여 IUU어업 관련 어획물·장부·서류 또는 그 밖의 물건을 검사하거나 관계인에게 질문하게 할 수 있도록 규정하고 있다. 해양수산부장관은 항만국 검색 결과 IUU어업과 관련성이 확인된 경우 선박의 입항·출항 및 항만의 이용을 금지하거나 어획물의 양륙·전재·포장·가공 및 연료와 물자의 공급, 정비·수리 등 항만서비스 이용 등을 제한할 수 있다. 이때 검사 및 질문에 관하여 필요한 사항은 해양수산부령으로 정한다. 동 규정은 2013년 신설되어 2015년과 2020년 각각 개정된 규정으로, 우리나라의 예비 IUU어업국 지정과 항만국조치협정 비준 등의 사건과 관련이 있다고 할 수 있다.

원양산업발전법을 위반한 경우 해양수산부장관은 3개년도 평균 도매가격을 기준으로 한 수산물 가액에 5를 곱한 금액을 초과하지 아니하는 범위 안에서 과징금을 부과할 수 있고, 5년 이내에 2회 이상 위반한 자에 대해서는 수산물 가액에 8을 곱한 금액을 초과하지 아니하는 범위 안에서 과징금을 부과할 수 있다. 이 경우 과징금의 하한액은 2억원으로 한다. 다만, 위반행위로 얻은 이익이 없거나 이익을 산정하기 곤란한 경우에는 5억원(5년 이내에 2회 이상 위반한 자의 경우에는 8억원)을 초과하지 아니하는 범위 안에서 과징금을 부과할 수 있다.

원양산업발전법의 인적관할권은 대한민국의 국민이며, 그 국민을 대상으로 집행관할권을 가진다. 따라서 원양산업발전법만으로는 항만국조치협정을 이행하기에 한계점을 가지고 있다. 이에 우리 정부는

2021년 6월 해양수산부고시로 「항만국조치협정 이행에 관한 고시」를 제정하였다.

## 항만국조치협정 이행에 관한 고시

EU IUU어업 사무국은 우리 정부의 IUU어업에 대한 단호하고 강력한 제재와 협약의 이행을 요구하였다.[16] 이에 우리 정부는 기존의 「수산물 적재선박의 항만국 검색에 관한 고시」에 「항만국 조치협정」주요내용을 추가하여 「항만국 조치협정 이행에 관한 고시」를 제정하고 기존 고시를 폐지하였다. 동 고시는 항만국조치협정에서 명시하고 있는 항만의 지정, 항만사용, 검색 및 사후 조치 등을 규정하고 있다. 동 고시는 항만에 입항하려고 하거나 항만에 있는 선박을 적용대상으로 한다(제3조).

동 고시는 고시명과 같이 항만국조치협정 이행을 위해 제정되었다. 따라서 항만의 지정 및 사용에 대한 요건은 항만국조치협정과 동일하다. 그러나 세부적인 업무수행을 위하여 입항신고 방법 및 절차, 검색계획 수립 등을 마련하고 있다. 동 고시는 우리나라 항만에 입항하려고 하거나 항만에 있는 선박에 적용되는데, 이때의 선박은 국내선박과 외국선박을 모두 포함한 것이다(제3조). 또한 항만국조치협정의 제3조 제1항 나호의 적용 예외 규정에서 '어류를 적재하지 아니하였거나'란 규정을 삭제함으로써 어류의 적재 유무와 상관없이 적용함으로써 그 대상 선박을 확대하였다. 이는 어류를 적재한 외국선박을 대상으로 하는 항만국조치협정보다 보다 강화된 규정이라 하겠다.

우리 항만에 입항하고자하는 선박은 「원양산업발전법 시행규칙」 제23조 제1항과 제2항에 따라 해외어획물 적재선박 입항신고서(이하 입항신고서)를 제출해야 한다. 입항신고서는 직접방문 또는 FAX, 정보통

---

[16] 항만국조치협정 이행에 관한 고시 제정·개정이유, https://www.law.go.kr/admRulInfoP.do?admRulSeq=2100000202303&chrClsCd=010202&urlMode=admRulRvsInfoR (검색일자: 2021.11.25.)

신 등의 방법으로 검색기관지원장에게 제출해야 한다(제6조 제1항). 검색기관지원장은 선박의 입항예정항구를 관할하는 국립수산물품질관리원의 지원장을 말한다(제2조 7호). 이러한 입항신고서는 검색기관지원장이 기록 및 관리하여야 한다(제6조 제2항). 또한「선박의 입항 및 출항 등에 관한 법률 시행규칙(선박입출항법 시행규칙)」제3조 제2항에 따라 외항선 출입신고서를 항만관리운영기관장에게 제출하여야 한다(제6조 제2항). 항만관리운영기관장은 선박입출항법과, 선박입출항 시행규칙에 따라 외항선 출입신고서를 신고받는 기관장을 의미한다(제2조 7호). 선박입출항 시행규칙 제3조 제2항에 따르면 외항선 출입신고서는 지방해양수산청장 및 시·도지사 또는 항만공사에서 제출하도록 규정되어 있다. 따라서 항만관리운영기관장은 지방해양수산청장 및 시·도지사 또는 항만공사장이 되는 것이다.

검색기관지원장은 선박의 불법어업 또는 이를 지원한 사실을 확인하기 위하여 항만관리운영기관장으로부터 외항선 출입신고서의 정보공유 등 협조를 요청할 수 있으며, 이러한 요청을 받은 기관은 특별한 사정이 없는 한 이에 따라야 한다고 규정하고 있다(제6조 제3항).

동 고시 제7조에 따르면 입항거부 조치는 항만 관리운영기관장이 취할 수 있다. 검색기관지원장은 불법어업 또는 이를 지원한 사실이 있는 경우 입항거부를 결정하고, 이를 항만 관리운영기관장에게 입항거부를 요청해야 한다. 만일 항만 관리운영기관장이 외항선 출입신고를 한 선박이 불법어업 또는 이를 지원한 사실이 있는 경우 검색기관장과 협의하여 입항거부 조치를 취할 수 있다. 입항을 거부한 경우 즉시 해양수산부장관에게 보고하고, 해양수산부장관은 해당 선박의 기국 및 관련 연안국, 지역수산관리구 등에 통보한다. 이러한 조치에도 불구하고 항만에 들어온 경우, 검색기관지원장은 해당 선박에 어류의 양륙, 전재, 포장 및 가공과 그 밖의 항만서비스를 목적으로 한 항만 사용 거부를 결정하고 항만관리운영기관장에게 협조를 요청하며, 항만관리운영기관장은 특별한 사유가 없는 한 이를 따라야 한다.

　우리나라는 선박을 검색하고 검색한 선박에 대한 항만 사용에 대한 거부 요건으로 5가지를 규정하고 있다(제8조). 이는 항만조치협정 제11조를 충실히 이행한 조항이다. 동 협약 제11조 제1항은 '당사국이 자국의 법령에 따라' 항만의 사용을 거부할 수 있도록 규정하고 있다. 이에 우리나라는 동 고시에 따라 항만의 사용에 대한 결정을 내리며, 이러한 결정에 영향을 미치는 선박에 검색권은 검사기관지원장에게 부여하였다. 검색에 대한 계획은 검색기관장이 매년 계획을 수립하게 되는데, 항만조치협정에 따라 입항 또는 항만 사용이 거부된 선박의 경우, 해수부장관 또는 기국 및 지역수산관리기구가 특정한 선박에 대해 검색을 요청한 경우, 불법어업 및 이를 지원하는 어업관련 활동을 하였다는 의심할만한 명백한 근거가 있는 선박 등은 검색 우선대상자로 선정한다(제10조). 검색기관장이 검색을 실시할때에는 이를 항만 관리운영기관장에게 그 사실을 통보하고(제11조), 1인 또는 2인 이상의 항만국검색관을 지명하여 실시한다(제12조). 동 고시에는 항만국검색관에 대한 정의가 없다. 이는 원양산업발전법 시행규칙 제23조의 2에서 그 정의를 찾아볼 수 있다. 동 시행규칙에서 항만국검색관이란 "해양수산부령으로 정하는 항만국 검색을 하는 공무원"으로 항만국 검색 업무를 담당하는 국립수산물품질관리원 소속 공무원 및 IUU어업 관련 조사 업무를 담당하는 동해어업관리단 소속 공무원을 말한다고 정의하고 있다. 항만검사관은 검사대상 선박이 항구를 입항 또는 접안 한때부터 근무일 48시간 이내에 신속하게 검색을 실시해야 한다. 이는 검색의 기준만을 언급한 항만국조치협정 제13조에서 시간의 기준까지 포함한 것으로 협정보다 더 엄격하게 이행하기 위한 규정이라 할 수 있다. 이러한 항만검색관은 제13조의 규정에 따라 실시하되, 남극해양생물자원보존위원회 등의 국제수산기구가 정하는 별도의 검색절차가 있는 경우에는 그 절차에 따라 검색을 실시하도록 규정하고 있다.

검색이 완료된 후 항만검색관은 그 결과를 항만국검색시스템(통합 Port_MIS[17])와 수산물안전정보시스템[18])에 입력하고 검색기관지원장에게 보고한다. 검색을 실시한 선박이 IUU어업과 관련이 있는 것으로 확인된 경우 검색기관지원장은 원양산업발전법 시행규칙 제23조 제4항에 따라 조치한 결과를 지체없이 해당 선박의 입항신청인과 항만관리운영기관장에게 알려야 하며, 해양수산부장관은 해당선박이 그 국가의 관할 수역에서 불법어업 및 이를 지원하는 어업관련 활동을 하였다는 검색을 통한 증거가 있는 국가, 해당 선박의 선장의 국적국, 관련 지역수산관리기구, FAO 및 그 밖의 관련 국제기구에 통보해야 한다(제14조). 현재 항만국검색시스템에 입항신청서를 제출한 선박은 관련 기관(해양수산부, 각 항만공사, 항만국 등)에 그 정보가 자동으로 통보되게 되어 있다.

동 고시는 청구권에 관한 정보 제공에 대해 규정하고 있다. 이는 항만국조치협정 제19조의 이행 규정이라 할 수 있다. 동 고시 제15조는 발생한 손실에 대한 민사청구권을 규정하고 있다. 동 고시 제9조(입항허가 또는 거부), 제11조(항만의 사용거부), 제13조(검색실시), 제28조(검색 후 항만국조치)에 따른 조치로 인하여 손실 또는 피해에 관하여 대한민국 법령에 따라 보상을 청구할 수 있는 권리의 존재에 관한 정보를 제공하야 하며, 서면 요청이 있을 경우 선박의 소유자, 운영자, 선장 또는 선박대표에게 이를 제공해야 한다. 이와 함께 검색기관지원장은 필요시 선박의 기국, 소유자, 운영자, 선장 또는 선박대표에게 청구의 결과를 통지해야 한다.

동 고시는 항만국조치협정을 이행하고자 제정된 것으로, 협정의 규정보다 강력한 제재 수단을 가지고 있으며, 이행을 위한 세부규정을 제

---

17) 해운항만물류정보시스템으로 해양수산부에서 운영하고 있으며 우리나라 28개 항구의 입출항신고, 항만 시설 이용, 화물반출입, 세금 징수 등 민원업무와 항만물류 통계들을 볼 수 있는 시스템이다. https://new.portmis.go.kr/portmis/websquare/websquare.jsp?w2xPath=/portmis/w2/main/intro.xml (검색일자: 2021.11.29.)

18) https://www.fsis.go.kr/ (검색일자: 2021.11.29.)

정하였다는 점에서 의미를 가진다고 할 수 있을 것이다. 또한 통항 Port-MIS 등을 통한 자동화 시스템으로 쉽게 관리할 수 있는 체계를 가지고 있다. 그러나 규정을 이행에 있어 몇 가지 문제점 또한 가지고 있다.

첫 번째 문제점은 동 고시 규정 간 상호 충돌 및 모순이 발생하고 있다는 것이다. 제2조 4호는 어업관련활동을 어업을 지원하거나 준비하는 모든 작업과 해상에서의 인력, 연료, 어구 및 그 밖의 물자를 공급하는 활동이라 정의하고 있다. 따라서 동 고시의 적용대상은 어업과 관련된 활동을 하는 모든 선박이 적용대상이 되는 것이다. 그러나 제3조 적용대상에서 어류를 적재할 구조를 갖추고 있지 않은 유조선과 여객선 등의 일반선박을 제외하고 있다. 이는 항만국조치협정에는 규정되어 있지 않은 규정이다. 비록 유조선과 같은 일반선박이 어류를 적재할 수 없을지라도, 어구 및 그 밖의 물자를 공급할 가능성은 배제할 수 없다. 그럼에도 불구하고 동 고시에서 이를 제외함으로 어업관련활동을 규제하는데 한계를 가지게 되었다. 또한 입항 허가에 있어 검색기관지원장이 입항 거부를 결정하고 이에 대한 조치를 항만운영기관장에게 요청하며, 해양수산부장관에게 이를 보고하도록 되어 있다. 다만 항만관리운영기관장이 불법어업 또는 이를 지원한 사실이 있는 외항선이 출입신고를 한 경우 검색기관장과 협의하도록 하고 있다. 이에 입항 허가의 보고체계에서 검색기관장은 배제되게 된다. 동 고시에 따르면 검색기관장은 검색에 대한 계획을 수립하고, 검색의 사후조치 이행여부 등을 감시 감독, 통제하며 고시의 효율적인 이행을 위하여 필요한 경우 세부절차에 관한 사항을 정하여 시행할 수 있는 권한을 가지고 있다. 또한 검색기관지원장은 국립수산물품질관리원의 지원장을 의미하는 것으로 국립수산물품질관리원의 하부조직이다.[19] 그럼에도 불구하고 입항 허가 시 검색기관장에게 보고할 의무는 발생하지 않는다. 따라서 이에 대한 규정의 재정비가 필요할 것으로 생각된다.

---

19) https://www.nfqs.go.kr/hpmg/intr/actionNfqsOrganChartForm.do?menuId=M0000245 (검색일자: 2021.11.30.)

두 번째는 국내선박까지 그 적용 대상의 범위를 확대한 것이다. 동 고시는 위에서 살펴본 바와 같이 그 적용 대상을 국내외 모든 선박으로 규정하고 있다. 대한민국을 국적국으로 하는 선박의 경우, 대한민국은 기국으로 그 선박에 대한 충분한 관할권을 행사할 수 있다. 따라서 동 고시에 우리나라 선박을 적용대상에 포함한 것은 법적 실익이 없다고 할 수 있을 것이다.

세 번째는 항만국조치협정이 가지고 있는 문제로 동 고시는 항만국으로서의 집행관할권을 규정하고 있지 않다. 동 고시 역시 IUU어업 선박 및 IUU어업관련활동을 한 선박에 대해서는 입항을 거부할 수 있다. 그러나 이미 입항한 선박에 대해서는 항만의 사용을 금지하고, 기국 및 관련 연안국, 지역수산기구에게 통보를 할 뿐이다. 이는 앞에서 언급한 바와 같이 항만국 집행관할권의 한계점을 그대로 가지고 있다.

마지막으로 용어들의 혼용과 정의의 불명확성이다. 동 고시 제2조 5호는 IUU어업에 대한 정의를 규정하고 있으나, 규정 조문에는 불법어업과 IUU어업을 혼용하여 사용하고 있다. 불법어업은 IUU어업 중 하나의 어업활동 형태이다. 따라서 불법어업이라는 용어는 포괄적인 용어인 IUU어업으로 수정되어야 할 것으로 생각된다. 또한 지역수산기구와 국제수산기구를 명확한 정의 없이 혼용하고 있으며, 기타 협약 및 여러 용어에서 공식용어와 약어를 혼용하고 있다. 이에 대한 통일도 이루어져야 할것으로 보여진다. 동 고시는 원양산업발전법, 원양산업발전법 시행규칙, 선박입출항법 등 매우 다양한 법들의 조문에 근거하여 제정되었다. 이러다 보니, 고시에서 정의되지 않은 용어와 권리행사의 주체가 조항에 사용되고 있으며, 이러한 용어의 정의를 찾기 위해서는 근거 법률을 다시 살펴보아야 한다. 따라서 동 고시에서 사용된 법률용어와 대상의 법적 지위에 대한 정확한 정의와 근거가 명시되어야 할 것으로 보여진다.

## Ⅳ. 결 론

국제해양법은 자국 항만에 자발적으로 입항하고자 하거나, 입항한 외국선박에 대해 자국의 이익뿐만 아니라 국제사회의 이익을 보호하기 위한 이행을 하기 위하여 다양한 권리·의무를 부여하고 그 범위를 점차 확대하고 있는 추세이다.[20] 이에 대표적인 국제협정이 항만국조치협정이라 할 수 있다.

항만국조치협정은 IUU어업에 대해 기국을 중심으로 다른 국가들은 이를 보완하는 측면에서 접근하고자 했던 기존의 방식을 탈피하여, 항만국을 중심으로 IUU어업을 방지하고자 하였다는 점에서 큰 의의를 가지고 있다.[21] 다시 말해, 동 협정의 대부분의 규정은 항만국의 의무와 책임에 관한 규정으로, 기국은 항만국이 동 협정을 잘 이행할 수 있도록 도와주는 보완적인 역할로 그 역할이 전환되었다. 또한 '어업관련활동'에 대한 규제를 강화하였다는 특징을 가지고 있다. IUU어업을 하는 선박에 대한 규제뿐만 아니라, 그 선박을 지원하는 어업관련활동에 대한 규제를 강화함으로써 IUU어업을 사전에 차단하고자 하는 것이다. IUU어업에 의해 획득한 물고기를 냉동으로 운송하고 불법으로 국가들의 국내 시장에 판매할 수 있다면 IUU 어업은 계속될 것이기 때문에 이를 방지하고자 하는 것이다.[22] 따라서 동 협정을 통하여 IUU어업과 함께 IUU어업을 지원하는 어업관련활동을 엄격하게 규제함으로써 보다 효율적으로 IUU어업을 통제할 수 있게 되었다. 특히, 항만국조치협정이 FAO헌장 제14조에 따라 제정되어, 지역수산기구의 특징을 가지고 있다. 즉, 기존 지역수산기구에 의해 취해진 항만국조치방법[23]을 수용하고 있으며 이들과의 협력을 중요하게 생각하고 있다.[24]

---

20) 이용희, "국제해양법상 항만국의 역할에 관한 고찰", 226쪽.
21) 이용희, "IUU 어업에 대한 국제법상 국가의 의무와 우리나라의 국내입법 태도에 관한 연구", 53쪽.
22) Deji sasegbon, "Assessing the strengths and weakness of the Agreement on Port State Measures to Prevent, Deter and Eliminate Illegal, Unreported and Unregulated fishing", *Southampton Student Law Review*, Vol. 2.(2012), pp. 75-76.
23) Etty R. Agoes, "Development Toward the Adoption of the FAO Agreement on Port State Measures to Prevent, Deter and Eliminate Illegal, Unreported, Unregulated Fishing",

2016년 동 협정에 가입한 우리나라는 2013년과 2019년 예비 IUU어업국 지정을 받으면서 IUU어업 예방·방지를 위한 많은 노력을 기울여왔다. 그 노력의 일환으로 제정된 것이 2021년 항만국조치협정 이행에 관한 고시라 할 것이다. 동 고시는 규정 상호간의 충돌 및 모순의 발생, 적용대상 선박의 확대, 항만국으로서의 관할권 문제, 규정의 용어간 혼용 등의 문제점을 가지고 있다. 그러나 이러한 문제점에도 불구하고, 항만국조치협정을 적용·이행하기 위하여 협정의 규정들을 충실히 이행하고, 보다 강화된 규정을 제정하였다는 점에서 의의가 있다고 할 수 있을 것이다.

현재 우리나라는 국제해양법에서 인정하는 항만국으로서의 역할을 수행하기 위한 근거는 마련하였으나,[25] 항만국의 관할권을 행사하기 위한 수단으로서의 고시는 그 법적 근거는 미흡하다고 여겨진다. 따라서 이를 위한 상위 법률의 제정이 필요할 것으로 생각된다. 상위법률을 제정 시 국제해양법상의 항만국의 권리·의무와 함께, 외국선박에 대한 우리나라의 관할권 행사 부분에 대한 부분도 충분히 고려되어 제정되어야 할 것이다.

---

    *Indonesian Journal of International Law*, Vol.8. No.2.(2011.01), pp. 211-212.
24) http://www.fao.org/port-state-measures/background/regional-fisheries-bodies/en/ (검색일자: 2021.11.02.)
25) 이용희, "국제해양법상 항만국의 역할에 관한 고찰", 226쪽.

# 참고문헌

이석용, "해양생물자원보호를 위한 국제어업법 변화 연구", 「과학기술법연구」, 제22집 제1호, 한남대학교 과학기술법연구원, 2016.
이용희, "국제해양법상 항만국의 역할에 관한 고찰", 해양환경안전학회 추계학술발표회, 2017.
이용희, "IUU 어업에 대한 국제법상 국가의 의무와 우리나라의 국내입법 태도에 관한 연구", 김인유 외, 「바다를 둘러싼 법적 쟁점과 과제」, 경기도: 피엔씨미디어, 2017.
해양수산부 고시 제2021-129호 발령문, 2021.06.28.
해양수산부 보도자료, 2021.08.13.일자.

Agoes, Etty R., "Development Toward the Adoption of the FAO Agreement on Port State Measures to Prevent, Deter and Eliminate Illegal, Unreported, Unregulated Fishing", Indonesian Journal of International Law, Vol.8. No.2., 2011.01.
Molenaar, Erick J., "Port State Jurisdiction to Combat IUU Fishing: The Port State Measures Agreement", in Dawn A. Russell and David L. VanderZwaag(eds), Recasting Transboundary Fisheries Management Arrangement, Nethelands, Konkinkijke Brill NV, 2010.
Molenaar, Erick J., "Port State Jurisdiction", Max Planck Institute for Comparative Public Law and International Law, UK, Oxford University Press, 2014.
Sasegbon,Deji "Assessing the strengths and weakness of the Agreement on Port State Measures to Prevent, Deter and Eliminate Illegal, Unreported and Unregulated fishing", Southampton Student Law Review, Vol. 2., 2012.

http://www.fao.org/port-state-measures/background/parties-psma/en/
http://www.fao.org/port-state-measures/background/regional-fisheries-bodies/en/
http://www.nocutnews.co.kr/news/4402026
https://new.portmis.go.kr/portmis/websquare/websquare.jsp?w2xPath=/portmis/w2/main/intro.xml
https://www.fao.org/port-state-measures/en/
https://www.fsis.go.kr/

https://www.law.go.kr/admRulInfoP.do?admRulSeq=2100000202303&chrClsCd=010202&urlMode=admRulRvsInfoR
https://www.law.go.kr/LSW
https://www.nfqs.go.kr/hpmg/intr/actionNfqsOrganChartForm.do?menuId=M0000245

# 제4장

## 판례를 통해 본 사인의 행위와 영토 권원의 취득*

정진석

## Ⅰ. 시작하는 말

독도에 관한 일본 외무성의 웹사이트는 "다케시마 영유권에 관한 일본국의 일관된 입장"으로 시작한다.1) 이 입장에 따르면, 독도는 역사적 사실에 비추어 보아도 그리고 국제법상으로도 명백히 일본의 고유영토(固有領土)이다. 그리고 독도를 실효적으로 지배하고 있던 일본은 1905년 1월 각의 결정에 따라서 독도를 시마네현(島根縣)에 편입함으로써 영유권을 재확인하였다.

이미 고유의 영토인데 그것을 편입하는 조치를 통해서 영유권을 재확인했다는 일본의 입장은 독도 영유권 주장의 근거가 정확히 무엇인가에 대한 논의를 야기시킨다.2) 하지만 일본 정부의 입장은 '고유영토론'

---

\* 이 글은 대한국제법학회 독도센터,「독도 영유권 문제의 쟁점별 국제판례 분석 및 원용 가능성 검토: 1905년 이전의 사실 관계를 중심으로」(2019년도 외교부 연구용역) 중 "Ⅱ. 사인의 행위와 영토 권원의 취득"을 일부 수정한 것이다.
1) https://www.kr.emb-japan.go.jp/territory/takeshima/index.html
2) 박배근, "독도에 대한 일본의 영역권원주장에 관한 一考-고유영토론과 선점론",

에 근거한 것으로 보인다.3) 한일 국교정상화회담을 준비하기 시작한 1950년대 초에 일본이 내세운 독도 영유권의 근거는 무주지 선점의 논리였다. 하지만 1962년 7월 13일 구상서에서 일본 정부는 독도가 일본의 고유영토라는 주장을 공식적으로 제기하였다.4)

고유영토론의 근거는 일본이 17세기 초부터 자국 민간인들에게 울릉도와 그 인근 해역에서의 경제활동을 허가하였다는 사실이다. 즉, 국가가 사인(私人)의 활동을 통해서 영유권을 확립하였다는 것이다. 영역주권 분쟁을 다룬 사건들은 국가기관에 의한 직접적인 영역취득의 사례도 많지만 사인의 활동을 통한 영역취득의 사례도 적지 않다. 아래에서는 지구상의 일정한 영역에 대한 권원이 문제된 사건들 중에서 사인의 활동이 매개된 사례들을 살펴봄으로써 일본의 고유영토론에 대해서 국제판례는 어떤 판단기준을 제시할 수 있는지 살펴보고자 한다.

## Ⅱ. 일본의 주장

우선 일본의 공식 주장을 좀 더 자세히 살펴본다. 일본 외무성의 웹사이트에 따르면, 1618년(또는 1625년) 돗토리번(鳥取藩) 호키국(伯耆國) 요나고(米子)의 주민 오야 진키치(大谷甚吉)와 무라카와 이치베(村川市兵衛)는 돗토리번의 번주(藩主)를 통하여 막부(幕府)로부터 울릉도—당시의 일본명은 '다케시마'(竹島)—에 대한 도해(渡海) 면허를 취득하였다. 그 이후 양가는 교대로 일 년에 한 번 울릉도로 도항하여 전복 채취, 강치(바다사자) 포획, 수목 벌채 등에 종사하였다. 양가는 쇼군 가문의 접시꽃 문양을 새긴 깃발을 달고 울릉도에서 어업에 종사

---

「국제법학회논총」, 제50권 제3호(2005), p.99.
3) Ibid., p. 105; 송휘영, "독도에 대한 일본의 고유영토론과 독도 인식", 「한국동양정치사상사연구」, 제17권 2호(2018), p.167.
4) 송휘영, ibid., p.170.

하였으며, 채취한 전복을 쇼군 집안 등에 헌상하는 등 막부의 공인 하에 울릉도를 독점적으로 경영하였다. 이 기간 중에 오키(隱岐)에서 울릉도에 이르는 길에 위치한 독도—당시의 일본명은 '마쓰시마'(松島)—는 항행의 목표지점으로서, 배의 중간 정박지로서 또한 강치나 전복잡이의 장소로 자연스럽게 이용하게 되었다. 이리하여 일본은 늦어도 에도(江戶)시대 초기에 해당하는 17세기 중엽에는 독도에 대한 영유권을 확립하였다.

상기 웹사이트에 따르면, 당시 막부가 울릉도나 독도를 외국 영토로 인식하고 있었다고 한다면 쇄국령을 발하여 일본인의 해외 도항을 금지한 1635년에는 이 섬들에 대한 도해 역시 금지하였을 것이지만 그러한 조치는 취해지지 않았다. 한편, 막부로부터 울릉도 도해를 공인받은 오야와 무라카와 양가는 약 70년에 걸쳐 외부로부터 방해받는 일 없이 독점적으로 사업을 하였다. 그러다가 1692년 무라카와 집안이 울릉도에 갔을 때 다수의 조선인이 울릉도에서 고기잡이를 하고 있는 것을 발견하였다. 다음 해 오야 집안 역시 많은 수의 조선인을 만났으며, 그래서 안용복과 박어둔 두 사람을 일본으로 데려가기로 했다. 이러한 상황을 알게 된 막부의 명을 받아 쓰시마번(對馬藩)은 안용복과 박어둔을 조선으로 송환함과 동시에 조선에 대하여 조선 어민의 울릉도 도해금지를 요구하는 교섭을 개시했다. 그러나 이 교섭은 울릉도의 귀속 문제를 둘러싼 의견 대립으로 인하여 합의에 도달하지 못하였다. 쓰시마번으로부터 교섭 결렬의 보고를 받은 막부는 1696년 1월 '울릉도에는 일본 사람이 정주해 있는 것도 아니며, 또한 울릉도까지의 거리는 조선에서 가깝고 호키(伯耆)에서는 멀다. 쓸모없는 작은 섬을 둘러싸고 이웃 나라와의 우호를 잃는 것은 득책이 아니다. 울릉도를 일본령으로 한 것은 아니므로 단지 도해를 금지하면 된다.'라며, 조선과의 우호 관계를 존중하여 일본인의 울릉도 도해를 금지하는 결정을 내려 돗토리번에 지시함과 동시에 이를 조선측에 전달하도록 쓰시마번에게 명령하였다. 이

상과 같은 울릉도 귀속을 둘러싼 교섭의 경위는 일반적으로 '다케시마 잇켄'(竹島一件)이라고 불리고 있다. 하지만 독도 도해는 금지되지 않았다. 이 점으로 볼 때도 당시부터 일본이 독도를 자국의 영토로 생각하고 있었음은 분명하다.

## Ⅲ. 사인의 행위와 영토 권원의 취득

국제법에서 영토취득은 단순히 일정한 지역의 점유를 의미하는 것이 아니라 해당 지역에 대한 주권의 확립을 의미한다.[5] 지구 표면의 한 지역에 대한 주권은 그 지역을 특정 국가의 영토에 포함시키는 데 필요한 법적 조건이라는 팔마스섬 사건 판정의 표현도 같은 의미이다.[6] 따라서 주권을 가진 국제법 주체인 국가만이 영토를 취득할 수 있으며 사인의 행위만으로는 영토취득이 법적으로 불가능하다는 점은 두말할 여지도 없다. 따라서 아래에서는 이에 대해 언급한 저서와 판례를 인용함에 그친다.

### 저 서

Oppenheim's International Law는[7] 과거에는 사적인 개인이나 회사가 어느 국가에도 속하지 않는 영토에서 토지를 획득하는 경우도 있었다고 기술한다. 그런 식으로 영토에 대한 권한을 취득하는 방법은 거주자가 없는 지역을 점유하거나 현지 부족과의 합의를 통해 양수받는

---

5) M. G. Kohen & M. Hébié, 'Territory, Acquisition', in R. Wolfrum (ed.), *The Max Planck Encyclopedia of Public International Law*, vol. 9 (Oxford: Oxford University Press 2012), p.888.
6) *Island of Palmas* (Netherlands/USA, 1928), *Reports of International Arbitral Awards*, vol. 2 (이하 "*Island of Palmas*"), p.838.
7) R. Y. Jennings & A. Watts (eds.), *Oppenheim's International Law*, 9th ed. (London: Longman, 1996), p.677.

것이었다. 하지만 회사가 자국으로부터 공적인 영토 취득 권한과 운영 권한을 받지 않는 한 그 회사의 행위는 그 국가로 하여금 영토주권을 취득하게 할 수는 없으며, 국가 자신의 권한 행사가 수반되어야 영토주권을 취득할 수 있다. 이 책에서 언급된 팔마스섬 사건의 판정을 보면, 16세기 말부터 19세기 사이에는 사인에 의해 설립되었고 경제적 이익을 추구하는 회사들이 자신들이 속하는 국가로부터 식민지를 획득하고 운영할 공적 권한을 부여받았다. 그리고 네덜란드 동인도회사가 가장 유명한 회사 중의 하나라고 언급되었다.[8]

I. Brownlie에 따르면, 사인이 자국을 위해서 영토를 전유(專有)하는 행위는 그 국가에 의해 승인될 수 있으며, 그렇게 승인되어야 실효적 점유의 증거가 된다.[9] I. Brownlie의 책에서 언급된 논문을 보면,[10] 사람이 거주하지 않는 태평양의 작은 섬들이 영국이나 미국의 영토가 되는 과정에서 사인들이 사전에 공식적으로 권한을 부여받지 않고 섬들을 점유하는 경우도 있었다. 하지만 사인의 행위가 영토에 대한 권원을 창출하지 못했을 뿐만 아니라 영국이나 미국은 이런 행위들을 무시하거나 부인하기도 하였다. 한편, 미국은 1856년 구아노섬에 관한 법(Guano Islands Act)을 만들었다. 이 법에 따르면, 미국 국민이 타국의 관할권에 속하지 않거나 타국 국민이 점유하지 않은 섬에서 구아노를 발견하였고 미국의 이름으로 평화적으로 점유한 경우에 미국 대통령은 그 섬을 미국 영토로 복속시킬 재량권을 가진다. 대통령은 흔히 증명서(certificate) 발급을 통해서 영토 복속 결정을 보여주며, 증명서 발급일로부터 주권이 발생한다. 즉, 미국의 주권 주장은 사인의 행위에 대해서 1856년 법에 따라서 행한 공식적 승인에 기초한다.

---

[8] *Island of Palmas*, p.858.
[9] I. Brownlie, *Principles of Public International Law*, 6th ed. (Oxford: Oxford University Press, 2003), p.138.
[10] B. Orent & P. Reinsch, "Sovereignty over Islands in the Pacific", *American Journal of International Law*, vol. 35 (1941), pp.450-454.

## 판 례

덴마크와 노르웨이 사이의 동부그린란드 사건은 1931년 7월 10일 노르웨이가 동부그린란드의 특정 지역을 무주지로서 선점한다고 선언함으로써 시작되었다. 그런데 같은 해 6월 28일 노르웨이 사냥꾼들이 동부그린란드의 Mackenzie 만에서 노르웨이 국기를 게양하고, 남쪽의 Carlsberg 피요르드와 북쪽의 Bessel 피요르드 사이의 지역을 노르웨이왕의 이름으로 점유한다고 선언하였다. 이 지역은 노르웨이가 7월 10일 선점 선언을 할 바로 그 대상 지역에 해당한다. 노르웨이 사냥꾼들의 행위에 대한 소식을 듣고 덴마크가 문의하자 7월 1일 노르웨이 외무장관은 점유를 행한 사람들로부터 좀 더 자세한 정보를 얻은 후에 자국의 태도를 결정할 것이라고 하였다. 하지만 그는 또한 문제의 점유가 전적으로 사적인 행위이며 자국의 정책에 아무런 영향을 미치지 않을 것이라고 말하였다.[11]

두바이와 샤르자의 경계에 관한 분쟁에서 당사자들은 다양한 근거를 제시하며 문제의 영토가 자신들의 실효적 지배하에 있었다는 것을 입증하고자 하였는데, 사인의 활동과 특히 사인의 재산권의 세부 사항도 제시하였다. 하지만 재판소는 이 부분을 검토할 필요가 없다고 하였다. 왜냐하면 영토에 대한 실효적 지배는 사인의 행위에 의존하지 않고 공적 기관의 행위나 공적 기관을 대신하여 행동하는 개인의 행위에만 의존하기[12] 때문이다.

홍해에 있는 섬들에 대한 주권 분쟁에서 에리트리아와 예멘은 각각 자국민의 어업 활동이 장기간이고 중요하며 또한 어업이 자국민의 생활에서 큰 비중을 차지한다는 것을 증언하는 많은 진술을 제출하였다. 하지만 재판소는 개별적인 어업 실행에 관해서 기록으로 남아있는 많은 증거는 에펙티비테(effectivités)—에리트리아 국민이나 예멘 국민의

---

11) *Legal Status of Eastern Greenland* (Denmark v. Norway), *PCIJ Series A/B*, No 53 (1933) (이하 "*Eastern Greenland*"), p.43.
12) *Dubai-Sharjah Border Arbitration* (1981), *International Law Reports*, vol. 91 (1993), p. 606.

일반적으로 실효적인 태도와 실행을 나타내는 것—의 특별한 유형으로 볼 수 있더라도 그러한 증거 그 자체는 문제의 섬들에 대한 지배와 통제 주장을 뒷받침하는 국가의 활동을 나타내지는 않는다고 판단하였다. 재판소에 따르면, 개별적인 어업 실행은 주권자의 자격으로서의 행위가 아니므로 에펙티비테의 증거가 되지 않는다. 주권 주장을 입증할 수 있는 국가 행위를 찾으려면 재판소는 앞에서 기술된 어업과 관련한 국가의 허가와 집행행위들을 살펴보아야 한다.13)

카시킬리/세두두섬 주변에서 보츠와나와 나미비아 사이의 경계가 어디인지 그리고 이 섬의 법적 지위가 무엇인지에 관한 분쟁에서는 1890년 영국-독일 조약이 당사자의 주장과 재판소의 판결의 주된 근거였다. 그런데 나미비아는 시효에 근거한 권원도 또한 주장하였다. 시효에 의한 권원 취득을 뒷받침하기 위해서 나미비아는 동부 카프리비에서 온 마수비아(Masubia)족이 식민지 시기 또는 그 이전부터 이 섬을 점유하고 사용했다는 사실을 강조하였다. 하지만 나미비아 자신도 시효에 의해 영토주권을 확립하기 위해서는 사인들이 문제의 영토를 사적 목적으로 사용한 것 그 이상을 입증해야 한다고 인정하였다.14) 그리고 재판소는 마수비아족이 주권자의 자격으로서 이 섬을 점유했다는 것이 입증되지 않았다고 판단하였다.

보르네오섬의 동북쪽 바다에 있는 리기탄섬과 시파단섬에 대한 말레이시아와의 주권 분쟁에서 인도네시아는 자국 어민들이 이 섬의 주변 수역에서 전통적으로 조업했다고 주장하였다. 하지만 재판소는 사인의 행위는 공식적인 규칙에 근거하거나 정부의 권한 하에서 행하여지지 않는다면 에펙티비테로 볼 수 없다고 하였다.15)

---

13) *Eritrea/Yemen Arbitration* (First Stage-Territorial Sovereignty and Scope of the Dispute, 1998), *Reports of International Arbitral Awards*, vol. 22 (이하 "*Eritrea/Yemen Arbitration 1998*"), para. 315.
14) *Kasikili/Sedudu Island* (Botswana/Namibia), *ICJ Reports 1999* (이하 "*Kasikili/Sedudu Island*"), para. 94.
15) *Sovereignty over Pulau Ligitan and Pulau Sipadan* (Indonesia/Malaysia), *ICJ Reports*

## Ⅳ. 사인을 통한 주권 행사에 의한 영유권 확립 판례

사인의 행위만으로는 영토에 대한 주권을 성립시킬 수 없다는 것은 자명하다. 영토의 취득은 국가에 의한 영토취득을 의미하며, 따라서 사인의 행위가 영토취득 과정에 포함된 경우에도 국가 권한의 작용이 있어야 한다. 그렇다면 영토취득 과정에서 사인의 어떠한 행위와 국가의 어떠한 행위가 영토취득에 어떠한 효과를 발생했는지를 판례를 통해서 살펴본다.

### 일반 원칙

우선, 영토취득과 관련하여 일반적인 원칙들을 판례를 통해서 살펴본다. 팔마스섬 사건의 판정을 보면, 영토주권의 계속적이고 평화적인 현시는 권원(title)이나 마찬가지이다.[16] 국제법의 탄생 이전에 영토의 경계는 국가의 권력이 그 안에서 행사되었다는 사실에 의해 결정될 수밖에 없었듯이 국제법이 지배하는 시대에도 국가 권한의 평화적이고 계속적인 현시는 국가간 경계를 확정할 때 여전히 가장 중요한 고려사항 중 하나이다.[17] 그리고 완비된 사법 체계를 갖춘 국내법은 재산권의 물질적인 현시와는 상관없이 추상적인 재산권의 존재를 인정할 수 있다. 하지만 초국가적인 기구에 기초한 구조가 아닌 국제법은 거의 모든 국제관계가 얽힌 영토주권같은 권리를 구체적인 발현이 없는 추상적인 권리로 만들어버릴 수는 없다.[18] 한편, 영토주권의 발현은 시간과 장소에 따라서 다른 형태를 취한다.[19] 하지만 강이나 산맥같은 전통적인 경계선이 존재하지 않거나 국경에 공백이 있거나 전통적인 경계선이

---

2002 (이하 "*Ligitan and Sipadan*"), para. 140.
16) *Island of Palmas*, p.839.
17) *Ibid.*
18) *Ibid.*
19) *Ibid.*, p.840.

의문의 여지를 남기거나 또는 공해에 있는 섬의 경우처럼 권원이 이웃 지역과의 비교없이 절대적으로 적법한가의 문제가 발생하는 경우에는 국가 기능이 실제로 계속적이고 평화적으로 현시되었는지 여부가 영토 주권에 대한 건전하고 자연스러운 판단기준이다. 20) 그리고 주권 주장이 국가 권한의 계속적이고 평화적인 현시에 기초한다면 그러한 현시의 사실은 분쟁이 된 지역과 관련하여 정확하게 입증되어야 한다. 21) 해당 영토에 특별한 행정기관이 설립될 필요는 없지만 분쟁 대상 지역에서 실제 국가 권력의 계속적이고 평화적인 현시는 필수적이다. 22)

동부그린란드 사건에서 재판소는 할양조약같은 특정한 행위나 권원이 아니라 국가 권한의 계속적인 현시에 근거한 주권 주장은 주권자로서 행위할 의도와 의사 그리고 국가 권한의 실제 행사나 현시라는 두 요건의 존재가 입증되어야 한다고 보았다. 23) 또한 재판소에 따르면, 특정 영토에 대한 주권 주장에 대해 판결하는 모든 재판소가 고려해야 할 또 하나의 사정은 해당 영토에 대한 다른 국가의 주권 주장의 범위이다. 국제재판소에 제기된 영토주권 사건들 대부분은 주권에 대해 상충하는 주장들을 포함하며, 재판소는 그 중 어느 것이 더 강한지 결정하여 왔다. 24) 영토주권 사건의 판결들을 살펴보면, 한 당사자가 더 우월한 주장을 하지 못한다면 다른 당사자의 실제 주권 행사가 아주 적더라도 재판소가 만족했던 경우가 많음을 알 수 있다. 25) 반면에 에리트리아와 예멘의 분쟁에서 재판소는 영토주권의 확립은 결코 가벼운 문제가 아니며, 그렇게 중요한 문제의 경우에는 그런 권리의 획득을 위한 절대적인 최소한의 요건이 있어야 하며, 원칙적으로 그런 문제는 단순히 어떤 비교의 문제가 되어서는 아니 된다고 하였다. 26)

---

20) *Ibid.*
21) *Ibid.*, p.857.
22) *Ibid.*
23) *Eastern Greenland*, pp.45-46.
24) *Ibid.*, p.46.
25) *Ibid.*

위에서 소개한 판례들을 정리하자면, 국가는 특정 영토에 대해서 국가 권한을 실제로 계속적이고 평화적으로 행사함으로써 주권을 취득할 수 있다. 주권의 발현 형태는 절대적이지 않고 시간과 장소에 따라 다르며 또한 다른 국가의 주권 주장과 경쟁하는지 여부도 중요하다. 그리고 국가 권한의 평화적이고 계속적인 현시를 통해서 영토주권을 취득하기 위해서는 주권자로서 행위할 의도와 의사(주관적 요건)와 국가 권한의 실제 행사나 현시(객관적 요건)라는 두 요건이 입증되어야 한다.

주권 분쟁에 관한 판례들에서 자주 등장하는 단어가 에펙티비테(effectivités)인데 이 단어는 여러 표현으로 정의된다. 예를 들어, 해당 지역에서 영토 관할권의 실효적 행사를 증명하는 행정 당국의 행위(the conduct of the administrative authorities as proof of the effective exercise of territorial jurisdiction in the region),[27] 어느 영토에서 국가 권한의 현시를 보여주는 국가 행위(State acts manifesting a display of authority on a given territory)[28] 또는 국가 권한을 행사하여 취해진 행위로서, 이를 통해 국가가 어느 영토에 대해 주권자로서 행위할 의도를 보여주는 행위(acts undertaken in the exercise of State authority through which a State manifests its intention to act as the sovereign over a territory)[29] 등이 있다. 달리 말하면, 에펙티비테는 국가 권한의 실효적인 행사를 증명하는 행위이다.[30]

영토 분쟁에서 에펙티비테의 역할에 대해 ICJ는 부르키나 파소와

---

26) *Eritrea/Yemen Arbitration 1998*, para. 453.
27) *Frontier Dispute* (Burkina Faso/Mali), *ICJ Reports 1986* (이하 "*Burkina Faso/Mali*"), para. 63.
28) *Territorial Dispute and Maritime Delimitation* (Nicaragua v. Colombia), Summary of the Judgment of 19 November 2012, https://www.icj-cij.org/files/case-related/124/17180.pdf.
29) M. G. Kohen & M. Hébié, *supra* note 5, p.893.
30) 김석현교수는 effectivité(s)의 개념을 ① 관할권 행사의 실효성 또는 실효적 지배의 존재로서의 'effectivité, ② 실효적 지배의 증거로서의 'effectivité(s)', ③ 실효적 지배를 구성하는 '행위들' 로서의 'effectivités' 로 나눈다. 김석현, "영유권 귀속에 있어서의 effectivité(s)", 「국제법평론」, 통권 제56호(2020), pp.15-21. 이 중 ③ 개념을 여기에서 사용한다.

말리 사이의 국경분쟁에서 다음과 같이 여러 경우로 나누어 설명하였다.[31] 에펙티비테가 법적 권원과 정확히 일치하는 경우, 에펙티비테는 법적 권원으로부터 나온 권리의 행사를 단지 확인하는 역할을 한다. 에펙티비테와 법적 권원이 일치하지 않는 경우, 즉 분쟁 지역이 법적 권원을 가진 국가가 아닌 다른 국가에 의해 실효적으로 지배되는 경우, 법적 권원을 가진 국가가 우월하다. 에펙티비테는 있는데 법적 권원은 없는 경우, 에펙티비테를 반드시 고려해야 한다. 법적 권원이 그 영토적 범위를 정확히 보여주지 못하는 경우, 에펙티비테는 그 권원이 실제로는 어떻게 해석되는지 보여주는 데 중요한 역할을 할 수 있다. 정리하자면, 법적 권원이 있는 경우에 에펙티비테는 단지 그 권원을 증명하거나 해석하는 역할을 할 뿐이지 그 권원을 이길 수는 없다. 에펙티비테는 법적 권원이 없는 경우에 해당 영토에 대한 권원을 창설할 수 있다.

## 동부그린란드 (덴마크 v. 노르웨이, 1933 PCIJ)

### (1) 소의 제기

1931년 7월 10일 노르웨이는 동부그린란드 지역에서 남쪽의 Carlsberg 피요르드와 북쪽의 Bessel 피요르드 사이에 위치한 북위 71° 30′에서 75° 40′까지의 지역을 선점한다고 선언하였다. 노르웨이는 선점한 지역을 "Eirik Raudes Land" (Erik the Red's Land)라고 명명하였다. 이에 대해 7월 12일 덴마크는 자국의 주권에 속하는 동부그린란드 지역을 노르웨이가 선점 선언하였다는 이유로 PCIJ에 노르웨이를 상대로 제소하였다. 덴마크의 청구 취지에 따르면, 노르웨이의 1931년 선점 선언 그리고 이와 관련하여 취해진 노르웨이의 모든 조치는 현재 존재하는 법률 상태의 침해이며 따라서 불법이고 무효이다. 이에 대한 노르웨이의 청구 취지에 따르면, 덴마크는 Eirik Raudes Land에 대해 주권을 가지

---

[31] *Burkina Faso/Mali*, para. 63.

지 않으며 노르웨이가 이 지역에 대해 선점으로 주권을 취득하였다.

(2) 당사자의 주장

노르웨이의 선점은 무효라는 덴마크 청구 취지의 근거는 해당 지역이 선점 당시 이미 덴마크의 주권에 속했으며, 그 지역은 그린란드의 일부로서 노르웨이의 선점 선언 당시 덴마크의 주권은 그린란드 전체에 존재했고 따라서 다른 국가가 선점할 수 없는 지역이라는 것이다. 이를 뒷받침하기 위해서 덴마크는 다음과 같은 두 개의 주장을 하였다. 첫째, 그린란드에 대해 현재 덴마크가 누리는 주권은 장기간 존재하였으며, 이 사건이 있을 때까지 계속적이고 평화롭게 행사되었으며, 다른 국가들이 이를 다투지 않았다. 둘째, 노르웨이는 조약이나 그 밖의 방법으로 그린란드 전체에 대한 덴마크의 주권을 인정하였으며, 따라서 지금 이를 다툴 수 없다. 이 글에서는 이 중 첫째 주장에 대한 재판소의 판단을 살펴본다. 한편, 노르웨이의 선점 지역에 대한 덴마크의 주권은 없었으며 그 지역은 선점 당시 무주지였다는 노르웨이 청구 취지의 근거는 그 지역이 그린란드 내 덴마크 식민지의 경계 밖에 있으며 덴마크의 주권은 이 경계 밖으로 확대되지 않는다는 것이다.

(3) 재판소의 판단

덴마크는 선점같은 특정한 행위가 아니라, 팔마스섬 판결을 인용하자면, 해당 영토에 대한 국가 권한의 평화적이고 계속적인 현시에 근거한 권원을 주장한다. 이에 대해 재판소는 할양조약같은 특정한 행위나 권원이 아니라 국가 권한의 계속적인 현시에 근거한 주권 주장은 두 개의 요건을 가지며 각 요건이 입증되어야 한다고 하였다. 재판소가 제시한 요건은 앞에서 보았듯이 주권자로서 행위할 의도와 의사, 그리고 국가 권한의 실제 행사나 현시이다. 또한 재판소는 영토에 대한 주권 분쟁에서는 해당 영토에 대한 다른 국가의 주권 주장도 고려해야 한다고 보았는데, 이 사건의 특징은 1931년까지 덴마크 이외에는 어느 국가도 그린란드에 대해 주권을 주장하지 않았다는 점이다. 그린란드 전체가 덴마크의 주권에 속한다는 칙령이 반포된 1921년까지 사실 어느 국가도 덴마크의 주권 주장을 다투지 않았다. 영토주권에 관한 사건의 판결들을 살펴보면, 한 당사자가 더 우월한 주장을 하지 못한다면 재판소는 다른 당사자의 실제 주권 행사가 아주 적더라도 만족한 경우가 많았다고 재판소는 지적하였다. 이것은 인구가 별로 없거나 개척되지 않은 지역에 대한 주권 주장 사건에서는 특히 맞는 말이다.

그린란드는 서기 900년쯤 발견되었으며, 약 한 세기 후 개척되었다. 가장 유명한 개척자는 노르웨이 출신으로 아이슬란드에 거주하는 붉은 수염 에릭(Eric the Red)이었다. 그 당시 서부그린란드의 남쪽 끝에 Eystribygd와 Vestribygd라고 부르는 두 개척지가 건설되었다. 이 개척지들은 13세기에 노르웨이왕국에 종속되었다가 1500년 이전에 사라졌다. 초기 개척지에 대한 정보는 아주 빈약하지만 1261년 Sturla Thordarson의 기록에 따르면, 사람이 살해된 경우 피살자가 노르웨이 사람이든 그린란드 사람이든 상관없이 그리고 살해된 곳이 개척지 안이든 북극점까지이든 상관없이 그린란드 사람은 노르웨이왕에게 벌금을 내야 했다. 이 기록은 노르웨이왕의 권한이 Eystribygd와 Vestribygd 두 개척지에 한정되지 않았음을 보여준다. 이에 대해 재판소는 13세기와 14세기에 노르웨이왕의 권리와 주장은 주권에 해당하였으며 두 개척지에 한정되지 않았다고 판단하였다.

1380년 노르웨이와 덴마크의 연합왕국이 결성되었고, 이 왕국은 1814년까지 존속하였다. 덴마크-노르웨이왕국의 행정 중심지는 코펜하겐이었다. 초기 식민지가 사라진 후에도 노르웨이왕의 권리는 존속하였으며, 17세기 초에는 왕과 그 백성들 모두 그린란드에 대해 다시 관심을 가지기 시작하였다. 과거 선왕들의 주권에 속했던 영토를 회복하자는 열망이 덴마크와 노르웨이에서 일어났다. 1605년과 1606년 덴마크사람 Godske Lindenow의 탐험대가 왕의 허가증을 받고 '우리 땅 그린 란드'(Our Country of Greenland)로 파견되었으며, 1636년 왕은 코펜하 겐 시장과 시민들에게 그린란드에서의 항행과 무역 독점권을 주었다. 그리고 17세기에 프랑스와 스웨덴 등 외국은 그린란드에 대한 덴마크왕 의 권리를 인정하였다. 이 사실들은 왕이 그린란드에 대해서 다른 왕들 보다 우월한 특별 지위를 가졌다고 생각했음을 보여주며, 그 특별한 지 위는 초기 개척민에 대해 노르웨이왕이 가졌고 이어 덴마크-노르웨이 왕에게 승계된 주권으로부터만 나올 수 있다. 그리고 그 당시 그린란드 에는 식민지나 개척지가 없었으므로 왕의 권리는 그린란드의 특정 지역 에 한정될 수 없었다. 물론 왕과 그린란드 사이에는 항구적인 접촉점도 없고 그가 그린란드에 권력을 실제로 행사하지는 않았기 때문에 그의 권리는 주장에 불과했다. 하지만 어느 국가도 그린란드에 영토주권을 주장하지 않는 상황에서 그린란드에 대한 왕의 주권 주장은 계속 존재 하였다. 재판소는 이러한 사실로부터 주권자로서 행위할 의도와 의사 를 인정하였다.

1721년 노르웨이 베르겐의 Hans Egede 목사가 그린란드 회사(Greenland Company)를 만들고 선교사로서 그린란드에 가서 새 식민지를 건설하였 고, 곧이어 다른 개척지들도 건설되었다. 1723년 이 회사는 그린란드 전체를 25년 동안 관리할 수 있는 사업권(concession)을 받았고, 왕은 그의 주권과 영유권, 상속권을 유지하였다. 나중에 그린란드 회사는 해 산되었고, 국가 자신이 그린란드부(Greenland Department)를 통해 그 린란드 문제를 직접 맡은 후 1734년 새로운 사업권이 Jacob Severin에 게 부여되었다. 1740년 왕은 그린란드 위원회를 만들어서 이 사업권으 로부터 발생하는 문제를 위임하였으며, 그 직후 갱신된 이 사업권은 그 와 충돌하는 그린란드 내에서의 무역과 항행을 왕의 백성과 외국인 모 두에게 금지할 수 있었다. 재판소는 이러한 사실로부터 주권의 행사와 발현이 존재했다고 판단하였다. 따라서 주권 확립에 필요한 두 요건은 충족되었다.

　이어지는 문제는 이 요건들의 지리적 적용 범위가 어디까지인가이다. 식민지 건설 당시 존재했던 왕의 주권 주장은 주권자로서 행위할 의도와 의사를 충분히 보여주며, 앞에서 언급했듯이 왕의 권리 주장은 그린란드의 특정 지역에 한정될 수 없었다. 그러면 주권의 행사나 발현도 그린란드 전체에 대한 주권을 부여할 만큼 충분했는가? 식민지 건설에 이어 무역을 독점할 권리가 부여되었고 이어 독점권을 보호하고 시행하는 데 필요한 조례도 만들어졌다. 왕은 1740년 4월 9일 조례를 만들어서 내외국인 상관없이 어느 누구도 그린란드에서는 이미 설립된 식민지뿐만 아니라 장차 설립될 식민지 안에서도 Severin의 권리를 침해하는 사업을 못하도록 금지하였다. 이 조례는 또한 그린란드 어디에서든 그린란드 사람으로부터 도둑질하거나 그들에게 폭행하는 것을 금지하였다. Severin의 사업권은 1750년 만료되었고 이듬해 사업권은 코펜하겐의 General Trading Company에게 부여되었다. 이 회사의 배타적 특권은 사업권을 침해하는 사람을 처벌하는 1751년 3월 26일 조례에 의해 시행되었다. 입법은 가장 명백한 주권 행사이며, 이 조례들의 적용이 식민지의 경계에 한정되지 않았음은 명백하다. 그러므로 주권이 식민지의 경계에 한정될 수 없다. 나아가 1758년 4월 22일 조례는 이전 조례를 확인하는 한편 그 적용 범위를 이미 설립되었거나 장차 설립될 식민지뿐만 아니라 그 밖의 항구와 지역으로 차별이나 예외 없이 확대하였다. 1774년 국가는 그린란드 무역을 다시 직접 맡았으며, 왕은 1776년 3월 18일 조례를 반포하였는데, 이 조례는 여전히 유효하며 내용은 이전과 유사하다. 1758년과 1776년 조례에 의한 독점 지역의 확대는 그 당시 외국과 체결한 무역조약에도 반영되었다. 다른 국가의 주권 주장이 없었고 북극인데다가 아직 개척되지 않은 지역에 대한 접근이 어렵다는 특징을 감안하면, 덴마크-노르웨이왕은 1721년 Hans Egede의 식민지 건설부터 1814년까지의 기간 동안 주권을 획득하기에 충분할 만큼 그의 권한을 행사하였으며 또한 그린란드에 대한 그의 권리는 식민지역에 한정되지 않았다.

1814년 Kiel 조약이 체결될 때까지 왕이 그린란드에 대해서 가졌던 권리는 노르웨이왕으로서 누렸던 권리였다. 1814년 1월 14일 Kiel에서 체결된 스웨덴-덴마크 평화조약으로 덴마크왕은 노르웨이왕국을 스웨덴왕에게 할양하였다. 하지만 그린란드와 파로군도, 아이슬란드는 할양에서 제외되었고, 따라서 노르웨이의 소유였던 것은 덴마크왕의 소유로 남았으며 덴마크의 소유가 되었다. Kiel 조약은 그린란드에 대한 왕의 권리에 아무런 영향을 주지 않았다. 1814년부터 1915년 사이에 덴마크가 미개척지역에서 그 지역에 대한 주권을 획득할 만큼 충분히 국가 권력을 행사하였는가? 1863년 덴마크는 그린란드 동부 해안에 무역, 사냥, 어업, 광업 기타 사업 목적의 기지를 세울 수 있는 30년 배타적 사업권을 영국인 J.W. Tayler에게 부여하였으며, 건설될 기지는 모두 덴마크왕의 주권에 속하게 되었다. 이 사업권 부여는 덴마크왕이 동부 그린란드에 적법한 독점권을 부여할 지위에 있고 또한 주권에 따라서 그렇게 했음을 보여주는 한편 사업권자도 자신에게 부여된 권리의 적법성을 전혀 의심하지 않았음을 보여준다. 1854년-1886년 사이에 그린란드를 가로지르는 통신선 설치 사업권이나 광업 사업권을 얻기 위한 신청이 여러 건 있었으며 일부는 허가되고 일부는 거부되었다. 이 사업권들 역시 주권의 행사이다. 그리고 1894년에는 북위 65° 36′에 위치한 Angmagssalik에 동부 해안 최초의 덴마크 개척지가 건설되었다. 이러한 사실들을 덴마크의 국내법과 조약, 그린란드에 대한 다른 국가의 주권 주장의 부존재 등과 함께 살펴보면 재판소는 덴마크가 1814년부터 1915년 사이에 미개척지역에서 주권을 취득할 만큼 충분히 국가 권력을 행사하였다고 판단하였다.

1915년부터 1921년 사이에 덴마크가 그린란드에 대한 자신의 지위를 인정받기 위해서 외국 정부들에게 보낸 서한과 외국의 답신을 보면 노르웨이를 제외한 모든 국가들이 덴마크가 원하는 승인을 부여하였다. 그리고 1919년 동부그린란드 회사(Eastern Greenland Company)가 코펜하겐에서 설립되었다. 이 회사는 많은 자산을 가진 유한회사이며, 그 목적은 북위 70° 30′와 77° 사이의 지역에서 사냥 활동을 하는 것이었다. 사냥꾼들이 겨울을 지낼 수 있도록 그 지역에 많은 집과 사냥 오두막을 건설한 이 회사의 자산은 1924년까지 소진되었고 활동을 멈추었다. 이 회사의 기지를 인수한 덴마크 정부는 1929년 설립된 사냥 회사 Nanok에게 기지 사용권을 주었으며, 이 회사는 이전 회사의 활동을 계속하였다. 1921년 5월 10일 덴마크는 칙령을 반포하여 덴마크의 무역, 선교, 사냥 기지가 그린란드 동부와 서부 해안에 설치되었으며 그 결과 전체 그린란드가 덴마크의 주권에 속한다고 선포하였다. 1925년에는 사냥과 어업을 규제하는 입법이 이루어졌으며 또한 그린란드는 법률에 의해 여러 지방으로 나누어지고 모든 상업적 활동은 덴마크에게 유보되었다. 그리고 같은 해에 동부그린란드에서 영국과 프랑스 국민에게 최혜국대우가 인정되었다. 이 모두 덴마크 정부가 동부그린란드에서 권한을 행사하는 행위이다. 이 행위들, 덴마크 정부의 지원을 받은 덴마크 사냥 원정대의 활동, 정부의 허가와 후원을 받은 과학 탐험대의 숫자 증가, 덴마크가 동부그린란드 방문자에게 허가증을 발급한 것 등을 함께 살펴보면, 설령 이전 시기들로부터 떼어내서 1921년부터 1931년까지만 보더라도 주권에 대한 적법한 권원을 확립하기에 필요한 두 요건, 즉 주권을 행사할 의도와 의사 그리고 국가 활동의 발현이 충분하다.[32]

결론적으로 재판소는 덴마크가 자국이 1931년 7월 10일 당시 그린란드 전체에 대한 주권에 대해 적법한 권원을 가졌음을 입증하였다고 판단하였다.

---

32) *Eastern Greenland*, p.63.

## 에리트리아/예멘 중재
## (제1단계-영토주권과 분쟁의 범위, 1998)

(1) 소의 제기

에리트리아와 예멘 모두 홍해에 있는 일군의 섬들에 대해서 주권을 주장하였고 해양경계선의 위치에 대해서도 의견이 달랐다. 양국은 1996년 5월 21일 협정을 체결하여 영토주권 분쟁과 해양경계획정 분쟁을 평화적으로 해결하기로 합의하였다. 이를 위해서 양국은 중재재판소를 설치하기로 합의하였다. 나아가 이 협정은 영토주권 문제에 대해서 재판소가 국제법의 원칙, 규칙과 실행에 따라서 그리고 특히 역사적 권원(historic titles)에 기초하여 판정을 내린다고 규정하였다. 1996년 10월 3일 체결된 중재협정의 제2조 제1항은 재판소가 두 단계로 나누어서 판정을 내려야 한다고 규정한다. 이어 제2항은 첫째 단계에서는 영토주권과 분쟁의 범위에 대한 판정이 내려진다고 규정한다. 또한 재판소는 국제법의 원칙, 규칙과 실행에 따라서 그리고 특히 역사적 권원에 기초하여 영토주권을 결정한다고 규정한다.

(2) 당사자의 주장

에리트리아는 100년 이상에 걸쳐 승계되어 내려온 권원과 실효적 지배 원칙에 근거하여 홍해의 섬들에 대한 영토주권을 주장한다. 에리트리아에 따르면, 자국은 에디오피아로부터 법적으로 독립한 1993년에 이 섬들에 대한 권원을 승계받았으며, 에디오피아는 이탈리아로부터 권원을 승계받았다. 이탈리아의 권원은 1952년과 1953년에 에리트리아가 에디오피아에게 병합되면서 후자에게 주어졌다. 그리고 에리트리아는 이러한 권원의 사슬을 19세기 후반 이탈리아에 의한 에리트리아 본토 식민지화로부터 시작하는 기간을 통해서 추적한다. 당사자 모두 이탈리아의 식민지 이전에는 오토만제국이 홍해 연안과 섬들에 대한 주권자였다는 점을 인정한다. 하지만 1890년 이탈리아는 에리트리아를 식민지로 선언하였다. 에리트리아는 이탈리아가 분쟁 도서에 대한 주권을 실효적 점유를 통해서 1920년대 말에 취득하였다고 주장하였다. 실효적 점유에 해당하는 행위의 예를 들면, 1929년 South West Haycock 섬에 등대를 건설한 것, 어업 허가를 부여한 것, Greater Hanish 섬에 생선 가공공장 건설을 허가한 것, Centre Peak 섬에 있는 버려진 옛날 영국 등대를 다시 건설한 것 등이다. 에리트리아는 이러한 행위들이 실효적 점유에 필요한 주권의 실제 행사(corpus occupandi) 요건을 충족하며 또한 주권자로서 행위할 의도(animus occupandi)도 수반되었으므로 실효적 점유에 의한 주권 취득을 구성한다고 보았다.

예멘은 시원적, 역사적 또는 전통적(original, historic, traditional) 권원에 근거하여 분쟁 도서에 대한 영토주권을 주장한다. 그리고 예멘은 개인의 사적인 행위도 영토에 대한 역사적 권원의 관련 증거가 된다고 주장한다. 이와 관련하여 예멘은 우선 'Hanish'와 'Zuqar'라는 이름이 아랍어에서 기원했다고 주장한다. 또한 예멘은 'Hanish'라는 단어로부터 파생된 이름을 가진 사람들이 예멘 해안에 거주했다는 사실과 분쟁 도서와 관련된 어부 가족의 역사에 주목하였다. 예멘은 1995년의 무력 충돌 당시 어부 가족 중 두 명이 Greater Hanish 섬 근처에서 조업하다가 에리트리아 군에 체포되었다고 지적하였다. 또한 예멘은 예멘식 아랍 이름을 가진 정박지와 정착지가 분쟁 도서에 존재했다고 주장하였다. 예멘은 예멘 어부들이 수 세대에 걸쳐서 분쟁 도서를 거의 독점적으로 이용하였으며 심지어 에리트리아 어부들과는 달리 영구적 혹은 반영구적 주거시설까지 건설하였다고 주장하였다. 나아가 예멘은 분쟁 도서가 존경받는 성인들의 무덤을 포함하여 다수의 예멘 성지와 사당이 있는 곳이라고 주장하였다. 예멘은 전통적으로 어부들이 동료 어부들의 생존을 위해서 쓰다 남은 식량을 두고 오는데 이용한 사당을 지적하였다. 예멘은 예멘 어부들이 분쟁 도서를 장기간, 집중적으로 그리고 거의 독점적으로 이용하였으며, 수 세기 동안 이에 대한 다른 국가의 간섭이 없었다고 주장한다. 또한 예멘은 자신의 역사적 권원을 확인하고 보충해주는 행위들을 제시하였다. 이 중에는 1881년 오토만제국이 프랑스 기업에게 제국 전역에서 등대를 건설할 수 있는 사업권을 부여한 것도 포함되는데, 이에는 예멘의 섬들 일부도 포함되었다. 20세기 후반에도 예멘은 분쟁 도서와 그 주변에서 과학, 관광, 상업 활동을 원하는 외국인들에게 허가를 부여한 사례와 정박을 허가한 사례들을 인용하였다. 예멘은 1995년 독일 회사에게 Greater Hanish 섬에 호텔과 다이빙센터를 건설하도록 허가한 증거를 제시하였다.

에리트리아와 예멘 모두 국가 권한의 현시를 주장하였는데, 전자는 국가승계를 통한 권원을 확인하기 위해서 주장하였고, 후자는 역사적 권원을 확인하기 위해서 주장하였다.

### (3) 재판소의 판단

재판소는 권원의 승계를 주장한 에리트리아나 역사적 권원을 주장한 예멘 모두 재판소가 결정을 내리기에 충분한 근거를 제시하지 못했다고 판단하였다.[33] 그리고 국가 권한의 현시를 통한 권원 취득과 관련하여 재판소는 앞에서 본 바와 같이 영토주권의 확립처럼 중요한 문제의 경우에는 권리의 획득을 위한 절대적인 최소한의 요건이 있어야 하며 원칙적으로 그런 문제는 단순히 비교의 문제가 되어서는 아니 된다고 보았다. 재판소는 팔마스섬 사건에서 중재재판관 Huber가 증거를 비교한 결과 약간의 차이만으로도 결정을 내릴 수 있었던 중재 조항이 이 사건에서는 적용될 수 없다고 본 것이다.[34] 그런데 재판소가 보기에는 이 사건에서 당사자들이 제출한 국가 권한의 현시에 대한 자료와 증거, 진술들은 엄청 많지만 불확실하고 가변적이었다. 그래서 재판소

---

33) *Eritrea/Yemen Arbitration 1998*, para. 449.
34) *Ibid.*, para. 455.

는 이런 불확실성을 해결하는 데 도움이 되는 다른 요소들은 없는가 검토하였으며, 이 사건에서 그런 요소 중 명백한 것은 지리적 상황이라고 보았다. 그리고 섬들이 서로 다른 법적인 역사를 가지고 있으므로 재판소는 문제의 섬들을 따로 나누어서 검토하기로 하였다.[35] 그 결과 우선 Mohabbakah 섬, Haycock 섬 그리고 South West Rock 섬은 에리트리아쪽에 더 가깝기 때문에 에리트리아의 영토주권에 속한다고 결정되었다.

 Zuqar 섬과 Hanish 섬은 홍해의 중간에 위치하기 때문에 지리적 요소는 별로 도움이 되지 못했다. 그리고 오래된 역사적 자료들이 재판소가 결정을 내리기에 충분하지 않으므로 재판소는 추가적인 자료를 찾기 위해서 중재협정이 체결되기 10년 전 정도의 사건들을 검토하였다. 우선, 재판소는 정부가 등대를 운영한 것은 영토주권을 결정하는 목적상 중립적이므로 도움이 되지 않는다고 보았다. 등대의 유지와 운영은 일반적으로 항행의 안전과 연결되며 주권의 증거로 보지는 않기 때문이다. 그리고 해당 섬에 주권을 가진 국가만이 등대를 설치하고 운영하지는 않는다. 에리트리아가 중요하게 여긴 에디오피아 해군의 정찰 활동도 이 섬 또는 그 인근에서의 활동에 대한 증거가 되지 못한다. 예멘과 에디오피아(그리고 에리트리아)가 각각 체결한 석유계약도 분쟁 도서에 대한 각자의 주권 주장을 확립하거나 강화하지 못했다. 하지만 재판소는 예멘과의 양허계약의 부산물로서 건설된 Hanish 섬의 활주로와 정기적인 비행은 예멘의 국가 권한의 행사 증거가 된다고 보았다. 또한 예멘은 1993년에 Hanish 섬에 대한 프랑스의 과학조사를 승인하였다. 이와 관련하여 재판소는 예멘이 독일의 과학조사 요청을 승인한 사례에서는 신청서나 보고서에 섬이 특정되지 않았다고 지적한 바 있다. 1995년 예멘은 Greater Hanish 섬에서 관광사업을 개발할 수 있는 허가를 예멘 회사에게 부여하기도 하였다. 예멘이 보여준 국가 권한의 존재와

---

35) *Ibid.*, paras. 456-459.

행사의 증거는 에리트리아가 제시한 것보다 훨씬 많았다. Zuqar 섬에 대해서도 에리트리아는 국가 권한의 행사 증거를 거의 보여주지 못한 반면 예멘은 다수의 증거를 제시하였다. 결론적으로 재판소는 Zuqar 섬과 Hanish 섬의 경우, 증거들이 예멘의 국가 권한 행사 주장을 지지한다고 판단하여 이들에 대한 주권을 예멘에게 귀속시켰다.[36]

Jabal al-Tayr 섬과 Zubayr 섬은 등대섬으로서 중요하였다. 등대가 아주 중요했기 때문에 섬의 주권자가 누구인지 보다도 어느 국가가 등대를 운영할 책임을 맡을지가 중요했다. 등대에 관해서 1989년 개최된 런던회의에 예멘은 등대를 관리 및 운영할 책임을 맡을 의사가 있다고 제안하며 옵저버로 참가하였고, 이 제안은 회의에서 기꺼이 수락되었다. 그리고 실제로 예멘은 이미 새로운 등을 설치하였다. 한편 보충 심리에서 예멘은 석유계약에 관한 새로운 정보를 제출하였는데, 각각 1973년과 1985년에 예멘이 체결한 두 개의 석유계약이 이 섬들과 관련 있다. 왜냐하면 두 계약의 구역에 이 섬들이 포함되었기 때문이다. 게다가 에디오피아는 이 계약들에 항의하지 않았다. 또한 에디오피아와 에리트리아는 이 섬을 포함하는 어떤 석유계약도 체결한 적이 없다. 따라서 재판소는 이 섬들이 예멘의 영토주권에 속한다고 결정하였다.

이 사건에서 재판소는 국가와 정부 권한의 행사 증거(Evidences of the Display of Functions of State and Governmental Authority)를 별도의 장(제7장)에서 다루었으므로 이에 대해 살펴본다. 재판소는 당사자들이 제출한 에펙티비테의 증거가 양은 엄청 많지만 쓸만한 내용은 별로 없다고 보면서도 다양한 증거를 분류하여 검토하였다. 여기에서는 사인의 활동과 관련한 부분들을 살펴본다. 첫째, 바다와 관련한 활동 분야에서는 우선 어업규제와 관련한 당사자의 행위들로부터는 확실한 법적 결론을 내리기 힘들다고 보았다. 어업 외에 에리트리아는 섬 주변 수역에서 다른 허가행위를 보여주지 않았지만, 예멘은 관광 선박

---

36) *Ibid.*, paras. 508-509.

의 운영을 허가했고 독일 회사에게 다이빙센터 건설을 허가했다. 에리트리아와 예멘 모두 섬 주변을 순항하거나 섬에 상륙할 허가를 외국 선박에게 부여하였으며, 예멘이 에디오피아/에리트리아보다 더 많이 허가했다. 당사자 모두 각자의 어업 활동이 장기간이고 중요하며 또한 어업이 자국민의 생활에서 중요하다는 점에 대해 많은 증언을 제출했지만, 개별적인 어업 실행에 관한 증거 그 자체는 섬들에 대한 지배와 통제 주장을 뒷받침하는 국가의 활동을 나타내지 않는다. 둘째, 섬에서의 활동 분야에서는 우선 섬으로의 상륙 활동은 당사자 모두 없다. 시설 건설 및 유지 관련해서, 예멘은 등대를 건설하고 유지했으나 이것은 일반적으로 주권의 증거는 아니며 또한 예멘이 주장한 바 있는 사당과 성소 유지는 사적 성격이며 정부 활동이 없다. 섬 위에서의 활동에 대한 허가와 관련하여 에리트리아는 사적인 회사가 그 회사 자신이 등대를 운영하는 섬에 무선송신기를 운반하는데 허가를 받아야 했다는 사실을 국가 권한의 행사 증거라고 주장하였다. 하지만 재판소는 군사적 활동이 행하여지는 지역에서 그 직원이 활동하는 사적인 회사가 이용하는 전자 장비를 규제하는 것은 해당 섬의 육상 영토와 관련된 국가 권한의 행사라고 볼 수 없다고 판단하였다. 등대의 건설이나 유지의 경우, 에리트리아에서 사업을 하던 회사가 등대를 관리했는데 이 회사는 1976년 소말리아로 사무소를 옮겼다. 하지만 섬의 등대 시설을 관리하기 위한 계약에 따라서 활동하는 사적 기업의 사무소가 어느 국가 안에 있다는 사실이 그 국가에 의한 국가 권한의 의도적 행사라고 볼 수는 없다. 섬에서의 생활과 관련하여 재판소의 평가는 역시 부정적이었다. 섬에서의 정착 생활은 존재하지 않으며 다만 계절에 따라서 거주했을 뿐이다. 중요하고 항구적인 거주 시설도 없다. 그리고 각자 자국 어부의 생활이 더 우월했다고 주장하지만 서로 비슷했으며 생활방식도 서로 차이 없었다. 가족이 생활했는지는 불명확하다. 기본적으로 섬에서의 생활은 어부들을 위한 계절적이고 임시적인 대피처에 불과했다.

## 카시킬리/세두두섬 (보츠와나 v. 나미비아, 1999 ICJ)

(1) 소의 제기

1996년 나미비아와 보츠와나는 특별협정을 체결하여 카시킬리/세두두섬에 대한 분쟁을 ICJ에 회부하였다. 특별협정 제1조는 재판소에게 1890년 영국-독일 조약과 국제법의 규칙 및 원칙에 근거하여 이 섬 주변에서 양국 사이의 경계와 이 섬의 법적 지위를 결정하라고 규정하였다.

나미비아에서는 카시킬리(Kasikili)라고 부르고 보츠와나에서는 세두두(Sedudu)라고 부르는 이 섬은 면적 3.5 제곱킬로미터이다. 이 섬의 위치는 나미비아, 보츠와나, 짐바브웨 그리고 잠비아의 국경이 모인 점에서 약간 서쪽이다. 초베(Chobe)강이 이 섬의 남과 북으로 나누어져 흐른다. 1890년 독일과 영국은 남서 아프리카에서 양국 세력권의 경계를 획정하는 조약을 체결하였다. 1890년 조약 제3조에 따르면 초베강의 주수로(main channel)의 최심선(thalweg)이 경계이다. 보츠와나의 청구 취지에 따르면, 초베강의 북쪽 수로가 주수로이며 따라서 그 남쪽에 있는 카시킬리/세두두섬은 보츠와나에게 속한다. 나미비아의 청구 취지에 따르면, 초베강의 남쪽 수로가 주수로이며 따라서 그 북쪽에 있는 카시킬리/세두두섬은 나미비아 주권에 속한다. 또한 나미비아는 자국과 선행국이 이 섬을 점유하고 사용하여 왔으며 이 섬에 대해 주권도 행사하여 왔고 보츠와나와 그 선행국은 이를 인식하고 묵인하였다고 주장하였다.

(2) 당사자의 주장과 재판소의 판단

이 사건의 주된 쟁점은 주수로의 위치이다. 재판소는 북쪽 수로가 주수로이고 따라서 경계라고 판단하였으며, 그 결과 카시킬리/세두두섬은 보츠와나의 영토로 결정되었다.

나미비아는 1890년 조약에 근거해서 뿐만 아니라 시효(prescription)에 근거해서도 카시킬리/세두두섬에 대한 권원을 주장하였다. 20세기 초부터 시작된 이 섬에 대한 계속적이고 배타적인 점유와 사용 그리고 주권의 행사, 그리고 이에 대한 보츠와나의 인식과 묵인에 의해서 나미비아가 이 섬에 대한 권원을 시효 취득하였다는 것이다. 나미비아는 시효 취득의 요건으로서 국가의 점유가 주권자의 자격으로서 행하여져야 하며, 점유가 평화적이고 계속적이어야 하며, 점유는 공개적이어야 하며, 그리고 점유가 일정 기간 지속되어야 한다고 주장하였다. 보츠와나는 시효가 이 사건에 적용될 수 없다고 주장하는 한편 나미비아가 제시한 요건들에는 동의하였다.

시효 취득을 뒷받침하기 위해서 나미비아는 동부 카프리비(Caprivi)에서 온 마수비아(Masubia)족이 식민지 시기 또는 그 이전부터 이 섬을 점유하고 사용했다는 사실을 강조하였다. 그리고 앞에서 인용했듯이 나미비아 자신도 시효에 의해 영토주권을 확립하기 위해서는 사인들이 문제의 영토를 사적 목적으로 사용한 것 그 이상을 입증해야 한다고 인정하였다. 그래서 나미비아는 1909년부터 1966년 위임통치 종료까지 독일, 베추아나랜드(Bechuanaland), 남아프리카가 마수비아족 족장을 통해서 동부 카프리비를 계속 지배하였으며 그 범위 안에 카시킬리섬도 포함되며, 그 후에는 남아프리카가 1990년 나미비아 독립까지 직접 권한을 행사했다고 주장하였다. 나미비아는 선행국들이 마수비아족을 이용한 간접 지배 방식으로 권한을 행사했다고 주장하였다. 나미비아는 식민당국의 지배 행위와 현지 부족의 전통적인 지배 행위 둘 다 식민정부의 행위라고 주장하였다.

하지만 재판소는 나미비아가 인용한 시효의 요건이 충족되지 않았고 따라서 나미비아의 시효 취득 주장을 받아들일 수 없다고 결정하였다. 앞에서 1890년 조약을 적용할 때 재판소는 마수비아족이 카시킬리/세두두섬에 오래 존재한 사실이 조약법협약 제31조 제3항 (b)의 '추후의 관행'에 해당하는지 검토하였다. 그 결과 재판소는 마수비아족의 존재가 카프리비 당국의 영토 주장과 연결되었다는 증거가 없다고 판단하였다. 아프리카의 국경 지역에서는 거주민들이 농사와 방목을 위해서 흔히 경계를 넘나들었고 이런 사실이 경계 어느 쪽 당국에게도 문제가 되지 않았다. 따라서 재판소는 마수비아족이 장기간 카시킬리/세두두섬을 평화적이고 공개적으로 이용한 것은 '추후의 관행'이 아니라고 결론 내렸다. 이 검토와 결론은 시효 문제를 다루는 부분에서도 이어져서 재판소는 설령 마수비아족과 카프리비 당국 사이에 충성 관계가 존재했었다고 하더라도 마수비아족이 이 섬을 주권자의 자격으로서 점유했다―즉, 카프리비 당국을 대신하여 국가 권한을 행사했다―는 것이 입증되지 않았다고 보았다. 증거에 따르면, 마수비아족은 오로지 농사를 짓기 위해서 계절과 필요에 따라서 가끔씩 이 섬을 이용했을 뿐이다. 그리고 이러한 이용은 카프리비 지역에 식민 지배가 확립되기 전부터 시작되었으며 그 후에도 카프리비를 지배하는 당국의 영토 주장과 연결되지 않으면서도 계속되었다.37) 따라서 재판소의 의견에 따르면, 나미비아는 시효에 의한 권원 취득을 정당화할 수 있는 국가기관의 행위를 입증하지 못했다.

## 리기탄섬과 시파단섬
## (인도네시아 v. 말레이지아, 2002 ICJ)

(1) 소의 제기

인도네시아와 말레이시아는 1998년 특별협정을 통해서 ICJ에게 리기탄섬과 시파단섬이 양국 중 어디에 속하는지 결정해 줄 것을 요청하였다. 리기탄섬과 시파단섬은 보르네오섬의 북동쪽 바다에 있는 섬이며 서로 15.5 마일 떨어져 있다. 리기탄섬은 아주 작은 섬으로서 보르

---

37) *Kasikili/Sedudu Island*, para. 98.

네오섬에서 21 마일 거리에 있다. 이 섬에는 키가 작은 식물과 약간의 나무가 자라며 항구적인 거주자는 없다. 리기탄보다 조금 큰 시파단섬은 면적이 0.13 제곱킬로미터이며 보르네오섬에서 15 마일 떨어져 있다. 화산섬인 시파단섬은 숲이 우거져있으며, 항구적인 거주자가 없었으나 1980년대에 스쿠바 다이빙을 위한 관광리조트로 개발되었다.

(2) 당사자의 주장

리기탄섬과 시파단섬에 대한 인도네시아의 주권 주장은 1891년 영국-네덜란드 조약에 주로 근거하였다. 그리고 인도네시아는 네덜란드와 자국의 많은 에펙티비테가 조약에 근거한 권원을 확인한다고 주장하였다. 그리고 구두 절차에서 인도네시아는 만약 재판소가 1891년 조약에 근거한 권원을 인정하지 않는다면, 그럼에도 불구하고 인도네시아가 네덜란드의 승계자로서 권원을 가지며 네덜란드는 원래 권원을 가졌던 불릉안술탄(the Sultan of Bulungan)과의 계약을 통해서 권원을 취득하였다고 주장하였다.

말레이시아는 리기탄섬과 시파단섬에 대해 원래 술루술탄(the Sultan of Sulu)이 가졌던 권원이 승계 과정을 거쳐서 자국에게 귀속되었다고 주장하였다. 말레이시아에 따르면, 술루술탄의 권원은 스페인, 미국, 북보르네오국가를 대신한 영국, 영국 그리고 끝으로 말레이시아로 승계되었다. 그리고 말레이시아는 이 권원이 영국과 말레이시아의 많은 에펙티비테에 의해 확인된다고 주장하였다. 그리고 말레이시아는 만약 재판소가 이 섬들이 원래 네덜란드에 속했다고 판단한다면, 그럼에도 불구하고 말레이시아의 에펙티비테가 네덜란드의 권원을 대체했다고 또한 주장하였다.

(3) 재판소의 판단

1891년 영국-네덜란드 조약의 제4조는 보르네오섬의 동북 지역에 위치한 세바틱섬을 가로지르는 북위 4° 10′선의 북쪽은 영국 북보르네오회사(British North Borneo Company: BNBC)에 속하고 남쪽은 네덜란드에 속한다고 규정하였다. 이 조항의 해석이 쟁점이었다. 인도네시아는 북위 4° 10′선이 세바틱섬의 동부 해안에서 멈추지 않고 바다로 계속 진행한다고 주장하였고, 말레이시아는 이 선이 세바틱섬의 동부 해안에서 멈추며 따라서 육상의 경계만 정한다고 주장하였다. 재판소는 제4조가 세바틱섬의 동쪽 끝까지만 경계를 정하며 거기에서 동쪽 바다로 더 진행하여 섬들의 주권을 배분하는 선을 정하지는 않는다고 결론 내렸다. 즉, 말레이시아의 주장을 받아들였다. 한편 재판소는 이 섬들에 대한 권원이 불룽안술탄과 네덜란드를 거쳐서 인도네시아로 승계되지 않았다고 결론내렸다. 또한 재판소는 술루술탄이 가졌던 권원이 일련의 승계 과정을 거쳐서 자국에게 귀속되었다는 말레이시아의 주장도 받아들이지 않았다. 이 섬들이 원래 술루술탄에게 속했다는 점도 입증되지 않았고 그 후의 소위 승계자들의 권원도 입증되지 않았기 때문이다.

이어서 재판소는 에펙티비테와 관련하여 당사자들이 제출한 증거가 리기탄섬과 시파단섬에 대한 주권을 결정하는 근거가 될 수 있는지 검토하였다. 먼저 재판소는 에펙티비테의 역할에 대해 언급한 부르키나파소/말리 국경분쟁 판결 중에서 에펙티비테는 있는데 법적 권원은 없는 경우에는 에펙티비테를 반드시 고려해야 한다는 부분이 이 사건과 관련이 있다고 하였다. 앞에서 어느 당사자도 리기탄섬과 시파단섬에 대해서 조약에 근거한 권원을 가지지 않는다고 판단한 재판소는 에펙티비테를 독립된 별개의 주제로 다루었다. 이렇게 함에 있어서 우선 재판소는 분쟁도서 자체와 의문의 여지없이 특정적으로 관련된 행위들만 국가 권한의 현시로서 고려할 수 있다고 강조하였다. 따라서 재판소는 일반적인 성격의 규칙이나 행정행위는 그 내용이나 효력으로 볼 때 이 섬들과 관련되었다는 점이 명확한 경우에만 에펙티비테로 보겠다고[38] 하

---

38) *Ligitan and Sipadan*, para. 136.

였다.

　인도네시아가 원용한 에펙티비테에 대해서 재판소는 어느 것도 입법적이거나 규제적인 성격을 가지지 않았다고 우선 지적하였다. 그리고 인도네시아는 이 섬들 주변에서 자국과 네덜란드의 해군 활동을 인용하였다. 하지만 재판소는 해군 당국이 리기탄섬과 시파단섬 그리고 주변 수역을 네덜란드나 인도네시아의 주권 하에 있다고 생각했다는 결론을 내릴 수 없다고 하였다. 인도네시아는 또한 자국 어부들이 이 섬들의 주변 수역에서 전통적으로 조업했다고 하였다. 하지만 앞에서 보았듯이 재판소는 사인의 행위는 공식적인 규칙에 근거하거나 정부의 권한 하에서 행하여지지 않는다면 에펙티비테로 볼 수 없다고 하였다. 재판소는 인도네시아가 원용한 행위들이 주권자의 자격으로서의 행위가 되지 않는다고 결론 내렸다.

　말레이시아는 북보르네오국가가 리기탄섬과 시파단섬에서의 바다거북 알 채집을 규율하고 통제하기 위해 취한 조치들을 원용하였다. 바다거북 알 채집 활동은 그 당시 그 지역에서 경제적으로 중요했다. 특히 1917년 조례가 인용되었는데, 이 조례의 목적은 바다거북을 잡거나 바다거북 알을 채집하는 행위를 북보르네오국가나 그 영해 안으로 제한하는 것이었다. 재판소는 1917년 조례가 이와 관련하여 허가시스템을 규정하였고 바다거북 알 채집을 위한 보호구역 설치도 규정하였으며 시파단섬을 보호구역 안에 포함시켰다는 점을 주목하였다. 말레이시아는 1917년 조례가 1950년대까지 적용되었다는 증거를 제출하였는데, 예를 들어 1954년에 지방 관리가 1917년 조례에 따라서 바다거북 사냥을 허가한 사례가 인용되었다. 재판소는 이 허가가 적용되는 지역에 시파단섬과 리기탄섬이 포함된 것을 주목하였다. 게다가 말레이시아는 1930년 전후에 행정 당국이 시파단섬에서의 바다거북 알 채집에 관한 분쟁을 해결한 사례들도 원용하였다. 말레이시아는 1933년에 시파단섬이 1930년 조례에 따라서 조류보호구역으로 선포된 사실도 언급하였다.

재판소는 바다거북 알 채집을 규율하고 통제하기 위해 취해진 조치와 조류보호구역 설치는 지명으로 특정된 해당 영토에 대한 규제적이고 행정적인 권한 행사로 보아야 한다고 하였다.

말레이시아는 리기탄섬과 시파단섬 각각에 등대를 건설하고 운영한 사실도 원용하였다. 이에 대해 재판소는 등대나 항행보조시설의 설치와 운영은 보통의 경우에는 국가 권한의 행사로 간주되지 않지만, 2001년 카타르/바레인 사건에서 아주 작은 섬의 경우에는 항행보조시설의 설치가 주권 주장의 근거로 인정된 것처럼 이 사건에서도 그러한 고려를 해야 한다고 보았다.

재판소는 말레이시아가 원용한 행위들이 개수는 많지 않지만 성격이 다양하며 게다가 입법적, 행정적, 준사법적 행위도 포함한다고 하였다. 이 행위들은 상당한 기간에 걸쳐서 행하여 졌으며 리기탄섬과 시파단섬과 관련하여 국가 권한 행사의 의도를 보여준다. 게다가 재판소는 이 행위들이 행하여질 때 인도네시아나 선행국 네덜란드가 반대하거나 항의한 적이 없다는 사실도 주목하였다. 이와 관련하여 재판소는 이 섬들에 등대가 건설될 때 인도네시아는 자기 영토라고 생각하는 곳에 등대가 건설된다고 말레이시아나 선행국에게 말한 적도 없다고 지적하였다.

재판소는 말레이시아가 위에서 언급한 에펙티비테에 근거해서 리기탄섬과 시파단섬에 대한 권원을 가진다고 결정하였다.

## V. 맺는 말

주권의 계속적이고 평화적인 행사를 통한 영토 권원의 취득 과정에서 사인의 행위가 포함되는 경우가 있다. 그러한 사인의 행위로는 어업, 사냥, 무역, 과학조사, 탐험대활동, 석유자원개발, 관광사업 등이 있다. 하지만 물론 이러한 사인의 행위만으로는 영토 권원이 취득될 수 없다. 위에서 본 판례들이 일관되게 그리고 일치하여 지적하듯이, 리기탄섬과 시파단섬 사건의 표현을 빌리자면, 사인의 행위는 공식적인 규칙에 근거하거나 정부의 권한 하에서 행하여지지 않는다면 에펙티비테로 볼 수 없다.39) 어업, 탐험활동, 무역, 항행, 과학조사 등은 정부의 허가나 규제 하에 행하여지거나 독점적 지위를 보호받을 때 영토주권 확립의 증거가 될 수 있다.

일본이 주장하는 독도 고유영토론의 증거는 울릉도와 그 인근 수역에서의 경제 활동, 특히 어업 활동이다. 하지만 물론 일본 어부들의 어업 활동이 영토 권원을 창출할 수는 없으며, 결국 막부가 오야와 무라카와 가문에 발급한 도해면허가 고유영토론의 근거가 된다.40) 하지만 도해면허 자체의 성격에 대해서 한국과 일본의 입장은 전혀 다르다. 한국은 도해면허가 외국으로 갈 때 필요한 것이라고 주장하는 반면 일본은 자국의 섬으로 갈 때도 도해면허가 발급되었다고 주장한다.41) 고유영토론의 가장 중요한 근거가 그 법적 성격이 불확실하다는 흠을 가지고 있는 셈이다. 게다가 울릉도 도해면허는 막부 각료가 편법을 써서 불법적으로 발급했다는 연구 결과도 있다.42) 한편, 일본은 독도 도해면허가 별도로 발급되었다고 주장하며 따라서 울릉도 도해금지조치가 독도 도해금지를 의미하지는 않는다고 주장한다. 하지만 독도 도해면허는 발급된 적 없으며, 오야와 무라카와 가문이 울릉도로 출어하는 과정에서 독도에 도해하는 차례를 막부 각료가 개입하여 조정한 것이 도해면허 발급으로 잘못 인식된 것이라는 연구 결과도 있다.43) 나아가 독도는 항행의 목표지점 역할을 하거나 배의 중간 정박지 역할 정도만

---

39) *Ligitan and Sipadan*, para. 140.
40) 최운도, "일본의 독도 영유권주장에 있어서의 전략 분석", 「일본연구논총」, 제40호(2014), p.325.
41) 호사카 유지, "다케시마(竹島) 도해면허의 불법성 고찰", 「일본문화연구」, 제23집(2007), p.144.
42) *Ibid.*, pp.147-151.
43) *Ibid.*, pp.144-147.

했을 뿐이다. 이 정도의 행위로는 국가권한의 현시 여부와는 상관없이 지배의 실효성 조차 인정받기 어렵다고 본다.

제5장

## 안전보장이사회에 의한 독도 문제의 국제사법재판소 회부 가능성 검토*

최지현

## I. 서 론

국제 재판에 있어서 재판관할권은 당사국의 동의에 기초하여서만 형성된다. 이는 주권 중심의 국제법 체제의 산물이다. 유엔은 그 기구 설립 논의 당시부터 동의에 의한 재판 회부 이외에 강제관할권을 창설하는 방안을 검토하였지만, 국가들의 반대로 유엔헌장으로 수용되지는 못했다. 하지만, 강행규범 개념의 등장과 국제공동체 개념의 발전은 국제재판에 있어서 주권 국가의 동의를 뛰어넘는 재판관할권 형성 방식에 대한 논의를 새롭게 이끌어 내었다. 특히, 안전보장이사회가 유엔헌장 제7장상의 결의로 분쟁을 국제사법재판소로 회부하는 방안에 대한 논의가 진행되고 있다.

현재 유엔헌장 체제 내에서 당사자 동의에 근거한 관할권 성립이라는 동의 관할의 한계를 뛰어 넘을 수 있는 법리적 가능성의 근거로 안

---

* 이 글은 "안전보장이사회에 의한 분쟁의 국제사법재판소 회부" 「국제법평론회」 제 39호 (2014)를 토대로 수정한 원고임을 밝힙니다.

전보장이사회의 유엔헌장 제7장상의 권한 확대 경향이 주목을 받고 있다. 실제 안전보장이사회가 제7장상의 결의로 사건을 국제사법재판소로 회부한 선례는 존재하지 않는다. 하지만 냉전이 종식된 1990년대 이후, 유엔헌장이 성안되었던 2차 세계대전 전후의 국제사회가 전혀 생각하지 못했던 방식으로 안전보장이사회가 여러 국제 분쟁 상황에 개입하게 되면서 그 법리적 가능성에 설득력이 부여되고 있다. 이하에서는 그 법리적 가능성을 검토해 보고 이러한 법리적 가능성에도 불구하고 그것이 현재의 유엔헌장 및 국제법 체제 내에서 받아들여질 수 있을 것인지 그 법적 타당성을 검토한다.

## II. 두 기관의 관계

 안전보장이사회가 어떠한 분쟁을 국제사법재판소로 회부할 수 있을 것인지 여부를 검토하기 위하여 우선적으로 국제사법재판소의 판례를 통하여 두 기관의 관계를 검토한다.

### 보충적 관계

 기본적으로 안전보장이사회는 정치적 기능을 행사하는 기관이며, 국제사법재판소(International Court of Justice, ICJ)는 유엔헌장(United Nations Charter)이 유엔의 주요기관의 하나로 설립한 사법기관이다. 별개의 기능을 행사하고 있지만 두 기관에 동시에 사건이 회부되는 경우가 생길 수 있다. 즉, 안전보장이사회가 해당 사건을 심리하는 동안 국제사법재판소도 사건을 심리할 수 있는지가 문제되는 것이다. 이에 대해서 확립된 판례는 명확하다. 「니카라과 사건」에서 국제사법재판소는 다음과 같이 이야기 하였다.

"95. 안전보장이사회는 자신에게 부여된 정치적 성격의 기능을 행사하고 국제사법재판소는 전적으로 사법적인 기능을 행사하며, 개별적이지만 동시에 상호 보충적인 기능을 가진 두 기관은 동일 사건에 대하여 심리할 수 있다."[1]

이러한 국제사법재판소의 판례는 추후의 사건들에서도 계속 인용되었으며 두 기관의 관계에 관한 시금석이 되는 법리가 되었다.[2] 이와 같은 판시를 통하여 다음의 점을 확인할 수 있다. 첫째, 안전보장이사회는 유엔헌장 제24조에 따라서 국제평화와 안전의 유지에 관한 일차적 책임을 지고 있지만[3] 국제사법재판소의 사법기능 행사를 정지시킬 수 있는 권한을 가지고 있는 것은 아니다. 둘째, 오히려 양 기관의 관계는 대등한 관계를 갖는 것으로 보아야 하며, 양자는 상호 보충적인 관계에 있다. 셋째, 안전보장이사회는 주로 "정치적 성격의 기능(functions of a political nature)"을 행사하는 기관이지만 국제사법재판소는 "전적으로 사법적인 기능(purely judicial functions)"만을 행사하는 기관이다.

---

[1] 원문은 다음과 같다
 "95. The Council has functions of a political nature assigned to it, whereas the Court exercises purely judicial functions. Both organs can therefore perform their separate but complementary functions with respect to the same events."
 ; *Military and Paramilitary Activities in and against Nicaragua (Nicaragua v. United States of America), Jurisdiction and Admissibility, Judgment,* I.C.J. Reports 1984, p. 435, para. 95.
[2] *Armed Activities on the Territory of the Congo (Democratic Republic of the Congo v. Uganda), Provisional Measures, Order of 1 July 2000,* I.C.J. Reports 2000, p. 126, para. 36.
[3] 따라서 안전보장이사회가 어떠한 분쟁 또는 사태와 관련하여 이 헌장에서 부여된 임무를 수행하고 있는 동안에는 총회는 이 분쟁 또는 사태에 관하여 안전보장이사회가 요청하지 아니하는 한 어떠한 권고도 하지 아니한다(유엔헌장 제12조 제1항 참조).

## 기관 간 존중

　기본적으로 두 기관은 상호 보충적인 관계를 가지지만 안전보장이사회 결의에 반하는 재판신청이 있을 경우 상호 간의 기능 존중을 위하여 재판을 자제해야 한다는 것이 국제사법재판소의 입장이다. 즉, 국제사법재판소는 안전보장이사회의 결의에 위반하는 재판신청을 받아들일 수 없으며 이러한 입장은「로커비 사건」(잠정조치)에서 처음 나타난 이래로 후의「콩고영토내 무력 활동 사건」(잠정조치)를 통하여 선례로 확인되었다.[4] 이 때 국제사법재판소가 판단의 근거로 제시한 것은 유엔회원국에게 안전보장이사회 결의를 준수할 의무를 부과하고 있는 유엔헌장 제25조[5]와 유엔헌장 상의 의무가 다른 국제협약상의 의무보다 우위에 있다는 유엔헌장 제103조[6]였다. 국제사법재판소는 유엔헌장 상의 의무가 가지고 효력 상의 우위를 유엔헌장의 개별 조문에만 인정하고 있는 것이 아니라 유엔헌장에 의하여 내려진 후속 규범 혹은 2차 규범[7]이라고 할 수 있는 안전보장이사회 결의에 대해서도 인정하고 있는

---

4) *Questions of Interpretation and Application of the 1971 Montreal Convention arising from the Aerial Incident at Lockerbie (Libyan Arab Jamahiriya v. United States of America), Provisional Measures, Order of 14 April 1992, I.C.J. Reports 1992*, pp. 126-127, paras. 42-43; *Armed Activities on the Territory of the Congo (Democratic Republic of the Congo v. Uganda), Provisional Measures, Order of 1 July 2000, I.C.J. Reports 2000*, p. 127, para. 36.

5) 제 25 조
국제연합회원국은 안전보장이사회의 결정을 이 헌장에 따라 수락하고 이행할 것을 동의한다.
Article 25
The Members of the United Nations agree to accept and carry out the decisions of the Security Council in accordance with the present Charter.

6) 제103조
국제연합가맹국의 이 헌장에 기인하는 의무와 다른 그 어느 국제협정에 기인하는 의무가 저촉하는 경우에는 이 헌장에 기인한 의무가 우선한다.
Article 103
In the event of a conflict between the obligations of the Members of the United Nations under the present Charter and their obligations under any other international agreement, their obligations under the present Charter shall prevail.

7) 이 때의 2차규범이란 1차규범인 조약을 통해서 구성된 조약상의 기관들이 조약의

것이다.8) 요약하자면 안전보장이사회와 국제사법재판소는 상호 동등한 관계에 있지만, 국제사법재판소 스스로도 제7장의 조치에 의한 안전보장이사회 결의가 있을 경우 이와 상반되는 잠정조치 신청에 대해서는 이를 심리할 수 없다는 입장을 취하고 있다.

## Ⅲ. 가능성 검토

안전보장이사회가 유엔헌장 제7장상의 결의를 통하여 사건을 국제사법재판소로 회부할 수 있는 법적 통로가 현 유엔헌장 체제 내에서 열려있는 것인지 그 법리적 가능성을9) 검토한다.

### 선 례

안전보장이사회가 어떠한 분쟁을 국제사법재판소에 회부하도록 결

---

규정 내에서 결의 등을 통하여 창출하는 후속 규범이라는 의미에서의 2차규범을 의미한다. 국가책임법 상의 2차규범과는 다른 의미이다.
8) 그러나 한 가지 지적하고 싶은 것은 이 사건 선결적 항변에서 국제사법재판소는 관할권의 존재를 인정하였다는 점이다. 관할권 존재를 인정한 이유는 소제기 당시 안전보장이사회 결의 제748호와 제833호가 채택되기 이전이었으므로 이 결의가 관할권 및 재판적격성 판단에 영향을 미치지 않는다고 보았기 때문이다. 다만, 제748호와 제833호로 인하여 소의 목적이 상실되었으므로 판결이 '실효성 없게' 되었다는 피제소국 미국의 항변에 대해서는 본안에서 다루겠다고 하여 그 판단을 본안으로 유보하였다. 결국 안전보장이사회 결의에 반하는 재판이 가능할 것인지 여부는 본안 판결에서 다루어져야 하는 상황이었지만 리비아와 영국, 미국의 정치적 해결로 사건은 본안 판결 없이 종결되었다. 하지만 국제사법재판소는 "콩고영토내 무력 활동 사건"에서 안전보장이사회 결의에 반하는 잠정조치를 기각한다는 「로커비 사건」을 선례로 인용하였다. 자세한 것은, 졸고(拙稿), "국제사법재판소와 안전보장이사회의 권한 충돌; 두 기관의 관계에 관한 ICJ 판례의 비판적 검토를 중심으로", 「국제법평론」 통권 제33호 (20011-Ⅰ) 참조..
9) 여기서 법리적 가능성은 동의 관할의 원칙이라는 재판관할의 한계를 뛰어넘을 수 있는 가능성 및 안전보장이사회 권한 상의 한계를 뛰어 넘을 수 있는 가능성이 있는지 여부를 의미하는 것이다. 국제법 원칙 및 유엔헌장 체제에 부합하는 것인지 여부의 문제는 법적 타당성의 문제로 별개의 목차(Ⅳ)에서 검토한다.

정하고 이에 따라서 국제사법재판소의 재판관할권이 창설되었던 경우는 한 번도 없었다. 다만 안전보장이사회가 그 결의로 사건을 국제사법재판소에 회부하도록 당사국들을 권고했는지와 관련하여 2건의 사건을 고찰할 필요가 있다. 바로 「코르푸 해협 사건」과 「에게해 대륙붕 사건」이다. 10)

「코르푸 해협 사건」에서 1947년 4월 9일 안전보장이사회는 결의 제22호를 통하여 영국과 알바니아에게 사건을 국제사법재판소에 회부하라고 권고하였다. 해당 결의의 내용은 다음과 같다.

> "영국과 알바니아 정부는 재판 규정에 따라서 즉각적으로 국제사법재판소에 분쟁을 회부할 것을 권고한다."11)

이에 영국은 같은 해 5월 22일 국제사법재판소에 일방적으로 소를 제기하였다. 영국이 소를 제기하면서 관할권의 근거로 제시한 것은 안전보장이사회가 결의 제22호였다. 12) 1947년 7월 2일 알바니아는 서한을 통하여 출석(appear before the court)하겠다는 입장을 국제사법재판소에 전달하였다. 이어서 변론서(Memorial)와 항변서(Counter-memorial) 제출 기한이 확정되었고, 알바니아는 항변서를 제출하면서 돌연 관할권 부존재를 이유로 선결적 항변을 제기하였다. 그러나 국제사법재판소는 알바니아가 이미 관할권을 수용했다는 이유로 선결적 항변을 기각하였다. 13) 확대관할권을 근거로 관할권 성립이 인정된 것이다. 하지만

---

10) 특히 1947년 「코르푸 해협 사건」이 제기될 당시 확대관할권의 폐해가 지적되지 않은 상황이었으며 현재의 국제사법재판소규칙(Rules of Court) 제38조 제5항은 제정되기 이전이었다.
11) 원문은 다음과 같다.
    "Recommends that the United Kingdom and Albanian Government should immediately refer the dispute to the International Court of Justice in accordance with the provisions of the Statute of the Court"
    ; UN doc. S/RES/22 (1947).
12) *Corfu Channel case, Judgment on Preliminary Objection* : I.C.J. Reports 1948, p.17.
13) *Ibid.*, pp.27.

국제사법재판소는 영국의 주장대로 유엔헌장의 규정들이 일종의 강제관할권을 창설하는 것인지 여부에 대해서는 논할 필요가 없다고 하여 안전보장이사회 결의에 의한 국제사법재판소 재판관할권 성립 여부에 대해서는 의도적으로 판단을 회피하였다.14) 다만 이에 대해서 7명의 재판관은 별도의견을 통해서, 다수의견이 유엔헌장 제36조 제3항이 결국 강제관할권에 관한 규정인지 여부를 고찰하지 않은 것은 문제라고 지적하면서, 유엔헌장 제36조 제3항이 강제관할권을 창설할 수 있는 규정이 아니라고 결론지었다. 그 근거로 별도의견은 ⅰ) '권고'라는 용어의 통상적 의미, ⅱ) 유엔헌장과 국제사법재판소 규정의 관계상 관할권은 동의에 의해서만 창설된다는 점, ⅲ) 법적 분쟁은 사법기관을 통해서 해결하도록 해야 한다는 사실을 안전보장이사회에 상기시키는 것이 유엔헌장 제36조 제3항의 취지라는 점을 제시하였다.15)

「에게해 대륙붕 사건」에서는 1974년 터키는 자국섬에서 기인하는 대륙붕 지역이라고 주장하는 에게해에서 석유탐사를 개시하였다. 그러자 그리스는 이에 항의하고 1976년 8월 10일 사건을 안전보장이사회와 국제사법재판소에 동시에 회부하였다. 안전보장이사회는 8월 25일 결의 제395호를 채택하였다.16) 이 결의 제4항에서는 양 국가에게 합당한 분쟁해결수단의 역할, 특히 법적 문제점에 대해서 해결할 권한이 있는 국제사법재판소의 역할을 유념하라는 요청(invite)이 포함되어 있었다.17) 이 사건은 결국 선결적 항변 단계에서 관할권이 없다는 이유로

---

14) *Ibid.*, p.29.
15) *Ibid*, Separate opinion by Judges Basdevant, Alvarez, Winiarski, Zoricic, De Visscher, Badawi Pasha, Krylov, pp.31-32.
16) UN doc. S/RES/395 (1976).
17) 사실 이 사건의 경우 안전보장이사회 395호 4항이 분쟁을 국제사법재판소에 회부할 것을 권고한 것인지 여부가 다소 불명확하다. 결의 제395호 4항 원문은 다음과 같다.
   "4. Invites the Governments of Greece and Turkey in this respect to continue to take into account the contribution that appropriate judicial means, in particular the International Court of Justice, are qualified to make to the settlement of any remaining legal differences which they may identify in connection with their present dispute",

기각되었다. 하지만 그리스가 관할권 성립의 근거로 안전보장이사회 결의를 제시하지 않았으며, 국제사법재판소 역시 안전보장이사회 결의가 관할권을 성립시키는지 여부를 검토하지 않았다.18)

## 유엔헌장 준비문서

유엔헌장의 채택 과정에서 국제사법재판소의 강제관할권에 관한 논의가 있었다. 미국의 준비문서에는 안전보장이사회가 국제사법재판소에 사건을 회부할 수 있도록 하자는 제안이 있었다. 미국은 유엔헌장 준비과정에서 Draft Constitution, Staff Charter, Outline Plan for the President, Tentative Proposal의 4개 문서를 차례로 구상하게 된다.19) Draft Constitution 제안 과정에서는 '국제 재판소'가 강제관할권을 가져야 하는 것은 아니지만 예외적으로 안전보장이사회가 회부하는 사건에 대해서는 강제관할권이 인정되어야 한다는 주장이 있었다. 이 결과 Draft Constitution 제24조는 다음과 같이 성안되었다.

> 제24조
> 당사국들이 재판소에 회부하거나 아니면 평화에 대한 위협이 존재하는 상황에서 <u>이사회가 이를 회부하는 경우에</u> 당사국의 권리에 관한 분쟁과 관련된 모든 사건에 대해서 재판관할권이 성립한다; 그리고 발효 중인 조약이나 협약에 특별히 규정한 문제에 대해서도 성립한다.20)(밑줄 - 필자)

---

  ibid., para. 4.
18) *Aegean Sea Continental Shelf Judgment*, I.C.J. Reports 1978.
19) Ruth B. Russell, *A History of the United Nations Charter : the role of the United States, 1940-1945* (Washington : Brookings Institution, 1958), p.224.
20) 원문은 다음과 같다.
  "The jurisdiction of the Court shall comprise all cases involving disputes as to the respective rights of the parties which the parties refer to it or <u>which</u>, in the event that a threat to the peace exist, <u>may be referred to it by the Council</u>; and all such matters specially provided for in treaties and conventions in force "(밑줄 - 필자); *ibid.*, p.284 참조.

평화에 대한 위협이 있을 경우에 이사회가 사건을 '국제 재판소'에 회부할 수 있다는 이러한 제안은 Staff Charter에서도 계속 이어졌다. 결국 던바턴 오크스 회의를 위하여 미국이 최종적으로 준비한 안(案)은 국제사법재판소로 사건을 회부할 수 있는 권한을 이사회에 주자는 것이었다.21) 이에 따를 경우 국제사법재판소는 안전보장이사회가 회부한 사건에 대해서는 일종의 강제관할권을 갖게 되는 것이었다.

하지만 미, 영, 중, 소의 4강대국이 던바턴 오크스 회담을 준비하면서 제안한 '던바턴 오크스 제안'22)에는 이러한 안전보장이사회의 사건 회부 권한이 그 문언 상 상당히 퇴보하게 되었고, 실제 열린 던바턴 오크스 회담에서는 국제사법재판소의 강제관할권을 향유할 것인지에 관한 문제는 회담의 논의대상 조차 되지 못하였다.23) 안전보장이사회에 대해서 규정하고 있는 던바턴 오크스 제안 제8장(Chapter) A절(Section A) 제6항(Para. 6)은 다음과 같이 규정되어 있었다.

6. 사법판단가능한 분쟁은 통상 국제 사법 재판소에 회부되어야 한다.24)

샌프란시스코 회의에서 여러 국가 대표들은 이러한 던바턴 오크스 제안에 반대를 표시하였고 결국 안전보장이사회에게 국제사법재판소에 사건을 회부할 수 있는 권한을 부여하지 않기로 결정하였다.25) 또한 국제사법재판소에 강제관할권을 창설하기 위한 여러 시도들도 결국은 무산되었다.26) 그 결과 현재의 유엔헌장 제36조 제3항의 문언이 탄생

---

21) Ibid., pp. 296-297.
22) 정식명칭 Proposals for the Establishment of a General International Organization
23) Ruth B. Russell, supra note 19, p. 461.
24) 제6항의 원문은 다음과 같다.
   6. Justiciable disputes should normally be referred to the international court of justice.
25) Ruth B. Russell, supra note 19, pp. 660-661.
26) 당시 약소국들의 경우 강제관할권 도입을 시도하였으나, 미국과 같은 경우 국제연맹의 창설에 깊숙이 관여하였음에도, 상원의 반대로 국제연맹에 참여하지 못 했던 이전의 사실이 상당한 부담으로 작용하였다. Ibid., pp. 868, 877, 884-890.

하게 된 것이다.

제 36 조
3. 안전보장이사회는, 이 조에 의하여 권고를 함에 있어서, 일반적으로 법률적 분쟁이 국제사법재판소의 규정에 따라 당사자에 의하여 동 재판소에 회부되어야 한다는 점도 또한 고려하여야 한다.27)

### 학자들의 견해

안전보장이사회가 그 결의로 사건을 국제사법재판소에 회부할 수 있을 것인지에 대하여 부정적인 입장을 취하는 견해는 대부분 유엔헌장 제36조 제3항이 오로지 권고적 효력밖에 없다는 사실에 주목하고 있다. Giegerich의 경우 안전보장이사회가 제36조 제3항의 권한을 행사하더라도 법적 구속력 있는 결정을 내리지 못한다고 보았다. 특히 Giegerich는 제36조 제3항에 따른 안전보장이사회 결의가 「코르푸 해협 사건」과 「에게해 대륙붕 사건」 이외에 내려지지 않은 것은 당사자들이 소송에 준비되어 있지 않는 이상 생산적 결과를 낳지 못하기 때문이며, 만약에 준비되어 있는 경우라면 이러한 권고는 불필요한 절차가 된다고 하여 제36조 제3항 상의 결의에 별다른 의미를 부여하지 아니하였다. 28)

Arechaga 국제사법재판소 (前)재판소장은 안전보장이사회에게 강

---

27) 제36조 제3항과 함께 제1항, 제2항의 원문은 다음과 같다.
Article 36
1. The Security Council may, at any stage of a dispute of the nature referred to in Article 33 or of a situation of like nature, recommend appropriate procedures or methods of adjustment
2. The Security Council should take into consideration any procedures for the settlement of the dispute which have already been adopted by the parties.
3. In making recommendations under this Article the Security Council should also take into consideration that legal disputes should as a general rule be referred by the parties to the International Court of Justice in accordance with the provisions of the Statute of the Court.
28) Thomas Giegerich, "Article 36" in Bruno Simma et. al. (eds.), *The Charter of the United Nations: A Commentary*, 2nd ed. Vol. Ⅰ (2012), pp.1139-1141.

제관할권을 창설할 수 있는 권한을 부여하고 있는 규정은 유엔헌장이나 국제사법재판소규정 어디에도 존재하지 않으며, 이러한 강제관할권 창설 제안은 샌프란스시코 회의 당시 많은 중견국가들의 찬성에도 불구하고 회의에서 받아들여지지 않았다고 보았다.[29] 제36조 제3항 상의 권한은 단지 권고적 권한에 불과함을 확인한 것이다.

Bowett은 안전보장이사회가 국제사법재판소 관할권에 동의를 제출하도록 강제하는 결의를 할 수 없다고 하였다.[30] 제6장상의 안전보장이사회 권한은 권고에 그치고 있으므로 이를 강제하는 결의는 월권행위(ultra vires)에 해당된다는 것이다.

Kelsen은 다소 긍정적인 입장을 취하고 있다. Kelsen은 유엔헌장 제36조 제3항에 따라서 적절한 절차를 해당 국가에게 권고하였음에도 그 국가가 이것을 받아들이지 않을 경우 제39조 하의 평화에 대한 위협 혹은 파괴로 받아들여질 가능성이 있기 때문에 해당 국가는 이를 받아들여야 하는 상황에 처하게 된다고 보았다.[31] 그러한 경우 안전보장이사회가 사건을 국제사법재판소로 회부하는 것과 동일한 효과가 발생한다고 하였다. 이러한 입장은 권고를 내리더라도 법적인 구속력은 없지만 사실상의 구속력은 있다는 의미로 풀이된다. 하지만 이러한 Kelsen도 안전보장이사회 결정만으로 사건이 국제사법재판소에 회부되는 것은 아니며 당사자들이 직접 회부해야 한다고 지적한 바 있다.[32] 이러한 Kelsen의 논평으로 추론해 보건데 안전보장이사회의 제7장상의 결의로 사건을 회부하는 상황을 고려했던 것은 아닌 것으로 판단된다.

안전보장이사회가 제7장상의 강제조치로 사건을 국제사법재판소에

---

29) Eduardo Jimenez de Arechaga, "International Law in the Past Third of a Century" *Recueil des Cours* [de I'Academie de Droit International de La Haye], 1978-Ⅰ, pp. 148-149
30) Derek Bowett, "The impact of Security Council Decisions on Dispute Settlement Procedures", *European Journal of International Law*, Vol. 96 (1994), p.96.
31) Hans Kelsen, "The Settlement of Disputes by the Security Council" *International Law Quarterly*, Vol. 2 (1948), pp.213-214.
32) Hans Kelsen, *The Law of the United Nations* (Union : Lawbook Exchange 2000), p.406.

회부하는 것이 가능하다는 적극적인 견해도 있다. Ruffert는 강행규범의 위반의 경우에는 유엔헌장 제39조에 따른 요건을 충족하는 경우가 많을 것이며 이 경우 제7장상의 조치로 안전보장이사회가 사건을 국제사법재판소에 회부하라고 명령할 수 있다는 입장을 취하였다.[33] ⅰ) '구유고슬로비아국제형사재판소'(International Criminal Tribunal for the Former Yugoslavia, ICTY)나 '르완다국제형사재판소'(International Criminal Tribunal for Rwanda, ICTR)와 같은 국제형사법원을 만들어 낼 수 있는 권한을 가지고 있는 안전보장이사회가 현존하는 유엔의 사법기관, 즉 국제사법재판소를 작동하도록 만드는 권한도 가지고 있다는 점, ⅱ) 관할권에 관한 동의가 없다고 하더라도 이러한 문제는 상임이사국의 찬성으로 유엔헌장 제39조에 따라 제7장상의 결정이 내려짐으로써 충분히 치유될 수 있다는 점, ⅲ) 무엇보다도 유엔헌장의 취지상 안전보장이사회가 스스로 사법권능을 행사할 수 없으므로 분쟁을 국제사법재판소에 회부하는 것이 타당하다는 점을 근거로 이와 같이 주장하였다.[34] Tomuschat 역시 제7장상의 강제조치로 사건을 국제사법재판소에 회부할 수 있다는 입장을 취한다. Tomuschat의 견해는 현재 존재하고 있는 긍정론 중에서도 가장 합리성을 가지고 있는 견해로 판단된다. 그 근거로 사문화(死文化)된 국제사법재판소규정(Statute of the International Court of Justice)을 제시하고 있기 때문인데 Tomuschat의 견해에 대해서는 다시 검토하기로 한다.

정리하면 유엔 설립 이후 그 활동 초기의 견해는 유엔헌장 제36조의 성안 과정과 안전보장이사회 권고가 가지고 있는 법적 구속력의 한계로 안전보장이사회가 해당 사건을 국제사법재판소에 회부하는 것은 불가능하다는 입장이 우위에 있다. 하지만 국제사회가 안전보장이사회 제7

---

33) Matthias Ruffert, "Special Jurisdiction of the ICJ in the case of Infringement of Fundamental Rules of the International Legal Order", in Tomuschat et. al. (eds.), *The Fundamental Rules of International Legal Order. Jus cogens and obligation Erga omnes* (2006), p.307.
34) *Ibid.*, pp.307-309.

장상의 조치를 폭넓게 활용하게 되면서 부터는 제7장상의 조치를 활용하여 사건을 국제사법재판소에 회부하는 것도 가능하다는 취지의 견해들이 등장하기 시작하였다.

## 제7장상의 강제조치

### (1) 안전보장이사회 결의와 추후관행

유엔헌장 제36조는 분쟁의 평화적 해결에 관한 유엔헌장 제6장에 위치한 조항이다. 이미 살펴본 바대로 안전보장이사회의 사건 회부 방식에 의한 강제관할권이든 아니면 한 국가의 일방적 제소에 의하여 창설되는 강제관할권이든 어떠한 강제관할권도 샌프란시스코 회의 결과 채택된 유엔헌장 및 국제사법재판소규정에 최종적으로 받아들여지지 않았다. 따라서 조약 채택 당시 입법자들의 의사를 최대한 존중하게 될 경우 안전보장이사회 결의로 사건을 국제사법재판소로 회부하는 방안은 받아들여질 수 없게 된다.

하지만 조약의 해석에 있어서 준비문서가 아니라 조약의 문맥과 문면이 가장 중요한 역할을 한다(조약법에 관한 비엔나협약 제31조 제1항). 준비문서는 단지 해석의 보충적 수단(동협약 제32조)에 불과하며 반드시 이를 고려해야 하는 것도 아니다.[35] 게다가 이 협약 제31조 제3항(b)에 따르면 문맥과 함께 추후의 관행을 해석에 참작해야 한다. 유엔헌장 채택 이후 국제사회는 안전보장이사회의 역할을 더욱 다변화시키는 방향으로 발전했다는 사실은 이러한 추후의 관행이 될 수 있다.[36]

---

35) 조약법에 관한 비엔나협약 제32조의 문언의 의미가 그러하며, 해석의 보충적 수단에 불과하며 해석시 반드시 참작할 필요가 없다는 점에 대해서는 2014년 페루 칠레 해양분쟁 사건에서도 확인된 바이다. *Maritime Dispute (Peru v. Chile)*, 27 January 2014, Judgment, para. 66 참조.
36) 조약법에 관한 비엔난 협약 제31조 제3항(b) 조항의 번역본과 원문은 다음과 같다.
제31조 제3항
(a) ....
(b) 조약의 해석에 관한 당사국의 합의를 확정하는 그 조약 적용에 있어서의 추후

물론 추후의 관행은 기본적으로 조약의 당사국인 국가의 관행이다. 유엔헌장의 주요기관인 안전보장이사회의 관행은 유엔헌장 당사국의 관행이 아니므로 제31조 제3항(b)의 추후의 관행이 될 수 있는지 의문이 제기될 수 있다. 하지만 안전보장이사회가 제7장상의 결의의 내용을 확장시켜 나가는 관행을 형성해 나갔을 때 이에 대해서 유엔헌장의 당사국들이 묵인하고 더 나아가 제7장상의 조치를 이행함으로서 이에 적극 동조한 경우에 해당하므로, 안전보장이사회의 제7장상의 권한 확대도 충분히 당사국인 국가의 관행으로 볼 수 있는 여지가 충분히 있다. 또한 일부 견해에 의하여 조약상의 기관이 내린 결정 역시도 제31조 제3항(b)의 추후의 관행에 해당할 수 있다는 견해[37]도 존재한다. 따라서 유엔헌장 제36조 제3항과 관련된 준비문서의 내용에도 불구하고 유엔헌장 체제 수립 이후 안전보장이사회가 결의에 관한 관행을 어떻게 변화시켜 왔는지 검토해 보아야 한다.

### (2) 안전보장이사회의 역할 증대에 따른 변화 가능성

안전보장이사회는 유엔의 가장 중요한 이사회로서 국제평화와 안전에 관한 임무를 담당하는 기관이며 이를 위하여 권고나 법적 구속력 있는 결정을 내릴 수 있다. 안전보장이사회의 이러한 권한은 안전보장이사회 결의(resolution)의 형식으로 행사되어 왔다. 안전보장이사회는 그 결의를 통하여 국제 평화와 안전의 유지를 위해서 개별 분쟁이나 개별 사태에 개입해서 평화적 해결 방법을 도출해 내거나 때로는 관계국

---

의 관행 ;
Article 31 (3)
(a) .....
(b) any subsequent practice in the application of the treaty which establishes the agreement of the parties regarding its interpretation ;
37) Marcelo G. Cohen, "4. Keeping Subsequent Agreements and Practice in Their Right Limits ", in Georg Nolte (ed.) *Treaties and Subsequent Practice* (Oxford; Oxford Univ. Press, 2013), p.42.

들에게 강제조치를 내리는 등 광범위한 역할을 수행하고 있다.

채택 당시 유엔헌장은 안전보장이사회의 결의를 특정 사건이나 특정 대상을 목적으로 한 일회성을 가진 집행적 성격의 행위로 상정하였다.[38] 실제 냉전종료 전까지 안전보장이사회는 이러한 집행기관이라는 성격에 부합되게 운영되어 왔다. 하지만 냉전 종료 이후 1990년 이라크 전쟁을 전후하여서 안전보장이사회의 활동 폭이 확대되기 시작한다. 잠정적이며 개별적인 내용의 안전보장이사회 조치는 냉전의 종식 이후 국제형사법원의 생성,[39] 테러리스트에 대한 포괄적 제재,[40] 입법기능의 수행에[41] 이르기까지 폭넓게 확대되게 된다.[42] 이러한 안전보장이사회의 역할 변화에 대해서 그것이 유엔헌장이 위임한 범위 내에 있는 행동인지 의문이 제기되었으며, 실제 안전보장이사회 결의로 설립된 구유고슬라비아국제형사재판소(International Criminal Tribunal for

---

38) 김부찬, 이진원, "국제입법"의 가능성과 한계 -UN 안전보장이사회에 의한 "입법적 결의"를 중심으로- ", 「서울국제법연구」 제18권 제1호 (2011), 87쪽.
39) ICTY(International Criminal Tribunal for the Former Yugoslavia)를 설립한 결의 제827호(UN doc. S/RES/827(1993)), ICTR(International Criminal Tribunal for Rwanda)을 설립한 결의 제955호(UN doc. S/RES/955(1994))
40) 테러리스트에 대한 규율과 대테러위원회(Counter-Terrorism Committee, CTC) 설립을 목적으로 한 결의 제1373호(UN Doc. S/Res/1373(2001)), 대테러 사무국(Counter-Terrorism Committee Executive Directorate, CTED)창설을 목적으로 한 1535호(UN Doc. S/Res/1535(2004)), 개별 국가를 대상으로 하지 않고 모든 국가를 상대로 테러리스트에 대한 자금동결 및 지원금지를 규정하고 있는 1390호(UN Doc. S/Res/1390(2002))가 있다.
41) 안전보장이사회 결의 제1373호(UN Doc. S/Res/1373(2001))호의 경우 일반 조약과 같은 형태로 포괄적 추상적으로 규정되어 있다. 안전보장이사회의 입법행위에 대해서는 다음을 참조하라. Craig Forcese, "Hegemonic Federalism: The Democratic Implications of the UN Security Council's Legislative Phase", *Victoria University Wellington Law Review,* Vol. 38 (2007), pp. 175; Luis Miguel Hinojosa Martínez, "The Legislative Role of the Security Council in its Fight Against Terrorism: Legal Political and Practical Limits", *International & Comparative Law Quarterly,* Vol. 57 (2008), pp. 333; 김부찬, 이진원, 앞의 주 38의 논문 참고.
42) Nico Krisch, "Chapter Ⅶ Action with Respect to Threats to the Peace, Breaches of the Parties, and Acts of Aggression-Introduction to Chapter Ⅶ: The General Framework", in Bruno Simma *et. al.* (eds.), *The Charter of the United Nations: A Commentary,* 2nd ed. Vol. Ⅱ (2012), p. 1246 ; 김부찬, 이진원, 위의 주, 87쪽 참조

the Former Yugoslavia, 이하 ICTY)에서 피고인인 타디찌는 유엔헌장 제7장 어디에도 개인의 형사처벌을 가능케 하는 재판소를 설립할 권한을 안전보장이사회에 부여한 바가 없다는 이유로 재판관할권에 관한 항변을 제기하였다. 이에 대해서 ICTY는 유엔헌장 제41조의 병력을 수반하지 않는 강제조치로 열거된 사항은 예시사항일 뿐이며 그 조치에 특별한 한계가 존재하지 않는다는 이유로 개인 처벌을 목적으로 한 국제형사재판소를 설립할 수 있는 권한을 제41조가 안전보장이사회에 부여하고 있다는 취지의 판시를 하였다.43) 그 결과 집행적 성격을 갖는 조치를 넘어서는 안전보장이사회의 결의는 그 법적 정당성을 확보하게 되었다.

### (3) 국제사법재판소규정 제36조

유엔헌장 제정 당시 입안자들의 의도와 유엔헌장 제36조 제3항이 가지고 있는 문언적 한계에도 불구하고 안전보장이사회의 역할의 확대 경향은 새로운 가능성을 열어주고 있다. 특히 이와 관련하여 국제사법재판소규정 제36조가 안전보장이사회의 결의에 의한 사건의 국제사법재판소 회부 시 그 관할권 근거가 될 수 있다는 의견이 존재한다.

> 제 36 조 제1항
> 1. 재판소의 관할은 당사자가 재판소에 회부하는 모든 사건과 국제연합헌장(유엔헌장-필자주) 또는 현행의 제조약 및 협약에서 특별히 규정된 모든 사항에 미친다.44)

유엔헌장에 규정된 사항에 대해서 국제사법재판소가 관할권을 가지

---

43) Prosecutor v. Dusko Tadic, Decision on the Defence Motion for Interlocutory for International Appeal on Jurisdiction, 2 October 1995, paras. 35, 32-40 참조.
44) 제36조 제1항 원문은 다음과 같다.
　　Article 36, para. 1
　　1. The jurisdiction of the Court comprises all cases which the parties refer to it and all matters specially provided for in the Charter of the United Nations or in treaties and conventions in force.

고 있다고 규정하고 있는 국제사법재판소규정 제36조에 따르면 유엔헌장에 강제관할권에 관한 규정이 있어야 하지만 유엔헌장에는 그러한 조항이 존재하지 않는다. 오로지 유엔헌장 제36조 제3항만이 존재하고 있을 뿐이다. 국제사법재판소규정 제36조 채택 과정에서 강제관할권에 관한 사항을 유엔헌장에 삽입하자는 제안이 있었음에도, 후에 개최된 샌프란시스코 회의에서 의도적으로 강제관할권에 관한 논의를 전혀 진행하지 않았기 때문이다. 따라서 강제관할권을 창설하고자 한 국제사법재판소규정 제36조의 의도와는 달리 유엔헌장에 강제관할권에 관한 내용이 포함되지 않게 되었다. 45)

이러한 상황에서 사문화된 국제사법재판소규정 제36조의 '유엔헌장에 규정된 사항'이라는 문언을 안전보장이사회 결의를 통한 재판관할권 성립에 활용할 수 있다는 견해가 등장하였다. Tomuschat는 60년 넘게 유엔헌장이 발전해 온 상황에서 사문화(死文化)된 국제사법재판소규정 제36조의 '유엔헌장에 규정된 사항'이라는 문언에 유의미한 의미를 부여하는 것도 가능하다는 입장을 취하고 있다. 46) ⅰ) '권고'적 권한만을 부여하고 있는 유엔헌장 제36조 제3항은 안전보장이사회의 제7장상의 권한과는 관계가 없다는 점, ⅱ) 안전보장이사회와는 달리 당사자들 모두가 사법 절차의 보장을 받을 수 있기 때문에 이를 이용하는 것이 합리적이라는 점을 근거로 제시하였다. 47) 국제사법재판소규정 제36조의 '유엔헌장에 규정된 사항'이라는 것이 바로 유엔헌장 제7장상의 강제조치라는 이 의견은 현재의 유엔헌장 체제 내에서 안전보장이사회 결의에 의하여 사건이 국제사법재판소로 회부될 수 있는 가능성이 충분히 있다는 점을 보여주었다.

---

45) Christian Tomuschat, "Article 36" in Adreas Zimmerman et. al. (eds.) *The Statute of the International Court of Justice*, 2nd ed. (2012), pp.664-665.
46) *Ibid.*, p.605.
47) *Ibid.*

### (4) 정리

채택 당시 사정을 고찰해보면 유엔헌장은 국제사법재판소의 관할권의 성립 가능성을 배제하였다. 사전이든지 사후이든지 당사국들이 재판관할권에 대해서 동의를 한 경우에만 국제사법재판소가 그 사법권능을 행사할 수 있도록 제정되었다. 강제관할권을 염두에 두고 국제사법재판소규정 제36조가 성안되었고 그 후속 작업을 유엔헌장 초안 작성자에게 미루었지만 유엔헌장의 초안 작성자들은 강제관할권 제도를 배제하기로 하였다. 결국 '유엔헌장에 규정된 사항'이라는 제36조의 문언은 사문화가 되었다. 그러나 이러한 유엔헌장의 취지에도 불구하고 확대되고 있는 안전보장이사회의 역할은 평화에 대한 파괴, 평화에 대한 위협, 침략 행위(제39조)가 존재하는 상황이라면 제7장상의 결의로 국제사법재판소의 관할권을 창설할 수 있는 것은 아닌지 의문을 불러일으키고 있다. 실제 학자들 중에는 가능하다는 견해가 존재할 뿐만 아니라 그 근거로 국제사법재판소규정 제36조가 상정하고 있는 '유엔헌장에 규정된 사항'이란 바로 헌장 제7장상의 결의를 의미하는 것이라고 하여 그 법률적 설득력을 높이고 있는 상황이다.

## 소송절차상 문제

유엔헌장 제7장상의 강제조치로 사건을 국제사법재판소로 회부한다고 하더라도 그 사법절차에 관한 기존의 국제사법재판소규정 및 국제사법재판소규칙과 상충하는 상황이 발생하는 것은 아닌지 의문이 제기될 수 있다.

### (1) 유엔헌장 제103조의 적용가능성 검토

우선적으로 살펴보아야 할 것은 유엔헌장 제103조의 규정 문제이다.

제 103 조
국제연합회원국의 헌장상의 의무와 다른 국제협정상의 의무가 상충되는 경우에는 이 헌장상의 의무가 우선한다.48)

국제사법재판소는 안전보장이사회 제7장상의 결의 역시 유엔헌장 제103조가 규정하고 있는 '헌장상의 의무'가 된다고 보고 있다. 49) 안전보장이사회가 결의를 통하여 국제사법재판소에 특정 사건을 회부하면서 헌장상의 의무가 다른 협정상의 의무에 우선한다는 이 규정을 근거로 소제기시 적용되어야 할 국제사법재판소규정 상의 여러 한계를 넘어설 수 있는 것은 아닌지 의문이 제기될 수 있다. 예를 들어 제소 방식에 대해서 엄격히 규정하고 있는 국제사법재판소규정 제40조라든지, 아니며 재판 당사자를 국가로 한정하고 있는 제34조의 한계를 뛰어넘어 소제기 신청이나 특별합의 없이 사건이 제기될 수 있는 것인지 의문이 제기될 수 있다. 더 나아가 안전보장이사회가 직접적으로 사건의 당사자가 될 수 있는 것은 아닌지 의문이 제기될 수 있다. 그러나 간과하지 말아야 할 것은 국제사법재판소규정에 따른 법적 의무가 유엔헌장상의 의무보다 효력에 있어 열위에 있지 않다는 점이다. 왜냐하면 유엔헌장 제92조는 국제사법재판소 규정을 헌장의 '불가분의 일부'라고 규정하고 있기 때문이다. 따라서 안전보장이사회 결의가 있다고 하더라도 국제사법재판소규정 제40조 및 제34조의 한계는 반드시 지켜져야 한다.

### (2) 사건 제기 방식

제소 방식에 대해서 규정하고 국제사법재판소 규정 제40조 제1항은

---

48) 제103조 원문은 다음과 같다
Article 103
In the event of a conflict between the obligations of the Members of the United Nations under the present Charter and their obligations under any other international agreement, their obligations under the present Charter shall prevail.
49) 이러한 입장은 앞에서 살펴본 「로커비 사건」에 관한 국제사법재판소의 사법결정에서 추론되는 바이다.

다음과 같이 규정되어 있다.

> 제 40 조 제1항
> 1. 재판소에 대한 사건의 제기는 각 경우에 따라 재판소서기에게 하는 특별한 합의(특별협정-필자주)의 통고에 의하여 또는 서면신청에 의하여 이루어진다. 어느 경우에도 분쟁의 주제 및 당사자가 표시된다.50)

국제사법재판소 규정 제40조가 인정하고 있는 소제기 방식은 특별한 합의, 즉 양 당사자들이 특별협정을 체결하여 사건을 회부하거나 아니면 일방의 신청에 의하는 방식 이외에는 달리 다른 방식이 없다.

안전보장이사회가 그 결의로 사건을 국제사법재판소에 회부할 경우 가장 발생하기 쉬운 상황은 일방은 관할권 성립을 주장하며 소를 제기하는 경우이고 타방은 관할권 성립을 부정하며 소제기를 회피하는 경우이다. 이 경우 일방은 관할권 성립을 주장하며 소를 제기하여 제소국이 될 것이고 피제소국인 타방은 관할권 성립을 부정하며 재판에 불출석하게 될 것이다. 이 때 제소국은 소를 제기하면서 관할권의 근거로 해당 안전보장이사회 결의를 제시할 것이다.51) 안전보장이사회 결의를 관할권의 근거로 제시하면서 소를 제기하였다고 하여서 규정 제40조가 규정하고 있는 소제기 방식을 지키지 않은 것이라고 볼 수는 없다. 일단 '서면신청'에 의한 소제기로 인정받을 것이다.

이외의 예상 가능한 시나리오는 다음과 같다. 안전보장이사회 결의

---

50) 제40조 제1항 원문은 다음과 같다
Article 40, para. 1.
1. Cases are brought before the Court, as the case may be, either by the notification of the special agreement or by a written application addressed to the Registrar. In either case the subject of the dispute and the parties shall be indicated.
51) 「코르푸 해협 사건」에서 영국은 관할권이 관할권의 근거로 주장한 것이 국제사법재판소에 사건 회부를 결정한 안전보장이사회 결의 제22호이다. 이때는 아직 국제사법재판소규칙 제38조 제5항이 제정되기 이전이어서 사건이 사건 총명부에 등재가 되었다. 결국 이 사건에서 국제사법재판소는 알바니아의 재판 출석의 의사를 표시한 서한을 근거로 관할권의 존부를 인정하였음은 이미 살펴보았다.

에도 불구하고 관련 당사자들이 모두 사건을 국제사법재판소에 회부하기를 회피하는 상황이 생길 수 있다. 안전보장이사회 결의 불이행에 따른 문제는 차치하고, 당사국의 별다른 제소 행위를 하지 않음에도 안전보장이사회 결의만으로 곧바로 사건이 국제사법재판소에 계속(繫屬)되는 것이라고 볼 수 있을 것인지 의문이 제기될 수 있다. 소제기 방식에 관한 제40조 규정의 제한이 있는 이상 사건이 소송에 자동적으로 계속된다고 보기는 어렵다. 또한 사실상 양 당사자들이 변론에 출석하지 않는 이상 국제사법재판소가 직권으로 사건을 진행하는 것에도 상당한 무리가 따르게 된다.

반대로 안전보장이사회 결의가 내려지고 이 결의를 존중해서 양 당사자가 상호 합의하여 특별협정을 체결하고 사건을 회부하거나 상호 개별적으로 소를 제기할 경우, 양 당사자들이 관할권에 동의를 표시한 것으로 간주되며 제소 방식도 문제되지 않을 것이다.[52] 더 나아가 국제사법재판소의 관할권 성립도 인정받을 가능성이 크다.

### (3) 사건 총명부 등재 여부

사건이 국제사법재판소에 회부되면 사건은 사건 총명부에 등재된다. 그러나 국제사법재판소는 확대관할권이 오용되는 상황을 피하고자 1978년 새롭게 국제사법재판소규칙(Rules of Court) 제38조 제5항을 제정하였다

> 제 38 조 제5항
> 5. 재판소의 관할이 피신청국에 의하여 아직 부여되지 않았거나 분명히 표명되지 아니한 동의에 기초하고 있음을 신청국이 밝힌 경우에는 그 신청은 상대국에게 송부된다. 그러나 피신청국이 당해 사건에 대해 재판소의 관할에 동의를 부여하지 않는 한은 이 신청은 사건 총

---

[52] 물론 소를 제기하는 일방 당사자가 관할권에 관한 유보를 표시하면서 선결적 항변을 제기하는 방법도 있을 것이다.

명부에 기재되지 아니하며 절차상의 조치가 취하여지지 아니한다.53)

제38조 제5항에 의하면 제소국이 소를 제기한 상황에서 피제소국이 재판관할권에 관한 동의를 하지 않고 있다면 사건 총명부에 사건을 등록할 수 없다. 이 규정이 안전보장이사회가 결의를 통하여 사건을 국제사법재판소에 회부한 경우에도 그대로 적용된다고 해석한다면 안전보장이사회 결의에도 불구하고 사건은 사건 총명부에 등록되지 않을 것이다.

하지만 국제사법재판소규칙은 국제사법재판소가 정하는 것으로(국제사법재판소규정 제30조) 유엔헌장과 동일한 개정 절차에 따라야 하는 국제사법재판소규정과 보다는 국제사법재판소의 내부결정으로 쉽게 개정될 수 있다. 또한 규칙 제38조 제5항의 취지는 확대관할권에 대한 제한을 가하기 위한 것으로써, 기본적으로 개별 국가의 의사 및 관할권에 관한 동의를 존중하는데 있다. 안전보장이사회 결의를 통하여 - 개별 국가의 관할권에 관한 동의를 뛰어넘는 - 강제관할권이 창설될 수 있는지 여부가 문제되는 상황에서는 이 조항이 적용되지 않는다고 국제사법재판소가 판단할 가능성도 충분하다. 또한 사건 총명부 등재여부는 국제사법재판소가 결정하는 사항이며,. 등재여부로 관할권에 관한 결정에 어떠한 법적 의미도 부여되는 것이 아니다. 따라서 애매한 경우 국제사법재판소는 사건을 일단 사건 총명부에 등록하고 후에 선결적 항변 절차를 통해서 관할권의 존부를 결정할 수도 있다. 54)

---

53) 제38조 제5항 원문은 다음과 같다
Article 38, para. 5
5. When the applicant State proposes to found the jurisdiction of the Court upon a consent thereto yet to be given or manifested by the State against which such application is made, the application shall be transmitted to that State. It shall not however be entered in the General List, nor any action be taken in the proceedings, unless and until the State against which such application is made consents to the Court's jurisdiction for the purposes of the case."

54) 사건 총명부 등록 이후, 추후 재판절차를 사건을 사건 총명부로부터 삭제한 선례는 존재한다. 「무력사용의 합법성에 관한 사건」에서 국제사법재판소는 사건을 일

### (4) 기타 절차

만약 사건 총명부에 기재될 경우 피제소국은 사건에 불출석하거나 관할권 부존재를 적극 주장하며 선결적 항변을 제기하게 될 것이다. 사건에 불출석하게 될 경우 국제사법재판소규정 제53조[55])에 따라 제소국이 자신에게 유리하게 결정할 것을 요구할 수 있다. 그러나 관할권 존부에 관한 판단에 있어서는 이러한 제소국의 주장이 영향을 미치지 아니하며 피제소국이 항변을 제기하지 아니하여도 국제사법재판소는 선결적 항변 단계에서 관할권의 존부를 결정할 수 있다.[56]) 이러한 경우 제7장상의 안전보장이사회 결의에 의하여 국제사법재판소의 관할권이 창설될 수 있을 것인지 여부는 결국 선결적 항변 단계에서 국제사법재판소의 판결로 결정될 수 있다.

또한 소제기는 국제사법재판소규정 제34조에 따라 국가만이 할 수 있다. 따라서 안전보장이사회가 자신이 내린 결의에 기초하여 일방 국가를 상대로 자신이 직접 원고가 되어 소를 제기할 수는 없다.

---

단 사건 총명부에 등록하지만 후에 잠정조치 명령을 내리면서 피제소국 10개국 중 2개국(스페인, 미국)에 대한 소제기 사건을 아예 사건 총명부에서 삭제한 경우가 있다.

55) 제 53 조
1. 일방당사자가 재판소에 출석하지 아니하거나 또는 그 사건을 방어하지 아니하는 때에는 타방당사자는 자기의 청구에 유리하게 결정할 것을 재판소에 요청할 수 있다.
2. 재판소는, 그렇게 결정하기 전에, 제36조 및 제37조에 따라 재판소가 관할권을 가지고 있을 뿐만 아니라 그 청구가 사실 및 법에 충분히 근거하고 있음을 확인하여야 한다.
Article 53
1. Whenever one of the parties does not appear before the Court, or fails to defend its case, the other party may call upon the Court to decide in favour of its claim.
2. The Court must, before doing so, satisfy itself, not only that it has jurisdiction in accordance with Articles 36 and 37, but also that the claim is well founded in fact and law.
56) Robert Kolb, *The International Court of Justice* (Oxford and Portland, Oregon : Hart Publishing, 2013), p.234.

## Ⅳ. 독도 문제에 대한 함의

안전보장이사회 제36조에 따른 결의는 권고적 효력 밖에 없다는 점은 명확하다. 그러나 최근 들어서 새롭게 안전보장이사회의 역할이 제고되고 있는 현시점에서 안전보장이사회 결의로 국제사법재판소 회부를 명할 수 있는 가능성이 제기되고 있다는 점에 대해서는 독도 문제와 관련하여 주의를 요한다. 물론 역사적으로 한 차례도 안전보장이사회 결의를 통하여 국제사법재판소에 사건이 강제로 회부되었던 전례가 없었다는 점에서 현실적인 가능성이 낮은 경우의 수라고 할 수 있다. 또한 국제사법재판소의 관할권 성립을 철저하게 국가의 동의에 기초하고 있는 현재 국제법 질서와 또한 국가의 동의를 철저히 존중하고 있는 국제사법재판소의 관행에 비추어서도 발생가능성이 희박한 사안이라고 할 수 있다.

다만 주의해야 할 사항은 안전보장이사회가 독도 문제를 국제사법재판소에 회부할 수밖에 없도록 만드는 국제정치적 상황이 조성되는 것이다. 안전보장이사회가 해당 분쟁 혹은 사태를 국제사법재판소를 통해서 해결하라는 결의를 내리는 것 자체가 상당히 예외적 상황이나, 역사적 전례가 없는 것도 아니다. 또한 한·일간의 독도를 둘러싼 무력 분쟁 상황이 연출될 경우 안전보장이사회가 해당 문제의 근본적 해결을 위하여 국제사법재판소 회부를 충분히 요구할 수 있게 된다. 이러한 상황이 연출된다면 일본으로서는 이를 빌미로 일방적으로 소제기를 국제사법재판소에 신청할 수 있을 것이다. 이때 국제사법재판소가 전격적으로 국제사법재판소규칙 제38조 제5항의 적용을 배제하고 사건총명부에 기재한다면 우리나라는 선결적 항변을 제기할 수밖에 없으며 정식 재판 절차가 개시될 수도 있다.

물론 가능성이 상당히 낮은 시나리오이지만 가능성이 '0'이라고 볼 수도 없는 사안이다. 안전보장이사회에서 독도 문제를 언급하는 상황은 평상시에는 상상하기 어려운 상황이기 때문이다. 비상적인 상황에서는 예측 불가능한 결과들이 도출될 수 있다는 점을 무시할 수 없다.

이러한 예측불가능한 상황이 전개될 가능성을 염두에 두고 국가의 정책 노선을 정하거나, 독도에 대한 우리나라의 정책을 확정하는 것은 합리적이지 않을 것이다. 그러나 예측 가능한 한도를 넘는 상황으로 독도 문제를 악화시키지 않아야 한다는 점을 일깨워 줄 수 있는 국제법상의 시나리오는 될 수 있을 것이다. 이러한 점을 염두에 둔다면 함부로 독도에서 긴장을 강화시키는 조치를 취해서는 안 될 것이며, 반대로 일본이 긴장을 강화시키는 조치를 좌시해서도 안 될 것이다.

## V. 결 론

현재 국제법 체제는 주권 국가 중심의 국제법 체제이다. 주권 국가 중심의 국제법 체제에서 탈피되는 현상이 많이 발생하고 있지만 그 중심은 변하지 않고 있다. 국제법은 주권 국가를 근간으로 하고 있다. 이러한 주권 국가 중심의 국제법 체제는 재판관할권 형성의 측면에서 동의관할의 원칙으로 표현된다. 유엔헌장은 안전보장이사회 결의에 법적 구속력을 부여하면서 이러한 동의에 기초한 국제법의 효력에 일정한 변화를 가져 왔다. 그리고 안전보장이사회는 자신의 제7장상의 권한을 확대해 오면서 현재의 국제법 질서를 만들어 왔고, 또한 새롭게 만들어가고 있는 상황이다. 결국 제7장상의 안전보장이사회 결의를 통하여 분쟁을 국제사법재판소에 회부할 수 있을 것인지 여부는 동의관할의 원칙과 안전보장이사회 결의의 법적 구속력 중 무엇을 우선할 것인지에 따라서 결정될 것이다. 이러한 대립구조의 기저에는 동의관할 원칙의 근거가 되고 있는 '주권' 국가 중심의 국제법 체제와 현 시점 국제공동체를 대변하는 유엔과 국제평화와 안전의 유지에 관한 1차적 책임을 담당하고 있는 안전보장이사회 작동의 근간을 이루는 '국제공동체' 중심의 국제법 체제의 대립이 존재하고 있다. 하지만 현재의 국제법 질서의 근간은 주권 국가 중심으로 형성되어 있다. '국제공동체' 가치의 보호는 보완적인 수준에 머무르고 있다. 강행규범의 목록이 아직도 상당히 협소한 분야에 머물러 있다는 점도 이러한 사실을 뒷받침하고 있는 바이다. '주권' 중심의 국제법 체제의 또 다른 표현인 동의관할의 원칙을 안전보장이사회가 그 결의만으로 깰 수는 없으며, 이는 현재의 국제법 질서에 부합하지도 않는다.

따라서 안전보장이사회가 유엔헌장 제7장상의 구속력 있는 결의를 통해서 독도 문제를 국제사법재판소로 회부하려는 시도가 있다고 하더라도 이는 기본적으로 동의관할의 원칙과 그 기저에 있는 '주권' 중심의 국제법 체제를 뛰어넘으려는 시도이기 때문에 현재 국제법 질서 아래에서는 수용되기 어렵다. 국제공동체 개념의 등장이 '주권' 중심의 국제법 체제를 전적으로 대체할 수 없는 상황에서 이러한 시도는 현 국제법 체제에 부합하지 않는다. 특히나 국제사법재판소에서 논의되어 왔던 관련 사건이 개별 주권 국가의 정체성과 관련된 영유권, 경계획정, 국가관할권의 문제에 편중되어 왔다는 사실은 아직까지 우리 시대의 국제법이 주권 중심의 국제법 체제에 깊이 뿌리박고 있음을 보여주고 있다. 국제공동체 개념의 역할 강화에 대한 주문이 강해지고 있으며, 그러한 방향으로 국제사회가 변해왔다는 점을 부인할 수는 없다. 하지만 국제재판 절차에 대한 자발적 참여와 그 판결의 자발적 이행에 기대어 있는 현재의 국제재판 체제에서 판결에 대한 강제이행 절차의 보완 없이, 관할권 성립의 강제만을 추구할 수는 없다. 따라서 현재의 국제법 질서 내에서는 안전보장이사회가 유엔헌장 제7장 상의 결의로 사건을 국제사법재판소로 회부하더라도, 당사자의 동의가 없는 이상 국제사법재판소는 동의 관할 원칙에 의하여 사건을 선결적 항변 절차에서 기각할 것으로 판단된다.

다만 그럼에도 불구하고 안전보장이사회 결의에 따른 국제사법재판소 재판의 회부 가능성에 대한 논의를 검토하는 것은 한편으로 국제법적 가능성의 범위를 확인하기 위한 목적에서이며, 다른 한편으로 독도를 국제적인 무력 분쟁 지역으로 전화시켜서는 안 된다는 점을 재차 확인하기 위한 목적이 있는 것이다.

# 제6장

## 일본 영토 정책에 내재된 수정주의적 경향:
### 러시아연방의 북방영토에 관한 시각으로부터

황명준

## Ⅰ. 쿠릴열도 영유권에 관한 러시아의 입장 및 시사점

제2차 세계대전에서의 패색이 짙어짐에 따라 연합국 측이 제시한 포츠담 선언에 의한 무조건항복을 수용하였다고는 하지만 일본은 연합국의 핵심축이었던 소련 및 이를 포괄적으로 계승한 러시아연방에 의한 쿠릴열도의 지배권 확립의 현상(status quo)에 대해서만큼은 수용을 거부하고 전후 거의 일관된 패턴으로 부인, 반박하는 자세를 견지하였다. 패전국임에도 불구하고 일본이 수정주의적 역사관으로 해당 지역을 바라볼 수 있었던 것은 패망 직후에 연합국 진영 내 미국, 영국과 소련(이후 러시아연방) 사이에 냉전적 갈등 및 대소 견제 구도가 형성되었기에 가능하였다.

특히, 일본 측은 이 변경 지대의 귀속 사안을 이른바 북방영토(北方領土) 문제로 지칭하면서 쿠릴열도 남방의 귀속 문제가 소련 및 후계국 러시아연방의 팽창적 야욕으로 인하여 미해결 상태임을 강조하고 있다. 일견 무조건항복과 부합되지 아니하는 일본의 반응에는 1945년 8월 15일 일본에 의한 포츠담 선언 수락(항복 선언)이 있었음에도 정작 1945년 9월 2일 동경 앞바다에 진주한 미국 전함 미주리호 선상에서 정식 항복문서에 조인하던 시점까지 소련군의 계속된 홋카이도 경계까지의 공세적 남하로 인하여 일본의 고유영토로 선전하는 북방영토까지 소련에 점령당하였다는 부분적 피해자 의식이 잠재되어 있다고 생각된다.

영토를 상실한 처지에서 고토수복(irredentism)을 부르짖는 북방영토에 대한 일본 측 영유권 주장과 대응되는 러시아연방의 홍보 전략은 역으로 자신이 이미 실효적 지배를 점진적으로 확립하는 상태임을 전제하고 개별 사안에 따라 반응하는 것으로 정리된다. 특히, 2010년 및 2012년 당시 메드베데프 러시아연방 대통령이 직접 쿠릴열도 남부 각처를 방문한 이래, 러시아연방의 지배는 질적, 양적인 측면에서 나날이 공고해지고 있다.1) 따라서, 실효적 지배의 질적, 양적인 발전 추세 속에서 영토 홍보 과제를 구태여 공세적으로 전개할 만한 동인은 없다고 볼 수 있다. 따라서, 일본의 영토적 주장에 불온한 역사 수정주의가 드러난다면 관련 자료를 기준으로 쟁점 별로 공식 반박하는 정도로 대응한다고 할 것이다.

그렇지만 북방영토에 관한 일본 측 반발의 온상인 수정주의적 역사관 및 접근 방식은 소련 및 러시아연방의 영토 의식의 파악을 통하여 드러날 것이며, 양자는 표리관계에 있다고도 볼 수 있다. 특히, 일본 외무성은 "1855년 2월 7일, 일본과 러시아와의 사이에서 '시모다 조약(러일 화친조약)'이 조인되어 에토로후섬과 우루프섬 사이의 국경이 확

---

1) 메드베데프 대통령은 이후 대통령으로 복귀한 푸틴 대통령 밑에서 재차 총리로 재직하면서 2019년 8월에도 이투루프섬을 방문하였다. 2021년 7월 도쿄올림픽 기간에는 러시아연방 현직 총리 미하일 미슈스틴(Михаил Владимирович Мишустин)이 남쿠릴열도를 방문하여 일본의 반발을 초래하였다. 이와 관련하여, VOA Korea 2021년 7월 26일 자 인터넷 기사, "러시아 총리, '영토분쟁' 남쿠릴 섬 방문...일본 "유감, 항의할 것"" https://www.voakorea.com/a/6060477.html (last visited on Sep. 21st, 2021)

인되었습니다. 그 이후 쿠나시르, 에토로후, 시코탄, 하보마이 군도로 이루어지는 북방의 4개 도서는 단 한 번도 타국 영토로 귀속된 적이 없는 일본 고유의 영토입니다. 그러나 1945년에 북방 4개 도서는 소련에 점령된 이후, 오늘날에 이르기까지 소련 및 러시아연방에 의한 불법점거가 지속되고 있음"2)을 홈페이지를 통하여 피력하고 있다. 즉, 일본 외무성 홈페이지의 기술에는 자국령으로 주장하는 북방영토 지역에 대하여 실효적 지배가 미치지 못하는 현실에서 1855년의 시모다 조약 체결 시점을 일종의 critical date로 채택하려는 의중이 엿보인다. 그리고 북방 4개 도서만큼은 이후의 러일 간의 국제정치적 제반 정세의 변화와는 관계없이 국제법상으로 일본에 귀속된 상태라는 주장을 강조한다.

그런데, 이 글에서는 일본의 고유영토라는 주장3)에 근본적으로 이의를 제기하며, 러시아연방 측의 주장 및 문제점을 지적하면서, 수정주의적 역사관과 불가분적 관계인 고유영토 담론에 대하여 천착하고자 한다. 서술상 필요한 경우, 러시아연방 및 일본 양측의 논리 밀 실행을 비판하여야 할 경우도 충분히 상정 가능할 것이다.

## Ⅱ. 러시아연방의 입장: 사할린주 발행 소책자4)

2) 外務省 - 日本の領土をめぐる情勢 (北方領土) 참조.
   https://www.mofa.go.jp/mofaj/area/hoppo/index.html (last visited on Dec. 6th, 2021)
3) 時事通信社에 따르면 2021년 3월 일본의 새 교과서 검정 과정에 즈음하여 일본 내 '공공' 및 '지리종합' 과목의 새로운 학습지도요령과 관련하여 북방영토, 독도(다케시마) 및 센카쿠열도에 대하여 모두 "일본의 고유영토" 로 기술하도록 명기하였다는 사실, 그리고 북방영토 및 독도(다케시마)에 대해서는 "평화적 수단에 의한 해결을 지향하며 노력하고 있다는 점 및 그와 대조적으로 센카쿠열도에 대해서는 해결이 요구되는 일체의 영토 문제가 존재하지 아니하다" 는 점이 기술되도록 요구한다고 한다. 흥미로운 것은 일본이 새로운 교과 과정에 있어 각 영토 분쟁지역의 연혁 및 경과가 다름에도 불구하고 망라적으로 고유영토로 기술할 것을 주문한다는 사실이다. 이와 관련하여 時事通信 2021년 3월 30일 자 인터넷 기사, "「固有の領土」記述求める 北方四島「ロシア支配」は不可―教科書検定" 참조.
   https://www.jiji.com/jc/article?k=2021033000815&g=soc (last visited on Nov. 17th, 2021)
4) 사할린주 발행 소책자(일어판)에 대한 정보는 아래 사이트 참조. 본 사이트는 일어

## 개 요

　러시아연방 극동에 위치하는 사할린주가 발행하여 러시아어 및 일본어로 각 처에 배포한 쿠릴열도 홍보 소책자와 관련하여, 푸틴 대통령을 정점으로 하는 러시아연방의 공고한 지배 체제의 속성상, 사할린주가 발행, 배포한 내용은 동시에 모스크바 중앙정부에서 인정한 공식적인 견해라고 보아도 무방할 것이다. 러시아연방의 일개 구성단위인 사할린주가 제2차 세계대전 말기 대일 참전과 관련하여 모스크바의 중앙정부와 시각차를 드러낸다고 보기는 어렵기 때문이다. 다만, 대일 참전이라는 국가적 승리 및 이후의 영토 판도에 관련된 서술은 쿠릴열도를 관장하는 주를 통하여 실시하였을 것으로 추단될 따름이다.

　2006년 6월, 러시아연방 사할린주 정부는 소책자 "러일관계에서의 쿠릴열도 -「露日関係におけるクリル列島」" 러시아어판을 100부 발행하면서 일본과 관계있는 기업 및 민간단체에 이를 배포하였다. 이후 러시아는 2007년 6월에 위의 소책자에 대한 증보 개정판을 500부 발행하였으며, 이에 즈음하여 일어판 200부도 아울러 발행하였던 것이다. (분량은 표지 포함 23페이지)

### 일본어판 전문(2007년 6월)
### "러일관계에서의 쿠릴 열도 – 사실, 사건, 코멘트" 5)

---

　　판 소책자의 내용을 그대로 옮겨 놓은 다음, 사이트 운영자의 견해를 첨가한 것임. 단, 본 연구에서는 어디까지나 러시아연방 정부가 발행한 내용을 근간으로 하며, 사항마다 가능한 일본의 반응(사이트 운영자의 첨언을 위시하여)은 논점별로 이후 각주에 언급하기로 함. 특히, 책자의 직접적인 내용은 아래에서는 밑줄을 쳐서 밝히기로 함.
　　http://sokokuhoppouryoudo.web.fc2.com/hp/saharinnseifu.html (last visited on Sep. 20th, 2021)

5) サハリン州　国際・対外経済・地域間 関係委員会「露日関係におけるクリル列島 - 事実`出来事`コメント」ユジノサハリンスク市 (2007年). 서지사항을 한국어로 옮기면 아래와 같음:
　사할린주 국제・대외경제・지역간 관계위원회, "러일관계에서의 쿠릴 열도 – 사실,

러시아연방 사할린주에서 제작한 책자 일어본 도입부에서는 브리태니커 사전의 기술을 인용하였다. 브리태니커 사전에 따르면 러시아의 쿠릴열도(일어로는 치시마 열도(千島列島))는 러시아 극동 지방 사할린주에 소재하는 열도이다. 이는 러시아 본토인 캄차카반도 남쪽부터 홋카이도 동북부 사이에 750마일(1200km)에 걸쳐 이어져 있다. 그리고 쿠릴열도는 오호츠크해와 태평양 간의 경계를 이루고 있으며, 총 56개 도서로 구성되고 총면적은 6000평방 마일(15600km2)에 달하고 있다. 자국 영토에 관련된 핵심적인 지리상의 현황 및 사실을 제3국(영국)의 권위 있는 백과사전에 의존하였음은 일단 적절하다고 생각된다.

브리태니커 사전을 인용한 위의 기술에서는 쿠릴열도의 외연의 남측 한계가 홋카이도 동북부에 이른다고 명시하고 있는바, 이에 따르면 일본이 주장하는 북방영토 면적의 대부분을 차지하는 핵심 지역인 쿠나시르섬, 이투루프섬은 당연히 이 범주에 포섭될 수밖에 없다.[6] 한편, 일본 일각에서는 1956년 10월 19일 모스크바 일-소 공동선언의 내용에 따라 상대적으로 작은 2개 도서인 하보마이 제도와 시코탄이 장래 일-소(현재는 러일)간 평화조약 체결이 이루어진 이후에는 일본에 인도(반환)되도록 확인되었음을 근거로 이를 쿠나시르섬, 이투루프섬과 구분하여 접근하려는 시도도 존재하고 있다(이는 소위 2도 반환론 및 선행반환론으로 지칭).[7]

---

사건, 코멘트," 유즈노사할린스크 시(2007).
[6] 일본 일각에서 북방영토에 속하는 4개 도서 중 홋카이도 동단의 네무로 반도와의 지리적 연관성이 깊어 제2차 세계대전 패망 시까지 하나의 어로 생활권을 형성하던 하보마이 제도(歯舞諸島)는 지리적 의미에서 쿠릴 열도에 속하지 아니한다는 주장이 존재함. 이는 네무로시의 반도 부분에 하보마이(歯舞)라는 지명이 유지되고 있으며, 동명의 어업협동조합도 활동하는 점에서도 여실히 드러남. 동 조합의 사이트는 https://www.jf-habomai.jp/index.html (last visited on Sep. 20th, 2021) 참조.
하보마이 제도와 시코탄은 평화조약 체결 이후 일본에 인도(반환)되는 지역으로 명시된 이상, 나머지 북방영토 지역과 상이한 접근법을 채택하는 점 자체는 이상할 것이 없음.
[7] 日本国とソヴィエト社会主義共和国連邦との共同宣言 (1956) 참조. 이는 러시아 측에서 당시 각료평의회 주석 Nikolai Aleksandrovich Bulganin을 대표로 일본 측에서 당시 내각총리대신 하토야마 이치로(鳩山一郎)를 대표로 하여 교섭이 이루어진 끝

### (1) 18세기

본문 도입부에서부터 상기 책자는 쿠릴 열도 전체가 남방의 구성 도서를 포함하여 제정 러시아 예카테리나 2세(재위 1762년-1796년)의 통치 시절 이미 제국 영토였음을 강조하면서, 이를 뒷받침하는 근거로 부정할 수 없는 증거품으로서의 지도인 "17개 군으로 구분되는 4개 주로서 구성되는 이르쿠츠크 총독부 관구 지도(1786년)"를 언급하고 있다.8)

특히, 책자 소개 사이트에 따르면, 본 책자에서 쿠릴 열도가 이투루프, 쿠나시르, 치코타(후일 시코탄)을 포함하여 캄차카반도와 동일한 색으로 채색되어 있다는 점,9) 당시 쿠릴 열도는 행정적으로 이르쿠츠크 총독부 관구 산하 오호츠크 주 캄차카 군의 일부를 형성하고 있었음을 강조하고 있다. 아울러 이르쿠츠크 총독부 관구의 지도는 예카테리나 2세 치세 당시의 주요 공식지도제작 출판물이었던 '1796년 성 표트르의 도시에서 간행된 52장의 지도로 구성되는 러시아제국 지도 모음'10)의 일부였음을 첨언하고 있기도 하다.

이 부분은 상대적으로 근대 국제법의 형성 이후의 시기인 당대에 쿠릴열도에 대한 러시아의 연혁적인 초기 영토적 권원에 대하여 부각, 홍보하려던 것으로 보인다. 하지만, 지도의 증명력이라는 측면에서 보면, 일본 에도 막부와의 경합 국면에서 러시아연방이 위에서 언급한 정

---

에 내려진 결과물임. 한편, 러시아연방의 의향과는 별도로 하보마이 제도, 시코탄의 2도를 반환받는 문제도 정작 일본 내의 접근법(셈법)이 상이하며, 현실성이 결여된 북방영토 4도 일괄반환론도 운동 세력 일각에서 상당한 비중을 차지하고 있음. 일소 공동선언과 관련하여서는 아래 일본 외무성 사이트 참조.
https://www.mofa.go.jp/mofaj/gaiko/bluebook/1957/s32-shiryou-001.htm (last visited on Sep. 20th, 2021)

8) *Supra* note 4)의 링크의 내용 참조. 다만, 본 블로그 사용자가 의지한 자료 단계에서 이미 문제의 지도는 누락되어 있었던 것으로 추정.
9) 러시아연방의 일어 책자의 대목에서 하보마이 제도가 직접적인 언급이 없었다는 점은 쿠릴열도의 외연 문제에 있어서 일본에서의 전통적 인식의 일각과 일치된다고 판단됨. *supra* note 5) 참조.
10) 상기 사이트의 일본어 표현을 그대로 옮겼는데, 지명과 관련하여 상트페테르부르크인 당시의 수도를 사할린주가 일본어 책자 제작을 위하여 번역하는 과정에서 풀어서 해석하거나 번역기를 돌리는 바람에 '성 표트르의 도시'로 표현되었다고 판단됨.

도의 설명만으로는 충분하다고 볼 수 없다. 물론, 18세기 후반기 예카테리나 2세 시절의 판도가 우리의 역사적 연대로 대응하면 조선 후기 영-정조 시대에 상응하는바, 구체적인 사실관계가 뒷받침된다면 비교적 최신의 영토 권원으로 못 볼 것은 아니지만, 그저 단순히 무슨 차르의 치세에 러시아제국 판도에 들어왔다는 서술만 존재하고 추가적 증거로 뒷받침되지 아니한다면, 이는 분쟁당사국 일방적 주장에 불과한 셈이 된다.11)

더구나 사할린주 책자의 도입부 내용대로라면 오히려 일본 측에 반박 여지를 제공할 가능성마저 있다. 일본은 1754년에 이르러 홋카이도 남단(하코다테 주변 지역)에 일찍이 지배권을 확보하였던 마츠마에 번(松前藩)에 의하여 북방영토인 쿠나시르섬에 교역을 목적으로 바쇼(場所: 교역소)를 개설하였으며, 그 지배의 외연이 이투루프섬에까지 이르렀다고 인식하고 있다. 이러한 홋카이도 북방으로의 진출을 통하여 그때까지 통일된 정치체를 이루지 못한 채로 소규모로 할거하던 아이누 선주민들과 일종의 주종관계가 확립되었다고 일본은 주장하는데,12) 러시아연방 입장에서 사할린주가 발행한 책자 내용만으로는 이 시기에 관한 일본의 주장에 대하여 효과적으로 논박할 수 있을지는 불투명하다고 생각된다.

---

11) 19세기 중후반까지만 하더라도 일본 역시 홋카이도 태반의 지역에서 실효적 지배를 확립하였다고는 보기 어려웠던바, 쿠릴 열도 지역까지는 두말할 나위도 없었음. 쿠릴 열도 지역에 대한 지리적 발견, 세력화가 시기적으로 러시아와 경합하고 있었음은 일정 부분 사실임. 하지만 홋카이도 남부를 확보한 17세기 초반 이래 아이누 선주민과의 갈등 및 교역 과정에서 일종의 주종관계가 정착되었다는 일본의 주장이 곧바로 쿠릴 열도에 대한 역사적 권원으로 귀결됨은 비약임. 이들 지역은 오히려, 아이누 민족이 주로 할거하는 귀속 미정의 점이지대임을 전제하고 보아야 함.
12) Supra note 4)의 사이트 운영자는 일본의 아이누 인에 대한 처우와 관련하여 규슈 나가사키 데지마를 제외하고는 쇄국정책이 존재하던 시기임을 강조하면서, 에도 막부에서 아이누 선주민과의 교역에서 데지마와 다른 무역 방식을 채택하였다는 점이 현재의 북방영토 지역을 외국으로 인식하지 않았다는 근거라고 함. 하지만 이러한 실행의 차이는 규슈와는 달리 강역으로 확보하기에는 미지의 요소가 많은 미개척지라는 점이 고려된 결과로 보이며, 나가사키 데지마와의 비교를 함에 있어서는 상당한 비약을 저지르고 있는 것으로 판단됨.

다만, 이 부분에서 주지할 사항은 일본이 아이누 선주민들과의 관계에서 정치적 함의를 지니는 주종관계를 확립시켰다면 이는 국가까지는 아니라도 모종의 정치적 실체(entity)를 상대로 회유를 통한 합의와 실력 행사를 통하여 세력권을 확장한 것으로 보아야 한다. 그리고 홋카이도만 하더라도 일본이 이를 본토 개념으로 확립하게 된 시점은 19세기 중반에 이르러서야 비로소 가능하였음을 고려한다면, 근대 국제법의 확립을 전후한 시기까지 본토(Japan proper)로서 확립하였다고 이 지역에 대하여 고유영토로 주장하기 어렵다는 견지에서 보면, 일본의 주장에 대한 비판 역시 별도로 가능하리라 생각된다.

이에 더하여 18세기 말 이르쿠츠크 총독부 관구에 의한 공식 지도가 수도 상트페테르부르크의 러시아제국 중심부에 의한 통치력이 미치는 징표로 평가될 수 있다면, 그것만으로 상응하는 시기 혼슈와 홋카이도 남단으로부터의 지리적 근접성을 이점으로 아이누 할거지(ainu mosir; アイヌモシリ) 및 그보다 먼 지역까지 빈번히 출입, 교역하던 에도 막부의 역사적 전통, 유산을 계승한 근대 일본의 반박은 당연히 상정될 수 있는 성질의 것이다. 비록 아이누 선주민들이 산재하였음에도 막부 시절 18세기 말과 같은 형태의 지리적 정확성은 아닐지언정 이미 1644년 쿠릴열도 전체 및 사할린 전체의 지도를 제작하였던 역사를 간직하고 있다는 점은 짚고 갈 부분이다.

본 조사자가 이 부분에서 덧붙이고자 하는 취지는 일본의 역사적 주장의 타당성 여부가 아니다. 오히려, 러일 양국은 공히 오랜 기간 아이누 선주민의 할거지로 남아 있었던 홋카이도, 사할린, 쿠릴열도 등에 대하여 아전인수격으로 영토의 역사적 권원, 고유영토 담론을 주장할수록 자체적으로 불완전성을 드러내게 된다는 점도 강조하려는 것이다. 오히려, 근대 국제법의 태동, 확립 시기를 18세기까지로 보아서 연혁을 주장하더라도 아이누 선주민들의 오랜 거주의 역사를 부정할 수 있는 것은 아닌바, 북방영토에 대하여 분쟁 당사국이 엉성하기 그지없는 고유영토 담론에 의지할 것이 아니다. 근대 국제법의 공식에 따른 영토 귀속 조약에는 이 지역에 무엇이 존재하는지를 규명하는 쪽이 차라리 일관성은 담보할 수 있을 것이다.

(2) 19세기

나아가 사할린주 소책자는 역사적 시기를 건너뛰어 <u>1855년 2월 7일 러시아제국과 일본이 양국 역사상 최초로 러일통상조약인 시모다 조약 (Симодский трактат; 下田条約)을 체결한 사실을 언급하고 있다.</u>13) <u>시모다 조약 체결에 즈음하여 쿠릴열도의 영유권에 관한 문제도 취급되었는데, 러시아제국 전권대표인 Yevfimiy Vasilyevich Putyatin은 쿠릴열도 및 사할린은 러시아 영토임을 지적하였으나 일본 정부(에도 막부) 대표14)는 쿠릴열도 또는 사할린 섬이 일본 고유의 영토임을 주장.</u>15) 함으로써 양측의 주장은 평행선을 그리게 되었던 것이다.

결국, 논의 끝에 쌍방은 영토 경계의 확정에 합의하였는데, 이에 의하면 쿠릴 열도에서의 경계는 이투루프섬과 우루프섬 (Urup; 得撫島) 사이에 그어지게 되었다. 시모다 조약 제2조에서는 다음과 같이 규정되었다: 금후 일본국과 러시아국과의 경계는 이투루프섬과 우르프섬 사이에 위치한다. 이투루프섬 전체는 일본에 귀속되며 우루프섬 전체로부터 북방의 쿠릴 열도는 러시아에 귀속된다. 카라후토 섬(사할린)에 이르러서는 일본국과 러시아국 간에 경계를 분할할 때까지 관습에 따른다. 16)

---

13) 19세기 초반까지는 기본적으로 아이누 할거지인 귀속 미확정 지역에 대한 러일 간 갈등이 전제되어 있었음. 그동안 아담 락스만(Adam Laxman), 니콜라이 레자노프(Nikolai Petrovich Rezanov) 등 러시아 제국 군인들이 함대를 이끌고 내왕하여 지속적으로 교역, 개항을 요구한 바 있었으며, 이 지역에서 바실리 골로브닌(Vasily Golovnin)의 유폐 사건까지 발생하는 등 영토적 갈등이 잠재된 긴장 관계가 이어졌음.
14) 에도 막부에서는 大目付인 筒井肥前守(츠츠이 히젠노카미; 히젠국 태수)와 勘定奉行인 川路左衛門尉가 전권대표로 파견됨.
15) Supra note 4)의 링크의 내용 참조.

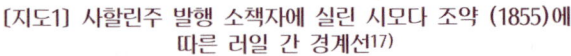

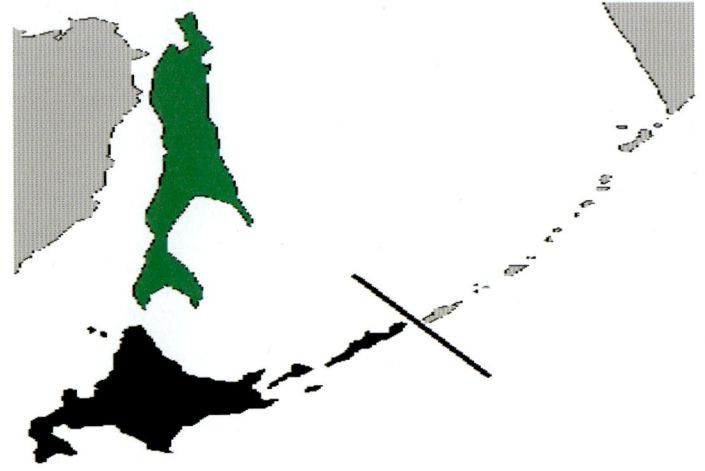

위의 시모다 조약은 이를 통하여 일본이 고유영토로 주장하는 4개 섬이 최초로 일본의 판도에 편입되었음에 의의가 있다. 사할린주 발행 소책자는 19세기 근대 국제법 질서에 기한 조약 체결 사실을 담담히 서술하고 있는바, 서술 태도에 대한 논란 여지는 없다. 오히려 불완전하고 진위 및 정확성에 관한 논란이 수반되는 역사적 권원에 의존하기보다 근대 이래의 국제법적 합의를 출발점으로 삼아야 할 필요성을 시사하는 대목으로 해석되어야 한다. 그런데, 사할린주 발생 소책자와는 달리 앞서 보았던 일본 외무성의 태도는 1855년 시모다 조약에 따른 강역의 판도 및 그로부터의 기성 사실(fait accompli)를 강조한다면 모를까, 이를 고유영토로 주장하고 있다는 점에서 객관성 및 과학성을 결여하고 있다.

---

16) 『今より後日本国と魯西亜国との境「エトロプ」島と「ウルップ」島との間に在るへし「エトロプ」全島は日本に属し「ウルップ」全島夫より北の方「クリル」諸島は魯西亜に属す「カラフト」島に至りては日本国と魯西亜国との間に於て界を分たす是迄仕来の通たるへし』
발췌된 조약 일어 부분은 시모다 조약 제2조에 해당되는 내용임.
17) 소책자에 실린 지도에서는 사할린을 쿠릴열도와 다르게 채색하였는데, 이는 조약 당시에는 귀속 미정의 공동 관할 지역이었음을 나타내기 위한 것으로 보임.

20년 후인 1875년 당시 일본의 국체가 이전의 에도 막부로부터 소위 타이세이 호칸(大政奉還)이 단행되어 일왕(덴노) 중심의 메이지 정부로 변경된 상태였는데, 메이지유신을 거치면서 일본은 이전의 막부시대에 비하여 변방의 영토 편입에 적극적인 근대 국가로 변화하고자 국가 역량을 총동원하였다.[18] 이에 따라 이전의 시모다 조약에서는 귀속미정 상태로 남겨졌던 사할린의 국제법적 지위와 관련하여 러일 양국 간에 추가적인 협의가 이루어지게 되었다.

<u>1875년 페테르부르크조약</u>(일어로는 樺太-千鳥 교환조약)[19]에 의하여 양국은 러시아가 사할린 전체에 관한 권리를 확보하는 댓가로 일본이 나머지 쿠릴열도의 권리를 받는 것으로 합의하였다. 즉, 메이지 유신 체제의 일본은 미귀속의 공동 출입구역이던 사할린에 대한 러시아제국의 팽창적 남하라는 국제정치적 현실을 고려하여 이 지역에 대한 러시아제국의 영유권을 인정하였던 것이다. 그 대신에 일본에 대하여 1855년 합의와는 달리 쿠릴열도 최북단, 즉, 캄차카반도 목전까지 이어지는 일련의 도서 군이 망라적으로 귀속되는 것으로 타협을 보았다.

결국, 페테르부르크조약에 따라 러시아제국과 일본 간 경계선은

---

18) 이를 반영하듯이 조약 전문(일어본 기준)을 보면, 1855년 시모다 조약에는 에도막부 시절 네덜란드 학문의 영향을 받은 난학자에 의한 표현이 남아 "魯西亜ケイヅル(러시아 차르)와 日本大君(니혼 타이쿤: 에도막부 시절, 征夷大将軍(쇼군)의 외교상의 호칭으로서 영어 tycoon의 유래)" 이 양국의 정상으로 명시되었음에 반하여, 1875년 페테르부르크조약에는 순서도 바뀌어 "大日本国皇帝陛下(대일본국 황제 폐하)ト全露西亜国皇帝陛下(전러시아국 황제 폐하)로 적시되어 있음. 이는 메이지 유신으로 인하여 국가 체제가 변경된 증거 중의 하나임. 덧붙여, 1875년 페테르부르크조약은 러시아제국 외무대신 Alexandr Mikhailovich Gorchakov와 주러일본 특명전권공사 榎本武揚 간에 체결됨. 이 내용과 관련하여는 아래 링크된 일본 외무성 사이트의 " 관계조약 - 문서 등 "의 p. 14를 참조.
https://www.mofa.go.jp/mofaj/press/pr/pub/pamph/pdfs/hoppo6_2010_02_09.pdf (last visited on Sep. 22nd, 2021)

19) 카라후토(樺太)는 Sakhalin의 일어 명칭. 한자는 아이누 선주민이 부르던 호칭에 대한 음차. 치시마(千島)는 쿠릴 열도의 일어 명칭. 그런데, 사할린주 소책자를 그대로 옮겨서 소개하는 위 사이트에서는 치시마의 지명에 대하여 엉뚱하게도 千鳥로 표기하고 있음이 눈에 띈다(상기 supra note 4)의 소개 블로그 링크 참조). 이는 사할린주가 소책자를 일어판으로 내면서 생긴 오자로 생각됨.

"라페루즈 해협20)으로써 양국 경계로 삼으며, 로팟카곶21)과 슘슈섬 사이를 지나는 해협으로써 양국 경계로 삼는다"22)고 규정되었다. 이에 따라 1875년 조약은 사실상 1855년 조약의 영유권에 관한 조문을 파기한 것으로 풀이된다. 그럼에도 일본이 1855년 시모다 조약에서의 판도를 지속적으로 강조하고 이러한 방점을 2021년 교과서 검정에 즈음하여서도 새로이 명기할 것을 주문함은 북방영토 지역에서의 세력권의 변화를 시대적 흐름에 객관적으로 전하기보다는 자신들의 고유영토 주장에 가장 유리한 시점을 의도적으로 지정하였다는 추측을 가능하도록 하는 것이다. 과연 아이누 선주민들의 자리매김은 러시아연방과 당시의 일본 에도 막부 사이에서는 안중에도 없었다고 할 것이다. 당해 지역의 진정한 귀속에 있어서도 선주민들의 시선, 목소리를 제공할 기회는 현재에 있어서도 필요한 절차가 아닐까 생각된다.

---

20) La Pérouse Strait: 사할린과 홋카이도 간의 해협으로 러시아어와 일어로는 (пролив Лаперуза/宗谷海峡). 참고로 일본은 북방영토 이원의 쿠릴 열도 전체와 사할린에 대하여는 현재 영유권을 주장하지 않으나 당시 소련이 대일강화조약에 참여하지 아니하였음을 이유로 이들 지역을 귀속 미확정 지역이라는 뉘앙스로 서술하기도 하는데, 이러한 태도는 전후처리 과정에 대한 수정주의적 입장을 포기하지 아니한 것이라는 의혹을 받을 수밖에 없다.
21) Cape Lopatka: 캄차카반도 최남단의 곶. 러시아어로는 (мыс Лопатка).
22) 『ラベルーズ海峡ヲ以テ両国ノ境界とし「ラパツカ」岬ト「シュムシニ」島ノ間ナル海峡ヲ以テ両国ノ境界トス』 참조. 그런데, 사할린주 소책자에 소개된 지명 중에 슘슈섬(Shumshu; 占守島)을 지칭하는 일본 가타카나 표기에 오류가 존재. 즉, 「シュムシニ」島이 아니라 「シュムシュ」島가 되어야 하며, 이는 당시의 조약 일어본을 통하여도 확인 가능. 그리고 소책자의 소개 부분은 조약의 제1관 및 제2관의 내용을 각각 발췌한 바 이러한 취지도 책자에 명기되었어야 한다고 판단됨. 1875년 페테르부르크조약의 내용(일어본)은 supra note 18의 링크 참조.

제6장_ 일본 영토 정책에 내재된 수정주의적 경향   191

[지도2] 사할린주 발행 소책자에 실린 페테르부르크 조약(1875)에 따른 러일 간 경계선

"이후, 1895년 러일통상항해조약의 특정 조항 규정에 따라 1855년 시모다 조약은 완전히 무효화 되었다." 19세기 후반까지의 연혁적 사실을 기술하는 사할린주 소책자 부분에 대하여는 일어본을 소개한 사이트 측에서도 별달리 덧붙이는 대목은 없다. 그 이유는 이 부분이 조약 체결에 관한 사실관계 기술인 관계로 논란이 야기될 여지가 적기 때문으로 생각된다. 다만, 러시아연방 측으로서는 자국 입장을 반영한 영토 문제를 설득력 있게으로 홍보하려면, 오히려 제2차 세계대전 후반기부터의 역사적 경위, 연합국 측으로부터의 확약 등에 집중할 필요가 있다.

(3) 20세기 전반기

20세기 초반 러일전쟁이 발발하였는데, 전쟁의 발발 경위에 대하여 소책자는 "1904년 일본은 선전포고 없이 뤼순(旅順)에 기지를 둔 러시아 함대를 공격하였다"[23]고만 간략히 기술하고 있으며, 일본의 귀책사유를 추가적으로 상세화하지는 않는다. 1905년 러일전쟁에서의 패전에 따라 러시아제국은 영토를 할양하지 않을 수 없었는데, 충돌 원인이 일

---

23) 소책자 일어본을 기준으로 이 부분의 서술 역시 번역기 등을 돌렸다고 생각될 만큼, 문법, 표현이 어색함.

본의 탐욕 및 영토적 팽창주의에 있다는 취지로 설득력 있게 주장하려면, 비록 소책자라 할지라도 상대국이 도발하였음을 표상하는 논점, 키워드 없이 간략한 언급에 그쳐서는 곤란하다고 생각된다.24)

또, 소책자는 전선의 전개에 대해서도 "1905년 일본군이 사할린을 점령하였으며, 쿠릴 열도 북부의 슘슈섬을 거점으로 캄차카반도에 상륙하였음"을 기술하며 쿠릴열도에 대하여 언급하고는 있으나, 결국, "1905년 9월 5일의 포츠머스 강화조약에 따라 러시아는 사할린 남부 및 인접 소도의 주권을 일본에 양도하였다"25)는 정도로 간략하게 기술함에 그친다. 아울러 사할린에 대해서도 "포츠머스 강화조약 규정에 따라 1895년 조약26)이 전쟁으로 인하여 실효되었다는 점에 더하여 북위 50도 이남의 카라후토(사할린) 남부가 일본에 양여되었음"을 확인하고 있을 뿐이다.

위의 대목을 정리할 때, 러일전쟁과 관련하여 널리 알려진 뤼순 및 펑텐(奉天) 지역에서의 전역 외에 사할린 및 쿠릴열도 북단에서도 전황이 러시아제국에 불리하게 전개되었음을 환기하려는 의미인지 불분명하다. 그리고 최소한 현재의 러시아연방의 영토적 정당성을 홍보함에 유의미한 부분인지도 의문이다.27) 또한, 소책자의 다음 기술 부분은

---

24) 상기 사이트 운영자도 청일전쟁 직후 동양 평화를 명분으로 러시아가 독일, 프랑스를 끌어들인 1895년 삼국간섭을 요동 반도 할양 저지(청나라에 반환됨), 2년 후 요동 반도 소재 뤼순, 다롄의 점령 조치 및 만주를 영향권에 둔 조치는 정당한 것인지를 반문하며, 전쟁의 원인을 지속적으로 제공한 측은 러시아제국이라고 주장. 이 운영자는 아울러 1860년 베이징조약을 통하여 연해주 지방을 획득한 러시아제국의 행위도 침략적임을 전제함. 이 주장은 피장파장의 오류로 일축할 수도 있으나, 본질적으로 러일전쟁은 열강들 사이의 충돌이었다는 점에서 사실관계에 접근하는 하나의 인식의 축으로 해석되면 충분함. supra note 4)의 링크의 내용 참조.
25) 이 부분에서도 번역기에 기인한다고 추정되는 어색한 일어 문장[포츠머스 조약 1905년 9월 5일]이 눈에 띔. 사소한 부분이라고 간과할 수 있겠으나, 기본적으로 러시아연방 측 주장에 우호적이기 어려운 일본의 각계각층을 설득시키기 위하여 재고되어야 하는 부분임. supra note 4)의 링크 참조.
26) 1895년 러일통상항해조약을 지칭.
27) Supra note 4)의 블로그 운영자는 일본군이 러일전쟁 당시 사할린 전체를 점령하였음에도 불구하고 포츠머스 강화조약의 취지에 따라 북위 50도선 이남으로 물러남으로써 북사할린을 반환하였음을 강조(이를 통하여 일본 측이 영유권을 주장하는

특히 논란을 초래할 여지가 존재한다. 즉, 소책자에서는 "1875년 페테르부르크 조약상의 조건 변경을 목적으로 체결된 포츠머스 조약에서는 쿠릴 열도에 대한 귀속이 정식으로 확정되지 아니하였음. 사실상 쿠릴열도는 1945년 8월까지 일본 주권 하에 놓여 있었음"을 강조하는데, 그런 논조라면 불과 30년 전 러시아제국 시기의 조약 및 그 판도는 (받아들이기 어려운) 허상이었다는 것인지, 아니면 무슨 주장을 전개하려는 것인지는 불분명하다.

 지적하여야 하는 사실은 북방영토에 관한 일본 측의 무리한 주장 및 현지의 아이누 주민을 도외시한 왜곡된 우월주의와는 별개 차원에서 사할린주 소책자의 내용이 적잖은 비판에 노출될 것이라는 점이다. 만일, 이러한 사할린주 책자의 서술이 공식적으로 전개한다면, 소책자를 접하게 되는 사람들(일본인이거나 기타 일어를 구사하는 자)을 설득하기는커녕, 반발을 초래하거나 당해 책자의 공신력에 문제가 발생할 수 있다. 무엇보다도 1905년 포츠머스 강화조약 체결에 즈음하여 막대한 인적자원의 희생을 초래한 끝에 전체적인 전황을 유리하게 가져갈 수 있었던 일본으로서는 1905년 당시 1875년 페테르부르크조약에 따라 설정된 국경을 조건 변경이든지 무슨 이유든지 간에 원점에서 재설정한다는 주장에 응할 어떠한 이유도 없었을 것이다.

 오히려, 1905년 포츠머스 강화조약을 통하여 러일전쟁 승전을 이유로 1875년의 국경보다 일본에 유리한 경계 설정이 사할린 지역의 분할로 이어진 것이며, 쿠릴열도 전체에 대하여 전면적으로 재설정이 이루어질 이유도 존재하지 아니한다. 그렇다면 이 지역은 일본에 대한 호불호와 무관하게 1945년 8월이나 길게는 9월 일본의 항복문서 서명 시까지 일본 주권 아래 있었다고 서술하면 그만이다. 이에 대하여 '사실상'

---

북방영토에 지속적으로 '점령' 중인 러시아연방의 태도를 비난하고자 하는 의도가 내재됨). 하지만 미국에 대하여 미증유의 태평양 전쟁을 야기하였음에도 급기야 패망하게 되면서, 쿠릴열도에 대한 소련군의 남진 당시 무조건항복에 이은 항복문서에의 공식 서명을 앞두고 있던 추축국 일본이 주장하기에는 논리가 궁색함.

이라는 단서는 주권 개념과 친화적이지 아니한 전형적인 사족이며, 당시 소련과 이를 계승한 러시아연방이 국제법적 개념 및 실행을 제대로 수용하지 않으며, 오히려 '사실상'이라는 사족으로 인하여, 1945년 8월 말 9월 초까지 이어진 쿠릴열도 방면 진출에 따른 (일본, 미국 측으로부터 이어지는) 비난이나 법적 논란의 정리를 모색하려 든다는 의심이나 부정적 인식마저 초래할 수 있다.[28]

결국, 사할린주 소책자의 이 서술 부분에서 아래와 같이 묘사된 지도를 보더라도 러일전쟁의 패전에 대하여 러시아연방이 내심 패배를 받아들이지 아니하거나 그 부정적 의미를 축소하려 든다는 뉘앙스를 드러낸다. 21세기의 러시아연방으로서도 20세기 초의 역사적 사실관계를 자국에 유리하게 재구성함으로써 적어도 쿠릴열도 일대를 귀속 불명의 지대로 남겨두려는 의중이 일정 부분 존재한다고 보인다. 그런데, 이에 입각한 서술이나 아래의 지도를 소책자에 제시한다 하더라도 현재의 러시아연방의 영토적 현황을 정당화함에 도움이 된다고 할 수 없으며, 오히려 제2차 세계대전 전후 처리 일환으로 쿠릴열도를 확보하였다 정도로 간략하고 건조하게 서술하는 쪽이 훨씬 러시아연방의 영토적 정당성 홍보에 도움이 되었을 것이다. 현재, 실효적 점유를 확보하는 당사국이 이러한 연혁적 영토 의식을 가진다는 점, 이 점이 일회적 오류나 과실이 아닌 러시아연방에 지속적으로 드러나는 패턴이라고 한다면, 별도의 연구 대상이 될 수 있으리라 생각된다.

러시아연방 측의 홍보 책자에서 드러나는 이러한 강변에서도 역사적으로 당해 지역의 생활사의 주역이던 아이누 선주민들의 발자취는 드러나지 않는다. 약육강식의 근대 국제법 시대가 끝나가는 시기의 각축에 따른 결과를 고착화하려는 의도가 보이지만 역설적으로 현재 귀속과

---

[28] 소책자의 이 부분의 비판은 굳이 상기 블로그에서의 논지를 참조할 것도 없으며, 1905년 포츠머스 강화조약 체결 당시 쿠릴열도 전체의 법적 지위가 불명하였다는 뉘앙스의 논지 자체가 이미 모순임. 마치 이전의 법적 지위에 변경이 가해지거나 deal이 있어야 한다는 취지라면, 기본적으로 법적인 근거를 결여한 서술이라 아니할 수 없음.

는 별도로 북방영토 지역이 무주지도 아니며 어느 쪽의 고유영토도 아니었다는 점은 주지되어야 할 것이다. 이는 일찍이 ICJ의 '서부 사하라 지역에 대한 권고적 의견'29)에서 인구가 극히 희박하였던 서부 사하라 지역에 대해서 역사적 모로코 왕국이나 모리타니아의 정치 체제가 역사적으로 법적인 연결고리30)를 지니고 있었음에도 불구하고 해당 지역에 일정한 사회적 질서를 이루는 주민이 거주하였던 한 무주지(terra nullius)는 아니라고 판단되었다는 점31)은 시사하는 바가 적지 아니할 것이다.

[지도3] 사할린주 발행 소책자에 실린 포츠머스 강화조약(1905)에 따른 러일 경계선32)

이어 소책자에서는 볼셰비키 혁명으로 러시아제국이 무너지고 소련이 확립된 이후의 적백내전이나 외세의 간섭 시기에 대해서도 단순하게

---

29) Western Sahara, Advisory Opinion, 1.C.J. Reports 1975, p. 12
30) Ibid. paras. 107, 129, 140, 162 참조.
31) Ibid. para. 163 참조.
32) 1875년 조약의 효력이 존속하고 있음에도 캄차카와 쿠릴열도 간의 경계는 지워져 있음. 홋카이도에 바로 인접한 쿠나시르섬에 이르기까지 회색으로 채색하고 있는데, 1855년 시모다 조약에 따른 경계선을 기준으로 러시아령이 시작되는 우루프섬 북쪽까지는 불확실한 점선 테두리를 두르는 등 조야하기 그지없는 부정확한 지도로 보임. 이러한 부정확한 지도로 국제법적 합의의 결과와도 부합되지 아니하는 지도를 제시하면서 일본 나아가 제3국을 설득할 수 있을지는 의문임.

처리하고 있다. 즉, "1920년부터 1925년까지 사할린 북부까지 점령하였으며, 그 결과 1925년까지 사할린 전체는 일본의 관할 하에 놓여 있었음"33)을 언급하고 있다. 이 부분 일어 서술은 일종의 동어 반복에 불과하며, 전달하려는 취지도 과연 무엇인지 불명확하다.

굳이 러시아연방 입장에서 해석하자면 일본이 적백내전 시절 이른바 '시베리아 출병'으로 불리는 간섭 전쟁에 참여하였음을 강조하면서, 사할린, 쿠릴열도 등지가 일본의 팽창주의적 침탈의 대상이었음을 부각하려던 것으로 보인다. 그런데, 이러한 목적을 해서는 유불리를 불문하고 역사적 제반 사실을 입체적으로 보여주면서도 상대국이나 제3국을 설득할 만한 논리 전개가 필요할 것이다. 하지만, 소책자이자 전문적 연구 자료가 아니라는 점을 고려하더라도 일어 독자들을 설득할 만한 요소의 부재를 넘어 오독이 개입되어서는 곤란하다.

거기에 역사적 진실에 편향됨이 없이 객관적인 서술이 요구되는데, 그러한 전제가 확립되어야 오히려 일본의 침략주의적 영토 의식도 반사적으로 자연스럽게 부각될 여지가 발생할 수 있기 때문이다. 소책자가 위와 같은 단순하고 모호한 일회성 서술로 그치게 되었음은 무슨 연유인지 의문이다. 당장, 소책자에서 언급된 포츠머스 강화조약의 결과에 대한 언급 및 그 현황을 나타낸 상기 지도만 보더라도 자국이 조인한 1875년 페테르부르크조약과 정면으로 배치되는 모순을 드러내고 있다.

부언하게 되겠으나, 현재 러시아연방의 쿠릴열도 전체에 대한 영토주권은 어디까지나 연합국의 당당한 일원으로서 제2차 세계대전의 전후처리에 참여한 결과물이라는 논지를 전개하는 것으로 충분하다. 따

---

33) 이와 관련하여 상기 블로그에서는 러시아연방은 자신들에게 불리할 수 있는 사건(일본 측이 주장하는 것이라 일정 부분 필터링이 요구되나, 예를 들어 니콜라옙스크 사건에서의 공산 빨치산들의 일본 거류민 집단 학살 사건)이나 과오를 누락 하려던 결과, 입체적이 아닌 발췌식 서술밖에 못하였을 것으로 비판. 그리고 적군에 대한 간섭 전쟁에는 일본뿐만 아니라, 영국, 미국, 프랑스, 이탈리아 등도 참가하였음을 강조함(하지만 그와 동시에 상기 블로그에서는 일본이 이 당시 시베리아 출병에 가담하여서는 안 되는 것이었다는 견해를 첨언.). 이러한 내용은 supra note 4) 참조.

라서, 제1차 세계대전 이후 전간기까지의 비교적 현대에 가까운 개별 사건이 러시아연방에 불리하게 작용할 수 있을지언정, 영토적 귀속의 21세기적 현황을 번복시킬 만한 요소는 될 수 없다. 하지만 이 시기 서술에 무리수를 둔다면, 전후처리 결과에 대하여 오히려 의문이 제기될 시초가 될 수 있는바, 소책자를 통하여 메시지를 전하려는 러시아연방으로서는 일방적 주장을 통하여 상대방을 일축하면 안 된다. 제2차 세계대전의 전후 처리부터 쿠릴열도를 논하면서 그 이전 시기를 생략할 것이 아니라면, 오히려 정제된 논리가 필요하다.

결국, 역사적 배경에 대하여 즉, 러시아연방이 자국이 현재 실효적 지배를 확립하고 있을 뿐만 아니라, 이를 정치적, 경제적으로도 확고부동한 것으로 만들고 있는 현시점에서 20세기 초반의 역사적 사실을 일견 유리한 요소만 발췌하여 사할린주 차원의 소책자로 만든다는 작업이 러시아연방 자신의 국익을 위해서 무슨 의미가 있을지 자문하여야 한다. 작업의 결과 일어본 독자들을 설득하기는커녕, 오히려 러시아연방 측의 사실관계에 대한 인식 및 정확성에 일말의 의심을 증폭된다면, 그만큼 허무한 일은 없으리라 생각된다.

특히, 일어본 독자들이 러시아연방이 전후 일본이 주장하는 북방영토까지 진출한 사실관계와 관련하여, 러시아연방조차 내심 석연치 않게 여기는 부분이 있어 역사적 사실을 누락, 왜곡하였다고 받아들이거나 동국의 대외정책은 매양 견강부회로 점철되어 있다는 식의 의혹, 그에 대한 반발로서 수정주의적 역사관에 기한 영토 의식이 일본 사회 일각에 늘어날 수도 있다는 점을 간과해서는 안 된다. 이는 아래에서 재차 서술하겠지만 전후 샌프란시스코 강화 조약에 소련 측이 나타나지 않았음을 이유로 일본이 대외적으로 포기한 영토에 속함에도 불구하고 사할린 남부나 소위 북방영토 이원의 쿠릴열도에 대해서 일본도 러시아연방도 아닌 미귀속지라는 뉘앙스로 회색 지대라는 논조를 애써 유지하고자 하는 일본 사회 일각의 행태와 무엇이 다른가? 제3자적 입장에서도 이 부분은 러시아연방이나 일본 모두 아이누 선주민들이 분포하는 할거지였다는 쿠릴열도의 성격을 도외시하고 철저히 제국주의적 영토 팽창의 장으로서만 이를 인식하였다는 비판도 가능하리라 생각된다.

[지도4] 사할린주 발행 소책자에 실린 1920년 - 1925년까지의 일본 행정 및 군정 관할 하의 영토34)

사할린주 발행 일어본 소책자의 전간기 부분의 서술을 뒷받침하기 위하여 언급된 지도를 보더라도 여전히 비판의 여지가 존재하게 된다. 일본에 대한 호불호를 불문하고 1920년을 기준으로 보면 최소 쿠릴열도 전 지역과 북위 50도 이남의 사할린은 국제법상 일본의 영토였다고 서술되어야 정확하다. 즉, 언급된 지역이 당대의 국제법적 견지에서 일본의 주권적 영역에 속하고 있었을 표시하면 되는데, 일본 홋카이도를 따로 분리하여 언급함을 시작으로 쿠릴열도 전체와 사할린 전체를 모조리 검은색으로 칠하고 있음은 일종의 의도가 개입되었다 할 것이다.

굳이 해석하면 소련 적군에 대한 간섭 전쟁기 일본군의 사할린 전체에 대한 점령 사실을 강조하려는 것으로 보이는데, 당대의 국경을 무시한 채로 모조리 검은색으로 채색한 이유는 아무래도 석연치 않다. 1920년대 초반 일본은 볼셰비키 혁명에 간섭하는 외세였으며 부당하게 러시아 영토를 침탈한 세력이라는 점을 부각함으로써 후일의 쿠릴열도 탈환

---

34) 관할 '하' 라는 표현과 관련하여 化라는 맥락, 의미 불명의 한자어를 쓰고 있음.

으로 나아가는 하나의 복선을 깔아두고 싶었다 하더라도 당대의 영토적 현상까지 왜곡할 이유는 없었을 것이다. 러시아연방의 이러한 접근법은 일어본을 제작한다 하더라도 일본 사회 각 부문은 물론이고 기타 국가들에게도 설득력 있는 논지로 수용되기는 어려울 것이다.

영토의 영유, 그리고 군사적 점령은 국제법상 엄연히 다른 개념이고 심지어 일본이 영토 이원의 점령지에 군정을 실시하였는지 문제는 사실 여부를 떠나 영토의 종국적 귀속과는 어떠한 관련성이 없다고 보아야 한다. 그럼에도 사할린주 발행 소책자가 이 당시 일본군에 의한 군사적 점령 이상의 실력 행사가 존재하였다는 주장을 지도를 통하여 전개하고자 한다면, 적어도 [지도1]에서와 같이 당시의 주권적 영토와 이외의 점령지를 채색으로 구분하는 정도의 세심함은 수반되었어야 하며, 바로 위의 지도는 러시아연방 자신의 논리적 정당성을 도모하기 위해서도 철회되어야 할 것이다.

이어 적백내전 및 외세의 간섭 전쟁의 여파가 지난 이후에 소련(러시아제국의 후신)과 일본은 양국 관계를 일정 부분 정상화하였다. 즉, 국교가 수립되었는데, "1925년 1월 20일부로 체결된 소련-일본 관계의 기본 원칙에 관한 조약에 따라 양국 간 관계는 일정 부분 정상화되었다. 소련과 일본 간의 외교, 영사 관계가 개설되었으며, 일본군은 사할린 북부로부터 철수하게 되었다. 대신에 일본은 사할린 북부 지역에서 석유, 석탄의 이권(concession)을 부여받게 되었으며, 동시에 포츠머스 강화조약의 효력이 재확인되었다."35)라고 기술되어 있다.

그런데, 당해 소책자에서 이후의 전개는 불분명한 부분이 잔존한다. 즉, "기본 원칙에 관한 조약 체결 및 조인 시에 소련 측 대표는 아래와 같은 성명을 행하였음; 소련 정부는 포츠머스 조약을 승인하면서도 러시아제국 정부가 포츠머스 조약을 체결하였음에 대한 정치적 책임을 분담하는 것은 아님"을 표명하였음을 재환기하고 있는 부분인데, 이

---

35) 문맥에 부합하도록 다듬어서 옮겼으나 이 부분에서도 상기 링크에 언급된 사할린주 소책자의 일어는 용어나 표현 등이 상당히 어색함.

를 풀이하면 러시아제국의 유무형의 정치적 유산을 당연히 계승할 의향은 없으며, 소련이라는 신생 정치 체제는 그와는 포괄적으로 단절된 실체임을 강조하려는 취지의 성명을 소책자가 인용한 것으로 보인다.

그렇지만 국제법상 국가승계의 원칙이 유독 소련에 대해서만 예외적으로 적용이 배제된다고는 해석되기 어려우리라 생각된다. 서유럽 기원의 근대 국제법 질서에 대한 근본적 의문을 제기하였던 공산-사회주의 진영은 특히, 종래의 관습 국제법적 실행에 대하여 근원적으로 반대하였음은 주지의 사실이다. 이러한 맥락에서 국가승계 담론도 예외는 아니었으리라 생각한다. 구체제의 정치적 책임을 분담함을 의미함이 아니라는 말뜻은 소련이 당대의 국제법적 원칙을 액면 그대로 수용하기보다는 적용 여부의 종국적 통제권을 행사할 여지를 자신에게 남겨두겠다는 의미로 해석되는 것이다. 하지만 아무리 국제사회의 역학 관계를 고려하더라도 이러한 소련-러시아연방의 편의주의적 취사 선택적 접근은 국제법상 근거를 결여한 것임을 물론이다. 종교, 이념을 떠나 국가승계의 원칙을 전제하고 세부 사항에 대하여 당사국 간의 조율은 가능할지언정, 승계의 종국적 결정권이 소련 또는 주권국가에 유보된다는 식의 주장이 보편적으로 받아들여질 리는 만무하다.

그러다가 다시 다음 페이지에 첨부하게 될 [지도5]를 인용하면서 사할린주 소책자는 어색한 일어로 급격히 서술 대상을 전환하고 있다. 그에 의하면 전간기 동안에 "소련 정부는 일본에 점령당하였던 남사할린과 쿠릴 제도는 소련에 반환되어야 한다고 주장하지 않을 수 없는 입장"이었다고 한다.36) 주지할 점은 이 부분 소책자에 있어서 일어로 번역된 표현이 대단히 부정확하여 정확한 의미를 추출하기 어려울 여지가 발견되고 있다는 점이다. 이는 거듭 강조하지만 일어본 독자들에 대한

---

36) 이는 최대한 문맥을 고쳐본 것임. 소책자 이 부분의 일어 번역은 특히 수동, 피동태 관련 오류가 심각하며, 주어는 소련 정부임에도 정작 그들이 주장하는 영토 반환 후의 귀속 방향은 러시아로 표현하는 등, 기본적 시대상조차 망각한 오류를 방치하고 있는 상태임. 그리고 포츠머스 조약에 따라 정식으로 당시 일본에 귀속된 남사할린과 쿠릴열도에 대하여 점령 운운하는 점도 문제임.

설득력 및 공식 입장으로서의 신뢰성을 훼손하게 되는 요소이다.

그런데, 이러한 편집 기술적인 불완전성 이외에도 당시 남사할린과 쿠릴 제도는 상기 언급된 제 조약을 근거로 정식으로 일본에 할양, 편입된 일본령이었다는 점이 간과될 수는 없다. 물론, 당대의 동북아시아에서의 세력 판도가 소련이나 제3국(특히, 대한민국) 측에서 일본의 팽창을 시사하는 부분이라 못마땅하고 불만족스러웠을 수는 있다. 하지만, 이러한 불만은 제2차 세계대전 발발 이전까지를 기준으로 이 시기 쿠릴열도나 사할린에 대한 영토적 귀속을 국제법상 부인할 만한 요소가 존재하였는지의 문제와는 관계가 없는 것으로 보아야 한다. 물론, 적어도 이러한 불만이 상기 [지도3]과 [지도4]를 매개로 표출되어 있었다는 정도로 서술할 수는 있으리라 생각된다.

그리고 페테르부르크조약 및 포츠머스 강화조약 등에 의하여 소련-일본 사이에 형성된 국경 및 그로부터 파생되는 질서에도 불구하고 이를 굳이 점령이라 칭한다면, 이는 당대를 기준으로도 이미 국제법에 부합되는 접근법이 아니라 일방이 정치적, 대외적 사안을 사실관계를 넘어서 호소하고자 하는 전술인 일종의 propaganda에 가까울 것이다. 이어 소련-러시아연방의 영토적 주장을 뒷받침하기 위하여 위의 소책자는 <u>"1940년 11월 18일 비야체슬라프 몰로토프(Vyacheslav Mikhailovich Molotov) 외무인민위원이 建川美次 당시 주소 일본대사와의 회담에서 일본은 소련이 이전에 상실한 영토, 사할린 남부와 쿠릴열도를 반환하여야 한다는 의견을 표명"</u>하였음을 명시하고 있다.[37]

이를 보면, 소련의 수립 이후 전간기까지 쿠릴열도, 사할린 등 극동에 대한 러시아 특유의 인식 또는 스토리텔링을 보여준다. 일본의 점

---

[37] 이를 소련 입장에서 해석하자면 시대적 배경에 대한 이해도 필요함. Molotov 외무인민위원의 발언이 있기 불과 1년 전인 1939년에 당시 일본 괴뢰국인 만주국과 소련 위성국인 몽골인민공화국 간의 국경 분쟁인 '할힌골 전투'가 전개되었는데, 이는 사실상 소련 대 일본의 군사적 충돌로서 소련의 우세 속에 종료되었음. 이를 계기로 소련에서는 향후 어떠한 형태로든지 러일전쟁의 유산을 완전히 청산하기 위한 일본과의 전쟁을 상정하였다고 추측 가능함.

령, 사실상의 주권, 귀속의 불명 등의 언급에서부터 당해 지역에 대한 소련의 반환 요구로 연결된다는 점은 유사 상황의 발생 시에 소련이 이 지역을 재수복하겠다는 의지의 표명으로도 해석된다. 그런데, 국제법의 현황을 직시하면서 태평양 전쟁을 도발한 일본은 무조건항복으로 인하여 연합국의 전후처리에 이의를 제기할 수 없으며, 지난 시기 탐욕으로 접수한 영토에 대하여 귀속의 변경 여부에 대한 처분도 수반됨을 밝히는 방향으로 서술이 전개되어야 맞는 것이며, 위에서 언급된 부분은 역사적 사실의 하나의 복선에 불과하다. 이를 감안한다면 소련-러시아 연방이 역사상 전개하여 왔던 논리는 자의적이라는 비난도 일정 부분 면할 수 없다고 생각된다.

[지도5] 사할린주 발행 소책자에 실린 1925년 - 1945년까지 일본의 행정관할 하에 있었던 영토[38]

위의 [지도5]는 1945년 8월 제2차 세계대전이 끝날 때까지의 일본의 영토로 볼 수 있는데, 러시아연방은 출판물을 통해서도 구태여 행정관할 등의 용어를 사용해가면서 고의든지 과실이든지 일정한 혼동을 초래하고 있다는 점이 부각된다. 이는 마치 1925년의 소련-일본 기본조약

---

[38] Supra note 34)와 같은 부정확한 표현이 반복됨. 본 조사에서 이 부분을 단순히 20세기로 분류하고 제2차 세계대전 발발 후로 분류하지 아니하였음은 이 시점이 일본이 1941년 12월 태평양 전쟁에 참여하기 이전이었음에 기인함.

이 논의의 출발점이라거나 本位임을 강조하려는 뉘앙스로 보인다. 비록 일어 번역본일지언정 사용된 용어에 복수의 해석 여지를 남겨둔 것은 후일 전개될 대일 참전 및 사할린, 쿠릴열도 등지에서의 전역에 대하여 모종의 불명확성이 잔존하고 있다는 메시지를 던짐으로써, 일본이 21세기에 이르러서도 북방영토를 모토로 항의를 할지언정 쿠릴열도의 귀속은 어차피 한번은 소련-러시아연방에 의한 반환 요구에 직면하지 아니할 수 없는 상황이었다는 일종의 고유의 정당화 논리의 여지를 확보하여 두려는 것이 아닐까 추측되는 것이다.[39]

---

39) Supra note 44)의 상기 블로그에서는 Molotov 외무인민위원의 발언에 대해서도 편의주의적 행태라며 비난하지만 이미 1939년 양국이 사실상 군사적 충돌이 있었으며 관계가 악화일로에 있었음은 참작되어야 함. 일본은 조약에 따라 행동하였다는 표면상의 구실도 많은 자기모순과 기만을 내포하고 있는바, 필터링하여 인식할 필요가 있음.

### (4) 태평양 전쟁(1941년 12월) 발발 이후

[지도6] 사할린주 발행 소책자에 실린 일본의 영토확장(1855년 - 1942년)

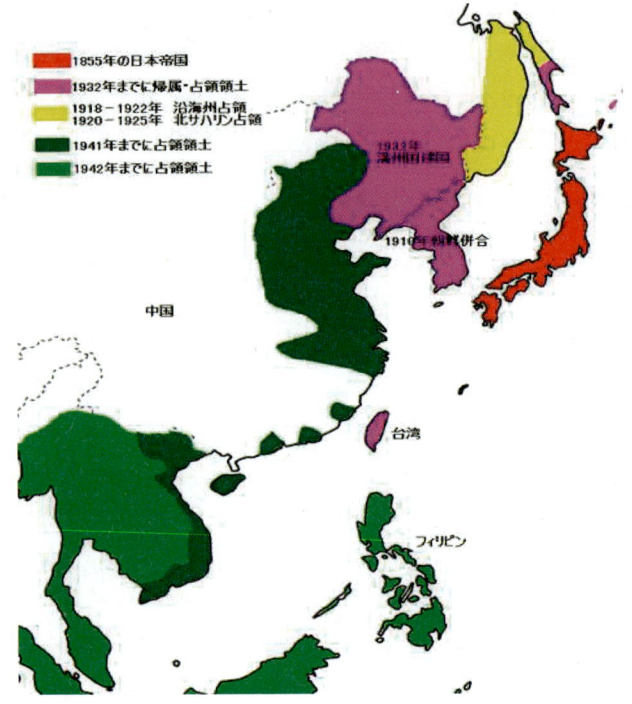

소책자는 "1941년 12월 7일 일본은 태평양 방면에서 전쟁을 개시하였으며, Pearl Harbor(진주만) 공격 전일 일본제국함대 집결지로서 이투루프섬이 선택된 바 있음"을 명기하고 있다. 40) 아울러 이 부분에 일본의 영토확장이라는 취지로 지도를 적시하였는데, 원래의 일본 본토 및 그 이외 지역에 대한 정확한 구분이 이루어져 있지 않다. 일어 번역본에 등장하는 '점령영토'라는 개념은 국제법의 시각에서 보더라도 자체모순적인 용어로서 의미도 불분명하다. 일시적인 군사점령과 영토화

---

40) Ibid. 이에 대해서 상기 블로그에서는 이투루프섬에 집결한 점을 소책자가 환기함에 대한 불쾌감을 드러내면서 이 점이 이투루프섬을 일본이 영유하면 안 될 근거라도 되느냐고 힐난함. 하지만, 일본의 태평양 방면 침략전쟁의 시작 지점이라는 상징성을 이 섬이 가지게 된다면, 오히려 이를 전후에 상징적 의미에서라도 일본으로부터 영토적 분리를 강제한다 한들 이상할 것이 없다.

과정에 있는 지역과의 구분은 교전 상대국이 누구인지를 불문하고 필요하며, 이에 관한 혼동은 명백하게 정리될 필요가 있다.41) 그렇지 않다면, 소책자는 연혁에 대한 객관에 가까운 서술이 아니라 러시아연방의 일방주의적 propaganda로 평가절하 될 수도 있다.

소책자에서는 아울러 제2차 세계대전이 종말로 치닫고 있던 시기에 대하여 "1945년 2월 11일에 소련, 미국, 영국의 수뇌회담이 얄타에서 개최되어 얄타 협정이 체결되었으며, 본 협정에 따라 소련이 독일의 항복 후 일본과 이미 교전 상태에 있었던 연합국 측에 서서 대일 참전을 승인하였음"을 명시하고 있다.42) 뒤이어 "소련의 대일 참전 조건으로 다음이 명기되었는데, '카라후토(사할린) 남부 및 이에 인접하는 일체의 섬을 소비에트 연방에 반환할 것, 쿠릴 열도를 소련에 인도할 것'이 그 골자였음."을 강조하고 있음도 주목의 대상이다.

이에 더하여 "얄타회담 참가 3대국 수반은 소련의 요구가 일본국 패전 이후 확실하게 충족될 수 있음에 합의하였으며, 그러한 다자간 합의에 따라 소련은 1945년 4월 5일부 각서를 통하여 1941년 소련-일본 중립조약을 파기함."을 언급하고 있다. "소련은 공연하게 정식으로 1945년 4월 6일부 이즈베스티야(신문)을 통하여 상기 중립조약 체결 이래 사태가 근본적으로 변화하였다는 점, 독일의 소련 침공 이후 독일의 동맹국인 일본은 독일에 대한 대소 전쟁 원조를 행한 사실, 그리고 일본의 소련의 동맹국인 미국, 영국과 사실을 환기"하면서 일본에 대한 중립조약의 파기 이유로 내세웠다.43) 그리고 "1945년 7월 26일 중화민국,

---

41) Ibid. 지도의 용어 사용의 부정확성, 특히, '점령영토' 라는 표현의 부정확성, 자기모순성에 대하여 블로그 운영자는 강력하게 이의제기하고 있음.
42) Ibid. 상기 블로그 운영자는 러시아의 중립 위반을 문제삼지만, 애초에 유럽에서 공동 전선을 구축하던 미영과 소련이 태평양 지역에서 공조하리라는 점은 충분히 예측 가능하며, 소-일 간에 체결, 확인된 중립은 양면 공격을 피차 회피하기 위한 시간끌기용 미봉책이었다는 점을 고려할 때, 일본만이 일관되게 조약, 국제법에 충실하였다는 뉘앙스의 주장은 궁색하기 그지없음.
43) 이에 대하여 상기 블로그는 소련이 주소 일본대사에게 파기를 통고하였음은 인정하면서도 5년의 유효기간의 만료 시까지 유효라고 했음을 확인하였다면서, 이즈

미국, 영국은 일본국에 대하여 항복권고 선언, 소위 포츠담 선언을 발하였음. 그리고 포츠담 선언의 조건 1은 카이로선언 조항의 이행, 즉, '혼슈, 홋카이도, 규슈, 시코쿠 및 연합국이 결정하는 제 소도로 일본 주권이 제한"되리라는 점을 환기함.44)

한편, "카이로 선언의 목적으로서는 하기와 같은데, 즉, 일본국은 또한 폭력 및 탐욕에 의하여 자신이 약취한 기타 모든 지역으로부터 축출"됨을 언급하면서, 일본의 영토적 제한의 근거를 구체화하고 있는 부분도 특기할 만하다. 나아가 소책자에서는 "1945년 8월 9일에 이르러 만주 전략공세작전 또는 사할린 남부공세작전이 개시되었으며, 1945년 8월 14일에는 소련군이 쿠릴 열도에 상륙하였으며, 1945년 8월 15일에는 쇼와(히로히토)의 종전칙서 방송에도 불구하고 사할린, 쿠릴 지역의 일본군이 전투를 지속"하였다고 적시되어 있다.

그런데, 이 부분에서 1945년 8월 14일에 쿠릴열도에 상륙하였다는 부분은 여러 자료로 미루어 보건대, 그 사실 여부에 대하여 러시아연방이 정확하게 설명하고 있다고는 볼 수 없다. 구체적으로 쿠릴열도를 중심으로 보면 8월 18일에 북단의 슘슈섬에 비로소 상륙하였다고 봄이 타당할 것이다. 이에 대하여 차라리 일본 수뇌부의 무조건항복에도 불구하고 소식이 일선의 일본군 전투 부대에 도달하지 못하거나 이에 불복할 가능성 등 일본 측의 의심스러운 요소를 배제하기 어려운바, 한동안

---

베스티야에 나온 기사를 어떻게 알 수 있겠느냐고 반문함. 당시 일본이 자국이 기대하던 바와 달리 패배가 기정 사실화되던 판국에 조약이 파기될 가능성을 예측함이 불가능하지 않았을 것이며, 언론이 통제된 국가의 기관지 격인 신문의 내용도 파악하지 못하였다면 그쪽이 오히려 이상한 것임. Ibid. 참조.

44) 이 부분에서도 상기 블로그는 소련(러시아연방)의 주장을 비난함. 포츠담 회담의 주역이었으나 서명 거부로 선언이 발표되는 순간의 당사자가 아니었던바, 제반 조치를 운운할 자격이 소련에게는 없다는 논리로 보임. 하지만, 소련은 테헤란, 카이로 회담에 이어 얄타회담에 이르기까지 어떤 맥락에서든지 간에 전후 질서의 일익을 담당할 것이 확실한 실체였으며, 무조건항복 외에 길이 없었던 일본이 포츠담 선언에 관한 소련의 자격 운운함은 어불성설임. 아래 부분에서도 피장파장의 오류를 적잖이 범하고 있는바, 일단 참조는 하되 수정주의적 경향이 짙은 부분에 대해서는 단호한 필터링이 요구됨.

은 전후처리 범위에 대한 밀약 등으로 약속된 범위까지 공세적 전개를 늦추기 어려웠다는 식으로 소련군의 당시 조치를 옹호하는 정면 돌파를 하여야 하며, 정확성은 아무리 보완하여도 지나친 것이 아니다.

그리고 항복 선언인 일왕(덴노)의 종전 칙서 방송에도 불구하고 사할린, 쿠릴 지역의 일본군이 계속 공격하였다고 주장하려면, 수많은 반대 증거나 박박 자료를 검토하고 나서 전체적 맥락에서 이를 논파할 수 있는 연구가 필요할 것이다. 그러는 가운데, 1945년 8월 후반기 쿠릴열도 지역의 접수 과정에서 소련군의 희생도 적지 않았다는 사실, 당시 냉전이 시작되는 시점이지만 미국이 일본이 주장하는 북방영토에 대하여 최소한 적극적 지지표명을 하지 않고 있음도 부각하는 서술이 훨씬 효과적이었으리라 생각된다. 45)

그리고 "<u>특히 격렬한 전투는 소련군이 1945년 8월 18일 슘슈섬에 상륙하였을 때 벌어졌으며, 상륙한 소련군에 대하여 일본군이 전차 공격을 가하였던바, 소련군은 대전차 라이플총, 유탄 등으로 일본군 전차 18대를 격파하였다. 8월 19일에 슘슈섬 일본군 부대가 무기를 버렸으며, 8월 25일에는 소련군이 전투를 통하여 사할린 남부를 공략하였다.</u>"고 서술되어 있다. 이 부분 서술에서 러시아연방은 일본의 1945년 8월 18일에 슘슈섬에 상륙하였음을 명시하면서도 정작 8월 14일에 상륙한 쿠릴열도가 어느 지점인지를 명기하지 아니하는바, 이는 소책자의 정확성과 공신력을 떨어뜨릴 수도 있는 부분인바, 재검토를 요한다. 이 부분을 확실히 규명하여야 일본 측의 주장에 관한 핵심을 효과적으로 논파할 수 있으리라 생각된다.

그리고 "일본은 1945년 9월 2일에 이르러 항복문서에 무조건으로 조인함으로써 포츠담 선언을 수락하였던바, 따라서 포츠담 선언 내에 명시된 카이로 선언도 수락한 것"임을 강조하고 있다. 이 부분은 타당한 논지이며, 다만, 최종 항복문서 조인까지 발발할 수 있는 일본의 배신

---

45) 이 부분의 논리가 엉성하다면 일본의 북방영토 관련 세력이나 연구자들로부터 격렬한 비판을 받을 가능성을 배제하기 어려움.

및 변방에서의 항명 가능성을 부연하였어야 한다고 생각된다. 소련 측의 전쟁 종결 직전의 군사적 공세에 대하여 연합국 간에 논란이 존재할 수 있을지언정, 무조건항복을 수락한 일본의 포츠담 선언 및 카이로 선언에 관련된 반박이 존재한다고 하여도 실질적 의미는 없으리라 생각된다.

## 일응의 시사점

위의 사안을 종합하여 보면, 첫째, 기본적으로 러시아연방은 실효적 지배를 확립하는 상황인바, 일본의 북방영토 주장에 개별적으로 반박하는 수준에서 논의를 정리할 수 있음에도 자국의 영토 홍보를 위한 작업에는 미진한 점이 많다. 특히, 위에서 살펴본 바와 같이 연혁적 사실에 대한 세부 사항에 있어서 미진한 부분이 적지 아니하다. 하지만 현재의 쿠릴열도 귀속에 있어 결정적 요인은 제2차 세계대전에서의 일본의 무조건항복으로 인한 전후처리 과정에서의 영토적 재편인바, 러시아연방은 이 부분을 중심으로 논의를 재정립하여야 할 것이다.

둘째, 러시아연방에서는 쿠릴열도를 21세기 이래 쿠릴열도를 블라디미르 푸틴 대통령이 직접 관장하기보다는 메드베데프 대통령,[46] Yurii Trutnev 연방 부수상 겸 극동연방관구 대통령 전권대표[47] 등 고위 측근을 전면에 내세워 영토를 포함하는 이 지역의 현안에 대처하고 있다. 러시아연방은 이른바 북방영토 문제를 일본 내의 국지적 현안으로 판단하고 국가원수가 전면에 나서는 빈도는 줄인다고 판단된다. 특히, 메드베데프 대통령이 쿠나시르, 이투루프 등을 직접 방문하고 하루

---

46) 푸틴의 최측근으로서 연임 금지 조항에 따라 4년 임기를 채우기 위하여 옹립된 대통령. 당시 푸틴은 총리 자리로 옮겼다. 메드베데프는 퇴임 후 총리 자리로 맞바꾸어 장기간 재직하였으며, 현재는 내각에서 물러나 여당의 당수(실권자는 블라디미르 푸틴 대통령)로 재직 중임.
47) 이러한 전권대표 시스템은 소련 붕괴 이후 1990년대 말 보리스 옐친 대통령 시절에도 군 출신 유력 정치인이던 Alexander Lebed '국가안정보장위원회 총서기를 분리주의운동이 한창이던' 체첸공화국 담당 대통령 대리'로 임명, 관장하도록 하던 선례에서도 찾을 수 있다.

종일 카메라를 들고 일종의 답사 여행48)을 감행한 것은 일본에 대한 러시아연방의 자신감을 표상하는 것으로도 읽힌다.

셋째, 쿠릴열도에 대한 국가 차원의 홍보도 간접적 방식을 취한다. 블라디보스톡 대한민국 총영사관에 2021년 8월에 문의한 것에 대한 답변을 기준으로 보면 "러시아연방 정부는 이 지역 현안을 구태여 논쟁의 대상으로 생각하지 아니한다는 점, 홍보 자료의 공식 출간이 확인된 바가 없다는 점"이 골자이다. 위의 소책자도 이해관계인에 대한 사할린주 차원의 배포자료에 가까우며, 통상적 출판물로 보기는 어려울 수 있다. 그리고 소책자 제작에서도 사할린주를 전면에 내세우는 간접적인 방식을 취하면서도 러시아 정치 체제의 속성상 사할린주의 영토 의식이 중앙과 다를 수 없다는 점은 예측되는바 일거양득의 효과를 취하는 셈이다.

러시아연방의 영토적 정당성의 홍보에 관한 특징은 상기와 같이 정리되며, 실효적 지배를 확립해가는 이상 향후에도 홍보는 소책자 정도의 기조를 유지하거나 사안별 대응 수준에 머무르게 될 것으로 생각된다.

## Ⅲ. 결어 – 영토적 수정주의에의 대비

2021년 일본의 새 교과서에 대한 검정 과정 및 외무성의 공식 입장을 보면, 앞서 보았듯이 북방영토 지역이 일본의 고유영토라는 자국 주장을 점차 높은 강도로 홍보하려는 모습을 볼 수 있다. 우리의 독도 문제와 관련하여서도 고유영토적 담론을 고수하고 있는바,49) 북방영토

---

48) 메드베데프 당시 답사 여행 장면은 아래 링크에서도 확인이 가능함.
 https://www.dw.com/en/japan-angry-at-russian-pm-medvedevs-visit-to-disputed-kuril-islands/a-18665634 (last visited on Oct. 4th, 2021)
49) 이는 최근의 기시다 내각에 있어서도 마찬가지였으며, 한미일 공조 현안에 있어서조차 워싱턴 DC에서의 기자회견을 전격 취소할 만큼의 외교적 무리수로 나아가기도 하였음. 이와 관련하여 每日新聞 2021년 11월 19일 자 인터넷 기사, 秋山信一 특파원 - 「森外務次官`韓国側に強く抗議 竹島上陸「到底受け入れられない」」 참조.
 https://mainichi.jp/articles/20211118/k00/00m/030/105000c (last visited on Nov. 21st,

문제는 일본의 모순된 주장을 정리, 대비할 수 있는 참고 자료의 보고 이기도 하다.

대관절 일본이 주장하는 고유영토(inherent territory)[50]란 무엇인가? 이는 외무성 홈페이지를 통하여 일응 추론이 가능한데, 북방영토에 대해서는 1855년 러일 간 시모다 조약의 체결 이후 한 번도 외국 영토가 되어본 일이 없음을 이유로 이를 고유영토로 주장하는 것으로 풀이된다.[51] 하지만 다음과 같은 문제가 발생하게 되는데, 첫째, 이는 고유영토 개념에서의 '고유'의 속성과 부합되지 않아 보인다. 이는 시원적, 역사적 권원(historical title)과 필연적으로 연계되는데, 경합, 반대되는 영토적 주장이 존재한다면, 역사성, 고유성의 개념은 보편적으로 유지될 수는 없다. 그럼에도 일본이 고유영토 담론을 전개하면서 흡사, 집합과 여집합의 개념처럼 타국 점령하에 놓여 본 적이 없음을 이유로 든다면, 개념의 오용이라는 비판의 여지가 존재한다. 근대국제법 시기 이후에도 홋카이도 및 그 이원 지방과 옛 류큐 왕국 지역과 같은 주변부는 역사적 타자들의 무대였다가 메이지유신을 전후한 시기에야 겨우 복속, 병합과정을 거친 것인데, 이러한 지역을 고유영토로 칭하는 것부터 용어와 실제의 괴리가 발생하는 것이다. 만일, 이러한 논리로 제2차 세계대전 전후처리 과정에서 일본이 포기하고 남은 지역을 고유영토라 지칭한다면, 일본이 실제 그러한 행태를 보이듯이 외국의 실효적 지배가 확립된 지역에 대해서도 얼마든지 영토적 분쟁이 종료되지 않았다는 식으로 견강부회적 주장을 전개할 수 있는바, 우려되지 않을 수 없는 부분이다.

둘째, 영토적 이해관계가 상충하는 국가가 존재하지 않더라도 일정

---

2021)
50) 참고로 일본은 독도(자신들은 다케시마)에 대한 영문 홍보 사이트에서 이를 'inherent part of the territory of Japan' 으로 표현하고 있음.
https://www.mofa.go.jp/region/asia-paci/takeshima/index.html (last visited on Nov. 29, 2021)
51) *Supra* note 2) 참조.

한 정치적 실체를 구비한 선주민과 그들의 공동체가 장기간 존속하였을 경우 이를 자의적으로 고유영토로 지칭하여서도 안 된다. 이는 근대 및 현대 국제법의 척도에 따를 때 국가적 실체를 구비한 세력 간의 분할 대상이 될 여지는 별론으로 하고서라도 일단, 무주지로 평가받을 수도 없다.[52] 그리고 지구상의 육지는 무주지와 고유영토의 이분법으로만 환원, 인식될 수 있는 대상도 아니며, 무주지가 아닌 주변부 지역은 국제법이 허용하는 방식으로 영토취득의 대상이 될 여지는 존재할지언정, 이를 고유영토로 단정하는 것은 어불성설이다. 러시아연방은 위의 소책자를 기준으로 보면, 이런 취지의 주장을 하지는 않으나, 동국 역시 얄타회담 등에 따른 대일 참전과 전후처리 결과로 이 지역을 영유하게 되었음을 자각하여야 하며, 막연한 역사적 권원이나 자국의 우월주의로 환원시키지 않아야 한다.

셋째, 일본의 고유영토 담론이나 러시아연방의 실효적 지배의 현실에도 불구하고, 북방영토 지역의 원래 주인이 존재하였음이 망각 속으로 빠져서는 곤란하다. 즉, 러시아연방으로서도 현재의 status quo를 유지하는 측면에만 골몰하여서는 억압적 지배 세력의 하나에 불과할 것이다. 이 지역 아이누 선주민의 연고를 러일 양국은 상호 반성적으로 성찰하여야 할 것이며, 지역적 정체성 및 정치적, 문화적 방향성 속에 아이누 선주민들이 적절히 자리매김 되도록 방법을 강구할 필요가 있다. 영토적 귀속에만 천착한 나머지 전후 재발견되기 시작한 선주민들의 문화적, 정치적 포괄적인 위상이 손상되지 않도록 분쟁 당사국 중 어느 측이 진정한 노력을 기울이느냐가 북방영토를 둘러싼 제반 문제의 향후 전개에 유의미한 영향을 미치리라 전망된다.

이와 같은 의미에서 일본의 수정주의적 영토 의식은 현대 국제법이 지향하는 바와 거리감이 있으며, 대한민국으로서는 이러한 의식의 초점이 동해안으로 향할 상황을 대비하여야 하며, 이러한 역사관의 발로

---

52) Western Sahara, Advisory Opinion, *supra* note 29). para. 163 참조.

인 고유영토 담론 자체에 내재하는 모순 및 불합리성, 비과학성에 대한 대응을 냉정한 시각에서 준비하여야 한다.